オバマ政権と過渡期のアメリカ社会

選挙、政党、制度、メディア、対外援助

吉野孝＋前嶋和弘 編著
早稲田大学・日米研究機構

OBAMA

東信堂

プロローグ

吉野　孝

　オバマ政権が優先政策の1つに掲げた医療保険改革法は，2010年3月末に成立した。医療保険への加入を義務づけ，10年間で9,400億ドルを支出し3,200万人の保険未加入者を救済し，加入率を95％に引き上げることを骨子とする同法の成立を，オバマ大統領は「1政党の勝利ではなくアメリカ国民の勝利である」と賞賛し，これがオバマ政権への支持の回復に繋がることを期待した（吉野・前嶋 2010: 221-222）。しかし，その後のアメリカ政治の展開は，オバマ大統領にとっては予想外であった。

　まず，同法成立の前後からティーパーティ運動 (tea party movement) の勢力が拡大した。2009年2月にアメリカ再生再投資法が成立すると，大きな政府に反対する財政保守派の運動が台頭した。2010年3月に医療保険改革法が成立すると，この運動はさらに勢いづき，4月の確定申告締め切り日に，大小を含め700以上のティーパーティ団体が全米各地で抗議集会を組織した。それらはオバマ政権の大きな政府路線を批判し，共和党候補者を支持し，さらには共和党候補者予備選挙にも積極的に参入した。

　11月2日の中間選挙では，ティーパーティ運動から支持を受けた共和党が，議席を伸ばした。連邦下院では，改選前に179議席であった共和党は63議席を増やし，242議席を獲得した。これは1938年以来の連邦下院における共和党の地滑り的勝利であり，同党は4年ぶりに多数党の地位に復帰した。また，連邦上院では，それまで41議席であった共和党は6議席を増やし，47議席を獲得した。多数党にこそなれなかったものの，同党は議席差を縮めて上院内で発言力を強めたのであった。

ここから生じるのは次の疑問であろう。第1は，中間選挙で選挙民はどのような判断を下し，ティーパーティ運動が選挙民の判断にどのような影響力を及ぼしたのかであり，第2は，第112議会において連邦下院ではどのような共和党指導部が形成され，どのように公約の実現を図ろうとしたのかである。

ところで，中間選挙をめぐる短期的な変化とは別に，アメリカ政治には長期的な変化が起こっている。それは，選挙運動手法や選挙運動におけるメディアの役割の変化である。たとえば，これまでのアメリカにおける選挙アウトリーチ——特定の選挙民集団の特性を考慮した集票活動——の手法が戸別訪問や電話投票依頼を中心としていたものが，最近では，コミュニティ組織化やソーシャルメディアの活用に変貌しつつある。また，これまでメディアにはリベラル・バイアスがあると指摘されてきたものの，現在，メディアはイデオロギー的に2分化し，ソーシャルメディアを用いた選挙運動が一般化しつつある。

次に政治制度に目を向けると，2010年の国勢調査結果にもとづく連邦下院議員議席の50州への配分が決まり，現在，各州での選挙区区割り変更の作業が行われている。近年，南部諸州に配分される連邦下院議席数が増加し，それが共和党の連邦議会への勢力伸張を可能にする要因であったことを考えると，今回の議席再配分は2012年の連邦選挙の行方を大きく左右する。また，選出する連邦議会議員数と同数の選挙人を50州に与える大統領選挙人制度が現在どのように評価され，どのような問題を抱えているのかを知ることは，2012年の大統領選挙を考える上できわめて重要である。

さらに忘れてはならないのは，アメリカの対外援助政策の動向である。ブッシュ政権のもとでアメリカの対外援助政策の力点が軍事援助から貧困削減に変化し，オバマ政権もこの方針を継承したことはあまり知られていない。これまでオバマ大統領の外交政策というと，アフガニスタンへの米軍増派，中東・北朝鮮で展開された特使外交だけに関心が向けられていったものの，対外援助政策はオバマ大統領が重視したテロ対策と

も密接に関係している。この政策にオバマ政権がどのように対応したのかを検討することは，オバマ政権の外交政策を理解する上で不可欠の作業である。

　本書の目的は，とくに中間選挙における投票行動，連邦下院共和党指導部の活動，選挙運動の長期的変貌，選挙制度，対外援助政策に焦点を合わせ，中間選挙後のアメリカ政治の動向，2012年の大統領選挙・連邦議会議員選挙が行われる社会的・制度的コンテキストを多面的に検討することにある。

　第1章では，2010年の中間選挙におけるティーパーティ運動支持者の特質が検討される。まずティーパーティ運動による候補者の推薦は，共和党現職が再選をめざした選挙区，民主党現職が引退した選挙区で，候補者の得票率を上昇させたものの，勝敗に影響することはなかった。次に，ティーパーティ運動支持者は白人，男性，共和党支持者，福音派といった特徴をもち，財政赤字，移民問題，モラルの低下などに関心をもち，オバマ政権に批判的であった。したがって，ティーパーティ運動は，事実上，既存の保守勢力が結集した運動であったとみなすことができる。

　第2章では，連邦下院の共和党指導部の政策と戦略が分析される。まず共和党は経済再生，歳出削減，医療保険改革法の廃止などの公約を掲げて中間選挙で議席を伸ばし，連邦下院で多数党になった。次に，共和党指導部は少数の重要政策の実現に集中する戦略を採用し，実際にもベイナー下院議長は現実主義者と評された。そして，2011会計年度予算の削減をめぐり大統領と上下両院指導部の交渉は続き，暫定予算の期限切れの1時間前に合意が成立した。連邦政府の債務上限引き上げ問題も6月中に解決しなかったものの，2011会計年度予算と同様に，ぎりぎりのところで合意に達する可能性がある。

　第3章では，アイオワ州を中心に選挙運動におけるアウトリーチ戦略の変容が分析される。2008年大統領選挙におけるオバマ陣営の集票戦略の原型はアイオワ州で形成された。オンライン組織化と草の根運動(コミュニティ・オーガナイザーによるリーダー育成，戸別訪問による宣伝DVDの

配布）を混合したことがオバマ陣営の特徴である。2010年には，ティーパーティ運動は，アリンスキー理論に従ってコミュニティ・オーガナイジング手法による組織化を行った。しかしながら，インターネットによるオンライン組織化と草の根政治には衝突する面もあり，解決すべき多くの課題がある。

第4章では，ここ数回の連邦公職選挙とメディアの関係が検討される。かつてアメリカのメディアにはリベラル・バイアスがあると言われたものの，最近，ニュース専門局と政治報道のイデオロギー的2分化が進み，メディア間の連携が進んでいる。また，ソーシャルメディアを用いた選挙運動が一般化し，2008年大統領選挙ではこれを活用したオバマが勝利し，2010年にはティーパーティ運動がこれを活用した。メディアの分極化とソーシャルメディアの普及により，選挙運動はかつての相手を説得するものから支持者同士を接触させるものに変貌しつつある。

第5章では，連邦下院議員議席の州への配分と各州への選挙区区割りの手続きが検討される。まず小選挙区制のもとでの連邦下院議員の選出，10年ごとの国勢調査結果にもとづく連邦下院議員議席の50州への配分および各州での選挙区区割りの変更は，歴史的に定着した手続きである。小選挙区制自体は第三党候補者に不利であり，区割り変更過程ではジェリマンダリング——日本ではゲリマンダリングと表記されることが多いものの，アメリカではジェリマンダリングと発音される——という選挙区操作が容易に行われる。しかし，これらの制度は連邦制を採用するアメリカでは大きな意義をもち，また2010年の国勢調査の結果，南部から選出される下院議員数が増加し，これは共和党に有利に作用する可能性がある。

第6章では，大統領選挙人制度の発展と現状が検討される。まず憲法制定者は思慮深い選挙人が自由意思で大統領を選ぶ手続きを考案したものの，途中から各州において一般投票で勝利した政党が全選挙人を獲得する仕組みに変質した。次に，選挙人制度は一般投票と選挙人投票の乖離，選挙人の背信，第三党の過大な影響力などから批判されてきたもの

の，それらは致命的な欠陥ではなかった。州を超えた「票の交換」，州議会横断ネットワークなど，選挙人制度に対する選挙民の反乱が続いているとはいえ，2012年の大統領選挙でも選挙人制度は「ゲームのルール」として受け入れられる可能性が高い。

　第7章では，オバマ政権の対外援助政策が検討される。ブッシュ政権は2003年にミレニアム挑戦法を成立させ，軍事と開発の両分野の援助を通じてテロ撲滅を図ろうとしたものの，軍事力への依存が高まるとともに開発への関心は低下した。対話・協調路線を採用するオバマ政権はブッシュ政権の開発重点化の方針を継承し，連邦議会と協力しながら対外援助改革をめざして活発に活動した。しかし，2010年の中間選挙で共和党が連邦下院の多数党になった第112議会では，改革の動きは止まってしまっている。

　最後に第8章では，7章までの多様な検討にもとづいて，7月末の連邦政府の債務上限引き上げに関する合意に至る政治の動向を概説し，2012年の大統領選挙が行われる社会的・制度的コンテキストを確認し，2012年の大統領選挙に向けて民主・共和両党の大統領候補者が新しい政策理念，メッセージ，選挙戦略を必要としていることを明らかにする。

引用参考文献

吉野孝・前嶋和弘，2010『オバマ政権はアメリカをどのように変えたのか：支持連合・政策成果・中間選挙』東信堂。

オバマ政権と過渡期のアメリカ社会：選挙，政党，制度，メディア，対外援助／目次

プロローグ …………………………………………………… 吉野　孝…i

第1章　2010年中間選挙におけるティーパーティのインパクト：集計・個人レベルデータを用いた実証分析 …………………… 飯田　健…3

- 第1節　はじめに……………………………………………… 3
- 第2節　上院議員選挙におけるティーパーティ運動の影響力… 4
- 第3節　誰がティーパーティを支持するのか………………… 8
  - (1) ティーパーティ支持者の社会的属性 (9)
  - (2) なぜティーパーティ運動を支持するのか (15)
- 第4節　ティーパーティ支持者の政治行動……………………19
- 第5節　おわりに………………………………………………24

注 (27)

引用参考文献 (28)

第2章　連邦下院共和党指導部：組織化，戦略，活動 ………………………………………… 吉野　孝…31

- 第1節　共和党の選挙勝利とオバマ政権の対応………………31
  - (1) 共和党勝利の背景 (31)
  - (2) 共和党の選挙公約：『アメリカへの誓約』(32)
  - (3) 選挙民の期待とオバマ政権の対応 (35)
- 第2節　連邦下院の新しい指導部・委員長・手続き …………38
  - (1) 連邦下院の多数党指導部 (38)
  - (2) 連邦下院常任委員長 (39)
  - (3) 連邦下院共和党指導部の課題と戦略 (41)
  - (4) 手続き変更 (42)
- 第3節　具体的立法 ……………………………………………43
  - (1) 減税の拡大と医療保険改革法の廃止 (43)
  - (2) 2011会計年度予算と政府閉鎖をめぐる駆け引き (44)
  - (3) 財政赤字のコントロールと債務上限引き上げ問題 (48)

第4節　評価と展望……………………………………………52
　注 (53)
　引用参考文献 (56)

第3章　グラスルーツ・ポリティックス：アイオワ州
　　　　アウトリーチ戦略とティーパーティ運動 …渡辺将人…59
　第1節　はじめに………………………………………………59
　第2節　民主党グラスルーツ革新を生んだ2008年
　　　　アイオワ戦………………………………………………60
　　(1) オバマ陣営のアイオワ重視の背景 (60)
　　(2) 党員集会制度とオバマ陣営 (61)
　　(3) 地上戦とオンライン併用のグラスルーツ戦略 (62)
　第3節　ティーパーティ運動とグラスルーツ…………………64
　　(1) ティーパーティ運動の源流 (64)
　　(2) ティーパーティ運動の特質 (67)
　　(3) アリンスキーと「コミュニティ・オーガナイズ」(70)
　　(4) コミュニティ・オーガナイジングをめぐる価値的乖離 (73)
　第4節　むすび：2012年大統領選挙に向けて…………………75
　　(1) 争点票と党内結束をめぐる不安定要因 (75)
　　(2) オンライン・キャンペーンの可能性と問題点 (78)
　注 (79)
　引用参考文献 (80)
　インタビュー (81)

第4章　複合メディア時代の政治コミュニケーション：
　　　　メディアの分極化とソーシャルメディアの
　　　　台頭で変わる選挙戦術………………………前嶋和弘…83
　第1節　はじめに………………………………………………83
　第2節　メディアの「分極化」…………………………………84
　　(1) ニュース専門局における「保守」と「リベラル」：
　　　　FOXNEWS 対 MSNBC (85)
　　(2) 同じイデオロギー傾向の相互協力：
　　　　政治インフラとなるメディア (87)

(3) 政治報道のイデオロギー的分極化：
　　　　　ニュース専門局以外の状況 (90)
　　　(4) 政治報道の変化の背景 (93)
　　　(5) メディアの分極化と国民世論の分極化 (95)
　第3節　ソーシャルメディアの台頭 ……………………………97
　　　(1) アメリカ政治におけるソーシャルメディア (97)
　　　(2) 2010年中間選挙とソーシャルメディア (99)
　第4節　複合メディア時代の政治コミュニケーション：
　　　　　変わる選挙戦術 ……………………………105
　第5節　結びにかえて：2012年選挙に向けて ……………108
注 (111)
引用参考文献 (113)
インタビュー (115)

第5章　2010年の連邦下院議席配分と選挙区区割り見直し作業：2012年以降の選挙に与える影響 …………………上田路子…117

　第1節　はじめに ……………………………………………117
　第2節　選挙区区割り変更 …………………………………118
　　　(1) 人口センサスと各州への連邦下院議席割り当て (118)
　　　(2) 選挙区区割りの基準：Ⅰ―1人1票 (119)
　　　(3) 選挙区区割りの基準：Ⅱ―マイノリティの保護 (122)
　　　(4) 選挙区区割り作業の実際と問題点 (126)
　第3節　2010年人口センサス後の議席割り当てと
　　　　　選挙区区割り変更 ……………………………128
　　　(1) 2010年の人口センサス (128)
　　　(2) 州への下院議席割り当て (130)
　第4節　2012年以降の選挙への影響 ……………………133
　　　(1) 今後の大統領選挙人と下院選挙への影響 (133)
　　　(2) 選挙区画定における共和党の優位 (135)
　第5節　おわりに ……………………………………………138
注 (139)

引用参考文献 (141)

第6章　選挙制度と大統領選挙人制度：現状と問題点 …………………………今村　浩… 143

- 第1節　はじめに ………………………………………… 143
- 第2節　大統領選挙人制度の現況 ……………………… 143
- 第3節　選挙人制度批判論の検証 ……………………… 147
- 第4節　選挙人制度への選挙人の反乱 ………………… 149
- 第5節　選挙人制度への選挙民の反乱 ………………… 153
  - （1）いわゆる「ネーダー・トレーダー」(153)
  - （2）州議会横断ネットワーク (157)
- 第6節　2012年選挙への影響 …………………………… 158
- 第7節　おわりに ………………………………………… 160

注 (161)

第7章　オバマ外交の今後：「開発力」から見た対話・協調路線 …………………………小川裕子… 163

- 第1節　はじめに ………………………………………… 163
- 第2節　ブッシュ政権の直面したジレンマ …………… 165
- 第3節　スマート・パワー ……………………………… 168
- 第4節　国防省の貢献 …………………………………… 171
- 第5節　対外援助改革への動き ………………………… 174
- 第6節　おわりに ………………………………………… 178

注 (180)
引用参考文献 (180)

第8章　評価と展望：中間選挙後の政治動向と2012年の連邦公職選挙に向けて ……………吉野　孝… 185

- 第1節　中間選挙後のアメリカ政治の動向 …………… 185
  - （1）債務上限引き上げの合意をめぐる政治過程 (185)
  - （2）合意の内容と評価 (187)
- 第2節　2012年の連邦公職選挙の

　　　　　社会的・制度的コンテキスト………………………189
　第3節　新しい政策理念，メッセージ，
　　　　　選挙戦略を求めて　………………………………191
　　（1）オバマ政権および民主党(191)
　　（2）共和党(194)
　注(195)
　　引用参考文献(196)

エピローグ………………………………………吉野　孝…199
事項索引………………………………………………………201
人名索引………………………………………………………207
執筆者紹介……………………………………………………210

オバマ政権と過渡期のアメリカ社会：
選挙，政党，制度，メディア，対外援助

第1章　2010年中間選挙におけるティーパーティのインパクト：集計・個人レベルデータを用いた実証分析

飯田　健

第1節　はじめに

　2010年アメリカ中間選挙は共和党の勝利に終わった。上院では共和党は改選前から6議席増やし，37の改選議席のうち24議席をその手中に収めた。下院では改選前から63議席増やし，435議席中過半数となる242議席を獲得した。得票率も上院議員選挙において前回2008年の45.4％から49.3％に伸ばす一方，下院議員選挙でも前回2008年の40.9％から51.6％に伸ばした。こうした中間選挙における野党の躍進（与党の敗北）は「大波と退潮」(surge and decline) 現象の一部として古くから知られており（たとえば Kernell 1977），アメリカ中間選挙においては別段珍しいことではない。しかし今回の中間選挙は，1つの要因によってとりわけ注目を集めた。それは，ティーパーティ運動の存在である。周知のとおりティーパーティ運動は，小さな政府，減税，政府の財政赤字の削減を求める草の根の市民を中心とする特定の組織をもたない政治運動であり，2009年以来アメリカ政治において存在感を増してきた。2010年の中間選挙においては，こうしたティーパーティ運動の支援を受けているとされる，いわゆるティーパーティ系の候補者が登場し，その選挙結果に注目が集まった。

　本章では，このようなティーパーティ運動の存在が中間選挙の結果に与えた影響について，集計データを用いて実証的に分析するとともに，個人レベルデータを用いて，いったいどのような人たちがティーパーティ運動を支持しているのか，彼らはなぜティーパーティ運動を支持するのか，支持者たちはどのような政治行動をとるの

か，について明らかにする。こうした分析を通じて，選挙結果のみならずアメリカ政治全体に対するティーパーティ運動のインパクトについても考察する。

第2節　上院議員選挙におけるティーパーティ運動の影響力

　果たしてティーパーティ運動は選挙結果に影響を与えたのか。ティーパーティ運動は共和党の勝利にどの程度貢献したのか。これまでに発表されたティーパーティ運動の選挙結果に対する影響を実証的に分析した研究の中で最も包括的なものであるカーポウィッツ（Karpowitz, Christopher F.）らによると，この質問に対する答えは否定的なものである。この研究においては，2010年中間選挙の下院議員選挙区を分析単位として，共和党得票率を従属変数，ティーパーティ運動の各団体の推薦の有無を独立変数にした回帰分析が行われ，結果，6つのティーパーティ系団体や人物の推薦のうちディック・アーミー（Dick Armey）のフリーダムワークスの推薦のみが共和党候補者の得票率を約2％押し上げただけで，他の団体の推薦は得票率に統計的に有意な影響を与えなかったことが示された。しかし一方で，上院議員選挙の候補者を決める共和党の党員集会の立候補者を分析単位として，各候補者の得票率を従属変数，ティーパーティ系団体の1つであるティーパーティ・エクスプレスとサラ・ペイリン（Sarah Palin）の推薦の有無を独立変数にした回帰分析では，両者とも推薦した候補者の得票率を10％弱押し上げる効果が見られた。これらの結果をもって，カーポウィッツらはティーパーティ運動の影響力は本選挙レベルではなく，共和党の党員集会レベルに限られると結論づけた（Karpowitz, et al. 2011）。

　ここでは，ティーパーティ運動が上院議員選挙の結果に与えた影響について，集計レベルのデータを分析してみよう。まず誰がティーパーティ系の候補者かについては，ティーパーティ運動自体が公式な組織をもたないことから，マスメディアや専門家によって若干判断が分かれる。今

回の分析では，2010年10月31日付のFox Newsの分類[1]に従い，全員共和党所属の15人を上院議員選挙におけるティーパーティ系の候補者とする[2]。今回はニューヨーク州の2つの議席を含め全部で37の上院の議席[3]が争われたので，実にその3分の1以上にティーパーティ系の候補者がいたことになる。この37の選挙のうち，アラスカ州，アイダホ州，サウスダコタ州の3つはそれぞれの選挙の特殊な事情[4]により今回の分析対象から除外されるので，最終的に残りの34の選挙が分析の対象となる。

この34の選挙のうち，共和党候補者全体での成績は21勝13敗であった。そしてそれをさらにティーパーティ系と非ティーパーティ系の候補者とに分けたものが**表1-1**である。それによると，前者は8勝4敗，後者は13勝9敗であった。これだけ見ると，ティーパーティ系の候補者の方が立候補した3分の2の選挙で勝利するなど，非ティーパーティ系に比べて成績が良いように見える。しかし，ティーパーティ運動による推薦の選挙結果への因果効果を検証するためには，選択バイアスの問題について考慮しなければならない。すなわち，ティーパーティ系の組織はそもそも勝ち馬に乗るつもりで，勝つ見込みの高い共和党候補者を推薦した可能性がある。またあるいはティーパーティ運動が盛んな地域は保守

表1-1 選挙特性を考慮したティーパーティ系候補者と非ティーパーティ系候補者との比較

選挙特性		勝敗	共和党得票率の増減の平均	差
全体	ティーパーティ系 ($n=12$)	8勝4敗	+8.56	
	非ティーパーティ系 ($n=22$)	13勝9敗	+3.28	+5.28
共和党現職	ティーパーティ系 ($n=3$)	3勝0敗	+8.64	
再選めざす	非ティーパーティ系 ($n=6$)	6勝0敗	-2.78	+11.42
共和党現職	ティーパーティ系 ($n=3$)	3勝0敗	-0.28	
再選めざさず	非ティーパーティ系 ($n=3$)	3勝0敗	-4.77	+4.49
民主党現職	ティーパーティ系 ($n=4$)	1勝3敗	+7.13	
再選めざす	非ティーパーティ系 ($n=9$)	2勝7敗	+4.63	+2.50
民主党現職	ティーパーティ系 ($n=2$)	1勝1敗	+24.59	
再選めざさず	非ティーパーティ系 ($n=4$)	2勝2敗	+15.30	+9.29

的であり，そもそも共和党候補者が強いということも考えられる[5]。こうした選挙特性をコントロールした上での，ティーパーティ運動の選挙結果への因果効果を見るために，それぞれ選挙特性が同じ選挙ごとでティーパーティ運動の推薦の有無による共和党候補者の成績の違いを見てみることにする。

　まず最も共和党候補者が有利と思われる，共和党現職が再選をめざしている選挙におけるティーパーティ系と非ティーパーティ系候補者の成績をみると，前者が3勝0敗，後者が6勝0敗と両方とも全勝である。つまり少なくとも勝敗の数の上では，ティーパーティ運動による推薦は現職の共和党候補者にとっては関係がなかったようである。次に，共和党現職が引退し共和党候補者にとっては議席の継承が目標となっている選挙でみると，ティーパーティ系が3勝0敗，非ティーパーティ系が3勝0敗とここでも違いはない。さらに共和党候補者にとって最も不利と思われる，民主党の現職が再選をめざしている選挙でみると，ティーパーティ系が1勝3敗，非ティーパーティ系が2勝7敗とやはりあまり違いはない。最後に民主党現職が引退し，共和党にとっては議席を増やす絶好の機会となっている選挙でも，ティーパーティ系1勝1敗，非ティーパーティ系2勝2敗と違いはない。これらのことから，ティーパーティ系の上院議員選挙における候補者の推薦は，少なくとも勝敗の数に対してはほとんど，あるいは全く影響がなかったと結論づけられる。

　しかし，得票率の増減についてはどうか。2010年選挙と同じ議席が争われた2004年選挙からの共和党候補者の得票率の増減（2010年の得票率－2004年の得票率）の平均値をティーパーティ系と非ティーパーティ系それぞれについて計算してみる。まず全体をみると，前者が＋8.56％，後者が＋3.28％と両方とも得票率を伸ばしているが，ティーパーティ系の候補者の得票率の伸びの方が5％強高くなっている。さらに先と同様に選挙特性ごとにみてみると，まず共和党現職が再選をめざしている選挙では，ティーパーティ系は＋8.64％に対して，非ティーパーティ系では－2.78％と前者の方が11.42％も高くなっており，同じ再選をめ

ざす共和党現職であっても，ティーパーティの推薦を受けた候補者は大きく得票率を伸ばす一方，受けなかった候補者は若干票を減らしている。次に，共和党現職が引退し新人同士の争いになっている選挙では，ティーパーティ系が－0.28％，非ティーパーティ系が－4.77％と両方とも現職の前回得票率よりも得票率を減らしているものの，その減少率は前者の方が小さくなっている。さらに，民主党現職が再選をめざしている選挙では，ティーパーティ系が＋7.13％，非ティーパーティ系が＋4.63％と両方とも得票率を伸ばしているものの，その差は2.50％とあまり大きくはない。最後に，民主党現職が引退し新人同士の争いになっている選挙では，ティーパーティ系が＋24.59％，非ティーパーティ系が＋15.30％と両者とも大きな伸びを示しており，その差も9.29％と，ティーパーティ運動による推薦の威力が発揮されているようである。なお**表1-2**のとおり，2010年と2004年の共和党候補者の得票率差を従属変数，ティーパーティ運動による推薦を独立変数とした回帰分析を行ったところ，選挙特性の影響をコントロールしてもティーパーティ運動による推薦は5％水準で統計的に有意な影響（＋6.41％）を得票率差に与えていた。

表1-2　選挙区特性を考慮したティーパーティによる支持の得票率への影響

独立変数	推定値
ティーパーティ系候補者	6.41 *
	(2.86)
共和党現職再選めざす	4.49
	(3.42)
共和党現職再選めざさず	－4.67
	(4.18)
民主党現職再選めざさず	17.32 **
	(4.15)
定数項	－1.07
	(2.80)
N	34
$Adj\text{-}R^2$	.442

カッコ内は標準誤差。**$p<0.01$, *$p<0.05$
3つの選挙特性はダミー変数（ベースは「民主党現職再選めざす」）。

以上をまとめると，ティーパーティ運動による候補者の推薦は，特定の種類の選挙で共和党候補者の得票率を上昇させる要因となったものの，その勝敗に影響を与えることはなかったということが言える。すなわちティーパーティ運動による推薦の効果が高かったのは，共和党の現職が再選をめざす選挙と，民主党の現職が引退した選挙であったが，両方ともティーパーティ運動による推薦は共和党候補者が勝利を収めるのに十分な票がすでに確保された上へのさらなる「無駄な」上積みであったり，あるいは負けを覆すのには足りない上積みだったりしたと思われる。今回の選挙でティーパーティの推薦を受けて勝った共和党の候補者は仮に推薦がなくても勝っていたし，推薦がなくて負けた候補者は仮に推薦があったとしても負けていたのである。

第3節　誰がティーパーティを支持するのか

次に，ティーパーティ支持者の社会的属性および彼らがティーパーティ運動を支持する理由について個人レベルデータを使って分析する。ここで使用するデータは，American National Election Studies（以下，ANESと表記）が2010年10月に行った調査[6]である。ANESは1948年以降大統領選挙をはじめ主要な選挙時にアメリカ全土の有権者を対象に大規模な学術的世論調査を実施しており，そのローデータはANESのウェブサイト[7]から誰でも入手することができる。ただし近年ANESは資金難により，2006年，2010年と中間選挙時に本格的な選挙調査を行えなくなっており，今回使用するデータの調査は，それを補完するものの1つとして選挙前の2010年10月に行われたインターネット調査である。とはいえ，標本の抽出は乱数電話番号（random digit dialing）と住所にもとづく抽出を組み合わせて行っており，インターネットのアクセスをもたない対象者には設備一式を提供するなど最大限無作為抽出になるよう努力がなされている（要するに，他の多くのインターネット調査のようにあらかじめ調査会社に登録された回答者パネルを使っているのではない）。また，多変量解析に

おいては母集団についての統計的推論をより適切に行うため，ANES より提供されているウエイトを用いる。

(1) ティーパーティ支持者の社会的属性

これまでティーパーティの支持者像について各種世論調査にもとづくマスメディアの報道ではどのように言われてきたか。まず政党帰属意識の点では圧倒的に共和党を支持している者が多い (Miller 2010)。また，白人で男性が多く，年齢が高い傾向にあり，収入も比較的多い (Zernike and Thee-Brenan 2010)。宗教的には，4割強が自らを成人後信仰に目覚めた「ボーンアゲイン」であると称している (Przybyla 2010)。一方，ティーパーティ運動を伝統的な保守や宗教右翼ではなく，世俗的で超党派の草の根の市民，あるいはリバタリアンによる運動と理解する向きもある (Kirby and Ekins 2010; Barry 2010; Malcolm 2010)。これらを確認する意味でも，ANES のデータにおけるティーパーティ支持者の社会的属性についてみてみよう。

まずは全部で1,212人からなるケースを，ティーパーティ運動を支持するかどうかという質問に対する回答によって，「支持」(22.8％, $n=276$)，「中立」(54.5％, $n=661$)，「不支持」(22.7％, $n=275$)の3つのグループに分ける。そしてそれぞれのグループの内部で，社会的属性の構成がどのようになっているのかを見る。図1-1はそれぞれのグループ内で政党帰属意識の分布がどのようになっているのかを表したものである。これによると，やはりティーパーティ支持者の間では圧倒的に共和党に帰属意識をもつ者が多く (54.5％)，次いで無党派 (35.6％)，民主党 (8.4％)，リバタリアン党／コンスティチューション党[8] (1.5％) となっている。反対に，ティーパーティを支持しない有権者のグループでは民主党が6割を超えるなど数が多く，一方で共和党は1割未満となっている。無党派の割合は，ティーパーティに対して中立的な態度をとる有権者の中で若干多いものの，突出してどのグループで多いということはない。このようにティーパーティに対する支持態度というのは，伝統的な政党帰属

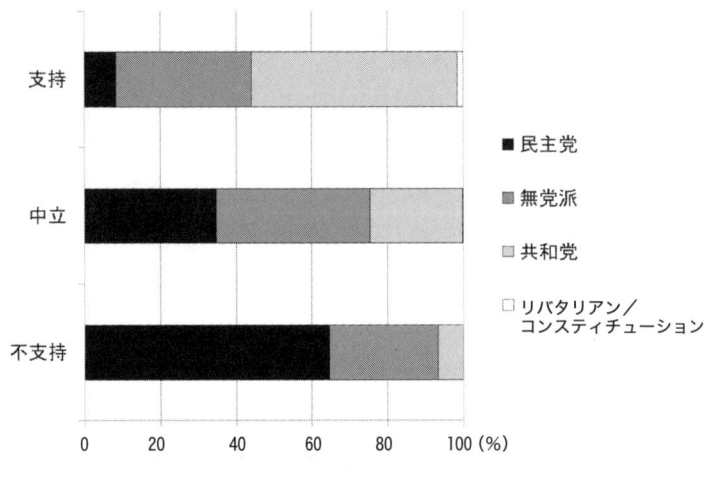

図1-1　政党帰属意識とティーパーティ支持

意識によって大きく規定されているものであり，ティーパーティ運動は超党派，あるいは既存政党に嫌気がさした無党派層によって支持されているなどという解釈はとれないことがわかる。

次に，**図1-2**は各グループ内での男女比をみたものである。一見して

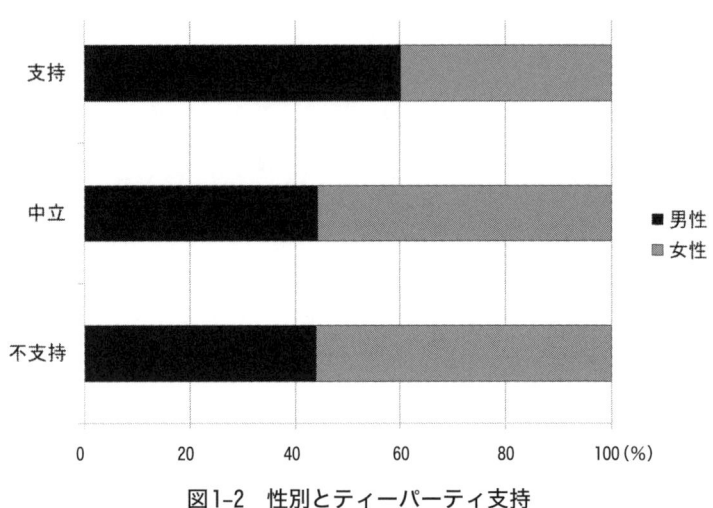

図1-2　性別とティーパーティ支持

第1章 2010年中間選挙におけるティーパーティのインパクト 11

わかるとおり，ティーパーティ運動を支持するグループは，支持しないグループや中立的なグループと比べてかなり男性の割合が高い。さらに図1-3の各グループ内での学歴の分布をみると，ティーパーティ運動を支持しないグループにおける大卒者以上の学歴をもつ者の割合が5割弱

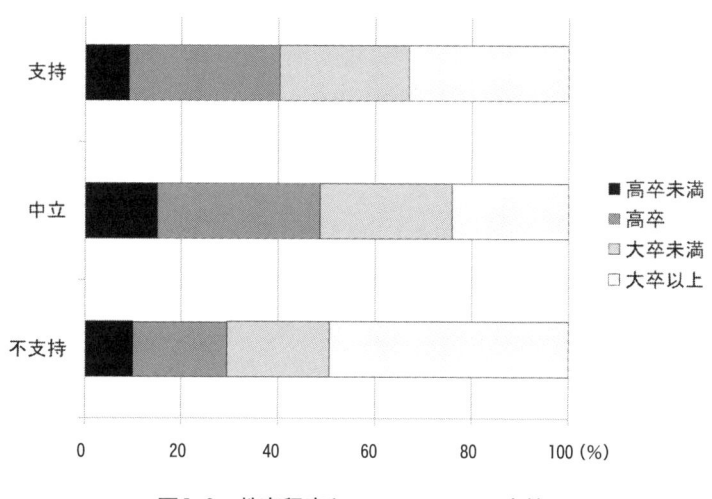

図1-3　教育程度とティーパーティ支持

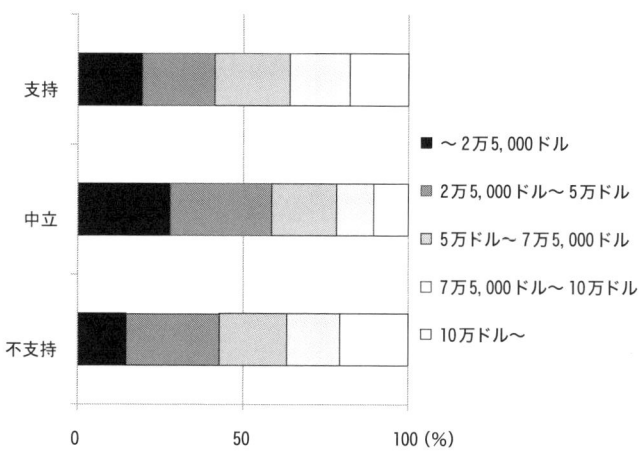

図1-4　世帯収入とティーパーティ支持

と高いことが顕著にわかる一方，それに比べて支持するグループは，中立のグループの分布との違いがそれほどみられない。つまり高学歴者はティーパーティ運動支持者ではなくむしろそれを支持しないグループに多く見られるのである。ただ，学歴と同様，社会経済的地位を表す代表的な指標である世帯収入については，図1-4のとおり支持者と不支持者との間でそれほど大きな違いがない。学歴と収入が一般的にある程度比例することを考えると，それぞれ例外的な存在である低学歴高収入の人がティーパーティ支持者となり，高学歴低収入の人が不支持になりやすいという傾向があるのかもしれない。

　人種については，図1-5のとおり，支持者のグループにおける他の2つのグループと比べての白人の割合と黒人の少なさが際立っている。ティーパーティ運動は，人種的多様性が少なく，やはり白人中心と言えるだろう。年齢については図1-6のとおり，支持者と不支持者との間で際立った大きな違いはない。せいぜいティーパーティ支持者の間での18歳から29歳までの若年層の割合が若干少ないくらいである。最後に，信仰とティーパーティ運動支持との関連を見ると，自らを「ボーンアゲ

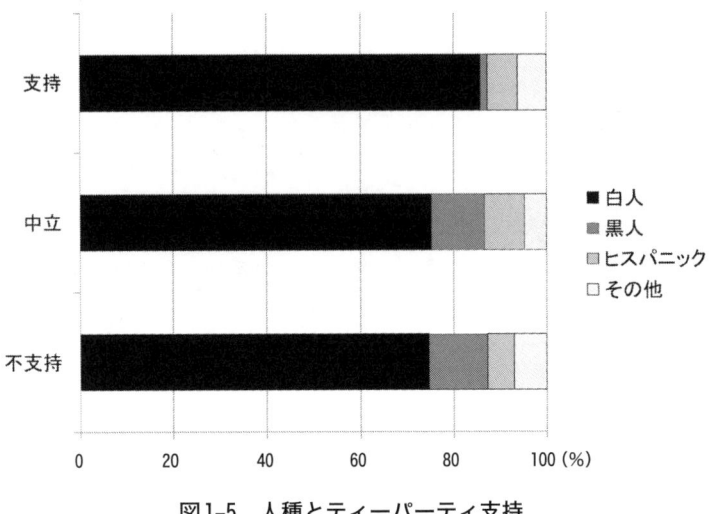

図1-5　人種とティーパーティ支持

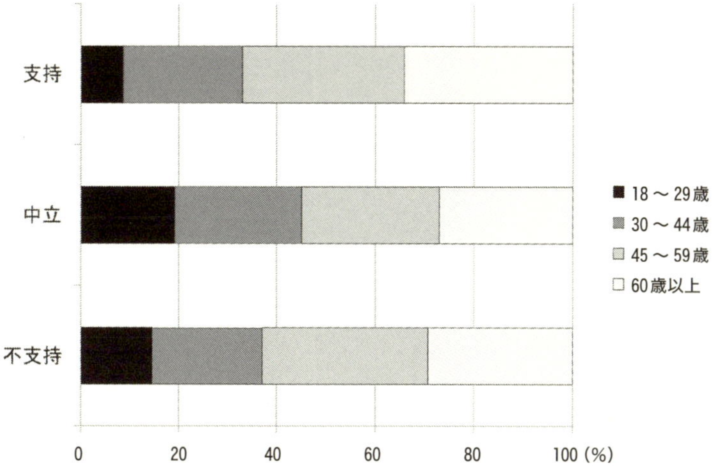

図1-6 年齢とティーパーティ支持

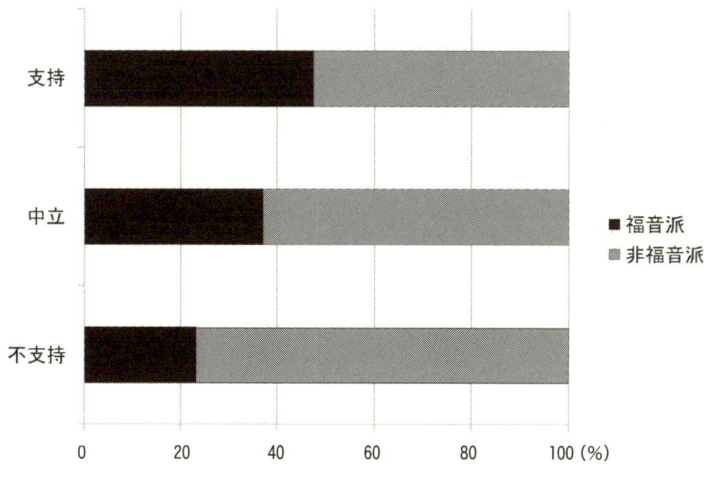

図1-7 福音派とティーパーティ支持

イン」あるいは福音派キリスト教徒（evangelical Christian）とみなす人の割合は，図1-7のとおりである。ティーパーティ運動支持者の間で自らを福音派と考える人の割合は半分近くと他のグループよりも高く，この

運動の宗教色の強さがうかがえる。反対に，不支持者の間では福音派の割合は低くなっている。このパターンは政党帰属意識のパターンと似ていると言えるだろう。

　以上のグループ別社会属性の確認から，ひとまずティーパーティ運動支持者像として，白人，男性，共和党支持，福音派ということが浮かび上がった。これらはこれまで言われてきたこととおおむね合致するものであろう。ただ，ティーパーティ運動の性質について，彼らは単なる共和党支持の既存の宗教保守なのか，それとも世俗的な草の根の市民なのか，という議論[9]についてどのようなことが言えるであろうか。つまり彼らは単なる伝統的な保守なのか，リバタリアンなのか。こうした議論が起こる1つの原因は，両者は小さな政府を求めるという点では共通しており区別がつきにくいという点にある。そこで，ここでは過去議会で審議された2つの法案に対する態度で，各グループを「保守」「リベラル」「リバタリアン」の3つに分け，それぞれの割合を見てみる。

　その2つの法案とは，2010年にオバマによって行われた医療保険改革の中核をなす患者保護および医療費負担適正法 (Patient Protection and Affordable Care Act: PPACA) と，軍隊においてゲイであることを公言したり尋ねたりすることを禁じる ("Don't Ask, Don't Tell": DADT) 規則撤廃法案である。前者は，健康保険加入の義務化などを定めるもので，その支持／不支持によって小さな政府志向か否か，すなわち経済的なリベラル／保守を分けることができる。PPACA は，経済保守派にとっては最も許容できない「社会主義的」な法であり，彼らはこれに反対するであろう。また後者は軍隊におけるゲイの存在や地位を認めたものであり，その支持／不支持によって社会的価値観の多様性に寛容か否か，すなわち社会的なリベラル／保守を分けることができる。リバタリアンの中には信仰をもち個人的にはゲイを許容しない者もいるだろうが，個人の自由を最大限尊重するという立場から，DADT のような規則には反対するであろう。

　このような考えにもとづき，ここでは，PPACA を支持せず，かつ DADT撤廃を支持しない者を保守と分類する。さらに PPACA を支持せず，

第1章　2010年中間選挙におけるティーパーティのインパクト　15

	PPACA					
	支持	不支持	リベラル	リバタリアン	リベラル	リバタリアン
DADT撤廃支持	リベラル 8.1%	リバタリアン 22.9%	41.9%	19.4%	77.2%	10.7%
不支持	10.7%	保守 58.3%	18.2%	保守 20.5%	8.8%	保守 3.3%
	ティーパーティ支持		中立		ティーパーティ不支持	

図1-8　保守とリバタリアンの割合

　かつDADT撤廃を支持する者をリバタリアンとする。最後に，PPACAを支持し，かつDADT撤廃を支持する者をリベラルとみなす。各グループでの保守，リバタリアン，リベラルの割合は図1-8のとおりである。これによるとティーパーティを支持するグループの回答者の半分以上(58.3%)が保守に分類される。リバタリアンは2番目に多い22.9%だが，この割合はティーパーティに対して中立的なグループのそれと大差がない。リベラルは1割未満である。一方，ティーパーティを支持しないグループに属する回答者の8割近くがリベラルに分類される。この結果からも，ティーパーティ支持者を最も良く表す特徴は，やはり伝統的な保守であると言えるだろう。

(2)　なぜティーパーティ運動を支持するのか

　次にティーパーティ運動を支持する有権者に特徴的な考え方を見ることで，彼らが運動を支持する動機ついて考察したい。ここでは，データに含まれる個人を分析単位として，ティーパーティに対する支持態度(1:「支持しない」，2:「どちらでもない」，3:「支持する」)を従属変数に，回答者の最も重要だと考える問題，および彼らのさまざまな政治的態度を独立変数に順序ロジット分析を行う。

　このANESの調査では，現在アメリカが直面する12の問題の中で，どれが最も重要と考えるか尋ねられている。その選択肢は，経済，テロリズム，医療，イラクでの戦争，アフガニスタンでの戦争，教育，財政赤字と政府支出，モラルの低下，環境，移民，犯罪，貧困である。これ

らのうち最も多く挙げられたのが経済であり，実に42.3％の回答者が経済を最も重要な問題と考えている。これはある意味「普通」の回答であり，この回答を行った者と，経済以外の問題を最も重要と答えた者との間の，ティーパーティ運動を支持する態度にどのような違いが生まれるかを推定する。コントロール変数として，前節で分析した政党帰属意識 (民主党ダミーと共和党ダミー)，性別 (1：男性，0：女性)，教育程度 (1：大卒以上，0：それ以外)，世帯収入 (1：10万ドル以上，0：それ以外)，年齢 (1：18〜29歳，0：それ以外)，人種 (1：白人，0：それ未満)，福音派 (1：福音派，0：それ以外) をモデルに含める。モデルの推定結果の表については，紙幅の関係で省略するが，少なくとも5％水準で統計的に有意な影響をティーパーティ支持態度に与えていた問題関心は，医療，教育，財政赤字と政府支出，モラルの低下，環境，移民であった。このうち財政赤字と政府支出，モラルの低下，移民は正の影響，医療，教育，環境は負の影響であった。すなわち経済ではなく，財政赤字と政府支出，モラルの低下，あるいは移民が，アメリカが直面する最も重要な問題だと考える人ほど，ティーパーティ運動を支持する確率が高くなる一方，教育，医療，あるいは環境を最も重要な問題だと考える人ほど，ティーパーティ運動を支持する確率が低くなる。

　こうした政策上の問題関心の影響をより具体的に解釈するために，経済を最も重要と答えた回答者と，従属変数に対して統計的に有意な影響を示した各問題を最も重要と答えた有権者との間でどれくらいティーパーティ運動を支持する確率が変化するか，それ以外の独立変数をすべて平均値に固定して推定し，影響力が大きい順番に並べ替えたのが図1-9である。この図によると，最も大きな影響を与えるのが財政赤字と政府支出の問題であり，これを最も重要と答えた有権者は，経済を最も重要と答えた有権者よりも21.09％，ティーパーティを支持する確率が高くなる。次に大きい影響力をもつのが移民とモラルの低下であり，それぞれ18.34％，9.32％，ティーパーティ運動を支持する確率を高める。残りの3つの変数は逆に，それらを最も重要と答えることによって経済

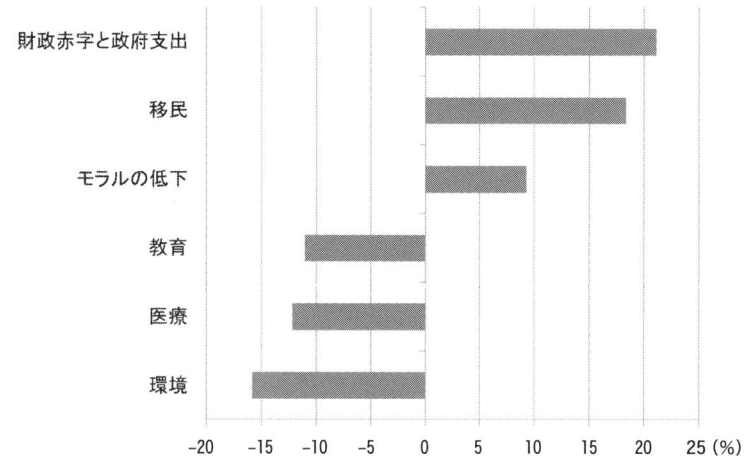

図1-9　問題の重要性が，ティーパーティ支持確率に対して与える影響
(順序ロジット分析の推定結果にもとづく，経済を最も重要な問題と考える有権者との比較)

を最も重要と答えた有権者に比べてティーパーティを支持する確率が低くなるものである。教育で－11.04％，医療で－12.12％，環境で－15.82％となっている。これらからティーパーティを支持する要因として，政府の財政問題，移民問題，道徳の問題があることがわかる。これらの問題はやはりいずれも従来の伝統的保守のそれであり，とくに後2者は理論的にリバタリアンの価値観とは真っ向から反するものである。

　続いて，さまざまな政治的態度がティーパーティ運動を支持する確率に与える影響について検証する。ここでも先ほどと同様，ティーパーティ運動への支持を従属変数とした順序ロジット分析を行う。ただしここでの独立変数は，さまざまな政治的態度である。それらには，オバマの評価 (1：好き，0：それ以外)，ペイリンの評価 (1：好き，0：それ以外)，議会の評価 (1：議会は無責任である，0：それ以外)，ウォールストリートの評価 (1：ウォールストリートは無責任である，0：それ以外)，政府への不信 (1：ごくたまにしか政府を信頼しない，0：それ以外)，2008年と比較しての自由の程度 (1：自由が損なわれた，0：それ以外)，過去の経済評価 (1：悪くなった，0：

それ以外)，将来の経済評価 (1：悪くなる，0：それ以外)，景気刺激策の評価 (1：経済に悪影響，0：それ以外)，人種差別状況の評価 (1：ほとんど／全くない，0：それ以外)，高額所得者への所得税増税 (1：反対，0：それ以外) が含まれる。コントロール変数は先ほどと同様のものを投入して推定する。モデルの推定結果を示した表は紙幅の関係でここでも省略されるが，少なくとも5％水準で統計的に有意な影響を与えていた独立変数は，高所得者への増税反対，人種差別はすでになくなったとの意見，政府に対する不信感，景気刺激策を評価しない態度，ペイリンを好む態度，オバマを好む態度である。このうちオバマを好む態度のみが負の影響で，残りはすべて正の影響である。

　先の分析と同様，これらの政治態度の影響をより具体的に解釈するために，統計的に有意な係数の推定値を示したそれぞれの独立変数の"0"のカテゴリを答えた回答者と，"1"の値を答えた回答者との間でどれくらいティーパーティ運動を支持する確率が変化するか，それ以外の独立変数をすべて平均値に固定して推定し，影響力が大きい順番に並べ替えたのが図1-10である。これによると，ティーパーティ運動への支持に最

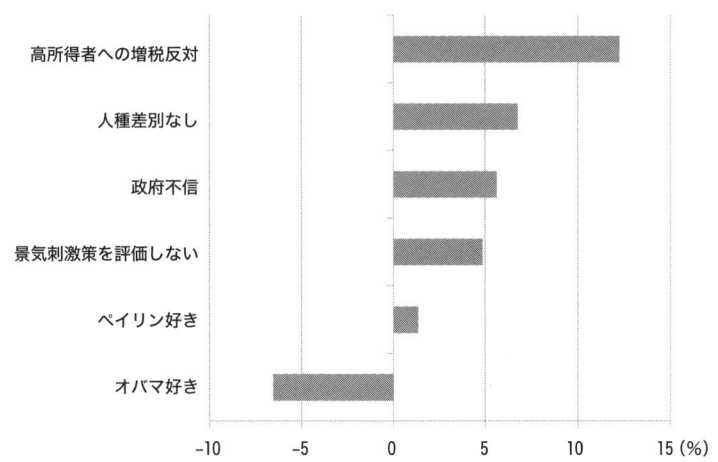

図1-10　政治的態度が，ティーパーティ支持確率に対して与える影響

(順序ロジット分析の推定結果にもとづく，それぞれの政治態度をもたない有権者との比較)

も大きな影響を与えているのが高所得者への増税に反対する態度であり，増税に反対しない回答者と比べて，12.24％ティーパーティを支持する確率が高くなる。それ以外の独立変数について，影響力のある順番で，人種差別がなくなったとする態度，政府を信頼しない態度，オバマの景気刺激策を評価しない態度と続き，それぞれそれ以外の態度の場合と比べて6.76％，5.64％，4.87％ティーパーティを支持する確率が高くなる。また，ペイリンを好む有権者はそうでない有権者と比べて1.36％ティーパーティを支持する確率が高くなり，逆にオバマを好む態度によって，ティーパーティを支持する確率が6.53％下がる。

これら2つの分析から示唆されるのは，やはり税金や財政に対する問題意識がティーパーティ支持の源泉であるということである。また人種差別を強調する風潮に対する反発や，政府に対する不信感，オバマに対する不満も人々をティーパーティ運動へと駆り立てているようである。

第4節　ティーパーティ支持者の政治行動

最後に，ティーパーティ支持者は政治行動においてどのような特徴をもつのだろうか。これまでティーパーティ運動は，2009年初頭以来全米各地で抗議集会やデモを繰り広げ，その政治的なアクティビズムが注目されてきた[10]。彼らのこうした活動がメディアで取り上げられることにより，ティーパーティは存在感を増していった。このような彼らの盛んな政治行動は，その政治的影響力の1つの重要な源泉になっていることは疑いない。

ここでの分析において，まず従属変数として4つの政治参加のモードを考える。1つには，投票参加である。この2010年10月に行われたANESの調査では，11月の中間選挙でどれくらいの確率で投票に行くかが尋ねられている。このうち，51％以上と答えた回答者を"1：投票意図を示した"，50％以下と答えた回答者を"0：投票意図を示さなかった"とコードする。また，過去12ヵ月間の間に，政治集会やデモに参加し

たか否か（政治集会・デモへの参加），政府関係者にメールや手紙などで自分の意見を伝えるために接触したか否か（政府関係者への接触），選挙運動のバッジやステッカーや看板などを掲げたか否か（支持する候補者の表明），公職をめざす候補者や政党や団体に献金したか否か（政治献金），が尋ねられており，それぞれの活動について行ったと答えた回答者を"1"，それ以外を"0"とコードする。独立変数については，社会的属性のコントロール変数のほか，ティーパーティ支持ダミー（1：ティーパーティ支持，0：それ以外），ティーパーティ不支持ダミー（1：ティーパーティ不支持，0：それ以外）を含め，ティーパーティに対して中立的な態度をもつ人と比較してのティーパーティ支持／不支持者の政治的アクティビズムの強さを検証する。5つの従属変数はいずれも2値変数なので，推定にはロジット分析を用いる。モデルの推定結果を示した表はここでも紙幅の関係上省略するが，ティーパーティ支持ダミーはすべての従属変数に対して，1％水準で統計的に有意な係数の推定値を示していた一方，ティーパーティ不支持ダミーは投票意図と接触について5％水準で統計的に有意にはならなかった。すなわち，ティーパーティ支持者はこれらすべての政治参加のモードにおいて，ティーパーティ運動に中立的な態度をとる有権者よりも活動的であるが，ティーパーティを支持しない者は投票と，政府関係者への接触という点で，中立的な態度をとる者と有意に違いがなかったのである。

　ティーパーティ支持態度が政治アクティビズムに与える影響について，より具体的に解釈するために，支持／不支持によるそれぞれの政治参加を行う確率への影響を，中立的な態度をとる有権者との比較で推定したのが図1-11である。ベースとなっているのが，ティーパーティに対して中立的な態度をとっている有権者がそれぞれの政治参加を行う意思を表明するか，あるいは実際に行ったと答えた確率であり，図中の棒グラフは，この中立的なグループと比べてどれくらい支持者，不支持者が政治参加を行う確率が高くなるかを示している。これによると，まず投票の意思を示す確率について，ティーパーティを支持する有権者は中立

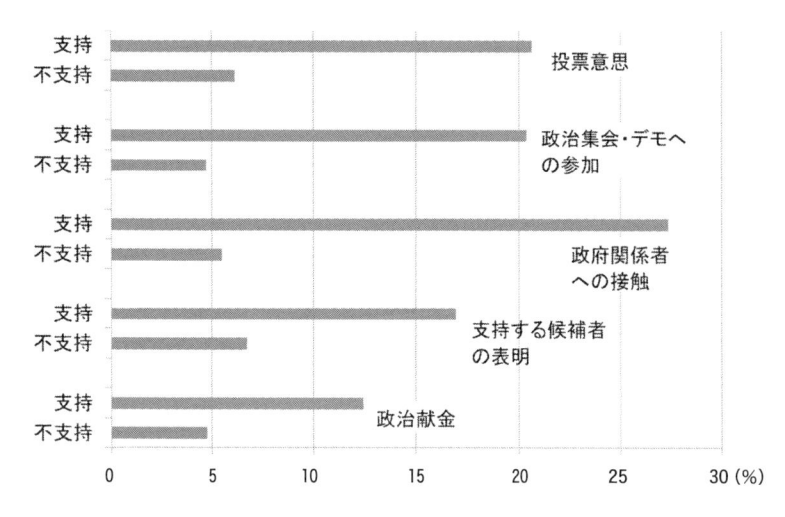

図1-11 ティーパーティ支持が，政治参加確率に対して与える影響
（ロジット分析の推定結果にもとづく，ティーパーティに対して中立の態度をもつ有権者との比較）

的な態度をとる有権者に比べて，20.64％高いのに対して，ティーパーティを支持しない有権者のそれは6.13％にとどまる。つまり，ティーパーティを支持する有権者はそうでない有権者に比べてかなり投票意欲が高いことがうかがえる。投票以外の政治参加のモードについても同じことが言える。政治集会・デモへの参加の確率についてみると，ティーパーティを支持する有権者は中立的な態度をとる有権者に比べて20.39％高いのに対して，ティーパーティを支持しない有権者のそれは4.74％にとどまる。政府関係者への接触については，前者が＋27.34％，後者が＋5.49％。選挙運動グッズによる支持候補者の表明については，前者が＋16.93％，＋6.73％。献金についても，前者が＋12.43％，＋4.76％となっている。これらはすべて，政党帰属意識や社会経済的地位などを統計的にコントロールした上での推定値であり，いかにティーパーティ支持者がそれ以外のグループと比べて政治参加の意識が強いかがわかるだろう。

さらに，ティーパーティ支持態度の候補者選択に対する影響について

分析する。従属変数として用いるのは，下院議員選挙，上院議員選挙のそれぞれで共和党の候補者，民主党の候補者，その他の候補者のいずれに投票しようと思っているか，投票選択の意向を尋ねる質問である。上院選が行われない州の回答者は上院議員選挙については尋ねられていない。この従属変数は順序をもたない3つのカテゴリをもつため，多項ロジット分析によって推定する。独立変数は政治参加のときと同様，ティーパーティ運動支持および不支持のダミーと，政党帰属意識および社会的属性のコントロール変数である。モデルの推定結果を示した表は例によって紙幅の関係上省略するが，「民主党候補者－共和党候補者」の間の選択では，ティーパーティ支持，不支持とも少なくとも5％水準で統計的に有意となったが，「その他の候補者－共和党候補者」の選択では，少なくとも5％水準でティーパーティ支持しか統計的に有意にならなかった。これはすなわち，ティーパーティ支持者にとって，共和党候補者は明らかに民主党候補者やその他の候補者とも区別されるが，ティーパーティを支持しない者にとって，共和党候補者はその他の候補者と違いを見出せないということを意味する。これらの具体的な影響をみるために，**図1-12**ではティーパーティの支持態度の違いによって，共和党の候補者に対して投票意図を示す確率がどれくらい変化するか推定したものである。これによると，下院議員選挙においてティーパーティ支持者が共和党候補者に投票する確率は，中立的な態度をとる有権者に比べて32.83％高い一方，ティーパーティを支持しない有権者のそれは21.33％低い。ティーパーティを支持しない者が共和党候補者に投票したいと思わないのは当然であるが，問題は絶対値の違いである。すなわち，ティーパーティ支持者が中立的な者と比べて共和党候補者に投票する確率の差は，ティーパーティを支持しない者が中立的な者と比べて共和党候補者への投票意図を示す確率の差よりも大きいのである。この傾向は上院議員選挙においてさらに強まる。すなわち上院議員選挙においてティーパーティ支持者が共和党候補者に投票する確率は，中立的な態度をとる有権者に比べて38.31％高い一方，ティーパーティを支持しな

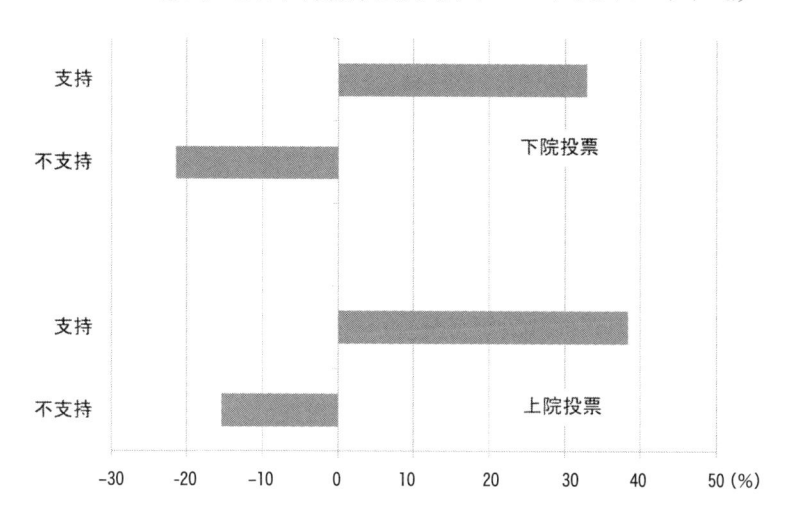

図1-12 ティーパーティ支持が，共和党候補者に投票意図を表明する確率に与える影響

（多項ロジット分析の推定結果にもとづく，ティーパーティに対して中立な態度をもつ有権者との比較）

い有権者のそれは15.37％低いだけにとどまるのである。つまりティーパーティ支持はティーパーティ不支持よりも，絶対値にして倍以上の影響力を投票選択に与える。先にも述べたとおりこれらの結果はすべて，政党帰属意識や社会的属性で統計的にコントロールした上でのものであり，ティーパーティ支持態度が投票選択に与える影響がいかに大きいかがわかるだろう。

以上の分析により，ティーパーティ支持者は中立的な態度をとる者や支持しない者に比べて，あらゆる面で政治的に活動的であることがわかった。こうした支持者の政治的アクティビズムは，実際の選挙結果への影響を超えて，ティーパーティ運動が注目された1つの要因と言えるだろう。

第5節　おわりに

　本章では，集計レベルのデータを用いて2010年上院議員選挙におけるティーパーティ運動のインパクトを分析した。また，個人レベルのデータを用いてティーパーティ運動支持者の政党帰属意識や社会的属性を確認し，彼らがどういう問題意識から運動を支持するのか，さらに彼らはどのような政治行動をとるのか検証した。その結果，次のことが明らかとなった。

- 2010年上院議員選挙においてティーパーティによる共和党候補者の推薦は，共和党候補者の得票率の上昇をもたらした。
- とりわけ，その効果は民主党の現職が引退した選挙において顕著であった。
- しかし，こうした共和党候補者の得票率の上昇は選挙の勝敗に影響を与えることはなかった。つまり今回の選挙でティーパーティの推薦を受けて勝った共和党の候補者は仮に推薦がなくても勝っていたし，推薦がなくて負けた候補者は仮に推薦があったとしても負けていた。
- ティーパーティ支持者は白人，男性，共和党支持，福音派といった特徴をもつ。これは従来の伝統的な保守とほぼ重なる属性である。
- ティーパーティ支持者はそうでない者に比べて，財政赤字や政府支出，移民問題，モラルの低下の問題への関心が強い。
- 政治意識の面では，ティーパーティ支持者はそうでない者に比べて，高所得者への所得税増税に反対する傾向や，人種問題は解決したとの見解をもつ傾向が強い。また政府一般に対して不信感が強く，現オバマ政権に批判的である。
- ティーパーティ支持者はそうでない者に比べて，投票，政治集会への参加，政府関係者への接触，政治献金などあらゆる点で政治的に活動的である。

・ティーパーティ支持者はそうでない者に比べて，特定の候補者（この場合，共和党候補者）に投票したいと思う傾向が強い。これは候補者に対する忠誠心の強さを意味する。

　これらの結果からどのようなインプリケーションが導けるだろうか。まずティーパーティ支持者は共和党を支持する傾向にあることから，良きにつけ悪しきにつけ，その影響は共和党に対してより強くなるだろう。したがって彼らの活発な政治活動と相まって，カーポウィッツらの指摘するとおり，共和党の党員集会における候補者選出においてとりわけ強い影響力を発揮することになる。こうしたティーパーティ系の活動家によって選ばれた候補者は，もともと保守的な選挙区や州の選挙ではそれほど問題には直面しないであろうが，保守とリベラルとが拮抗する州の選挙や，全国レベルで票を争う大統領選挙本選挙においては，一般有権者の選好との極端な乖離から苦戦を強いられることになるであろう。また，仮に党員集会でティーパーティ系の候補者が選ばれないにしても，その候補者や支持者の影響で他の候補者もより保守的な立場を取るようになり，最終的に一般有権者にとって受け入れがたい候補者が選出されるということが考えられる。さらには今回のアラスカでの上院議員選挙で実際に起こったように，ティーパーティ系候補者が党員集会で現職の候補者を破るということにもなりかねない。いずれにせよ，ティーパーティ運動の活発化は共和党にとって必ずしも良い影響を与えるとは言えない。一方，民主党にしてみればそもそもティーパーティ運動を支持する有権者の多くは最初から民主党を支持する可能性が低い層なので，彼らの歓心を買う必要はそれほどないと言える。

　また上でも述べたとおり一部では，ティーパーティ系の運動を伝統的な保守や宗教右翼ではなく，世俗的で超党派の草の根の市民，あるいはリバタリアンによる運動と理解する向きもあるが，今回のデータ分析からはそのような証拠は一切見つからなかった。そもそもティーパーティ運動を超党派的な草の根の市民，あるいはリバタリアンの運動ととらえ

る理解はおそらく運動の出自にあるものと思われる。ティーパーティ運動はもともと2008年末のブッシュ政権による金融機関救済の決定に対する抗議として，インターネットを通じて広まったものであり，その初期の政治集会は確定申告の期限の日 (Tax Day) にリバタリアンが行っていた抗議集会の流れを汲んでいた[11]。また，リバタリアンの代表的人物であるロン・ポール (Ron Paul) の息子のランド・ポール (Rand Paul) をはじめとするリバタリアンと目される共和党候補者たちが今回ティーパーティの支持によって当選したということもあるだろう[12]。しかし今回のデータ分析が示したとおり実証的には，ティーパーティ支持者は超党派でもリバタリアンでもない（もちろん，もともと超党派でリバタリアンだったものが，運動が大きくなるにつれ既存の保守勢力に乗っ取られたという可能性はあるが）。理論的に，伝統的保守もリバタリアンもともに経済的に保守的であるという点では一致するが，多様な社会的価値観に対する寛容さという点で両者は異なると一般的に理解されている。たとえば仮に両者ともクリスチャンであるにしても，その価値観を他人や社会に押しつけるかどうかの違いがある。今回の分析によると，ティーパーティ支持者の間に，DADT撤廃に対する反対や，人種問題に対する不満，モラルの低下および移民に対する憂慮の意識が色濃くみられ，彼らが社会的に多様な価値観を認めているとはとても思えない。単に「初期の段階において，ティーパーティはポピュリストの反乱あるいは政治的無党派層の運動と広く誤解された」(Williamson, et al. 2011: 26) に過ぎないのである。したがって，ティーパーティ運動はその成り立ちや組織のあり方においては，確かに新しさはあるかもしれないが，アメリカ政治のプレイヤーとしてはそれほど新しいものではないと結論づけることができる。

　要するに，ティーパーティ運動とは共通のキャッチーな名前のもと，既存の保守勢力が緩く集結したものであり，いわば古いワインが入れられた新しい革袋なのではないか。こうした筆者の理解が正しいか否かは，今後ティーパーティ運動が民主党や無党派にも影響力を広めていくかどうかにかかってくるだろう[13]。（なお，筆者は本章を2011年9月に脱稿した。

したがって，それ以降に日本で出版されたティーパーティ関係の文献を参照することができなかった。）

注

1 "Tea Party Candidates of the 2010 Midterm Election." http://www.foxnews.com/politics/2010/10/31/tea-party- candidates-midterm-election/ (Last accessed: 3/22/2011)
2 その内訳は次のとおり。ジョー・ミラー（Joe Miller，アラスカ州），ジョン・ブーズマン（John Boozman，アーカンソー州），ケン・バック（Ken Buck，コロラド州），クリスティン・オドネル（Christine O'Donnell，デラウェア州），マルコ・ルビオ（Marco Rubio，フロリダ州），マイク・クレイポ（Mike Crapo，アイダホ州），ジェリー・モラン（Jerry Moran，カンザス州），ランド・ポール（Rand Paul，ケンタッキー州），シャロン・アングル（Sharron Angle，ネバダ州），ジョン・ホーヴェン（John Hoeven，ノースダコタ州），トム・コバーン（Tom Coburn，オクラホマ州），ジム・デミント（Jim DeMint，サウスカロライナ州），ジョン・スーン（John Thune，サウスダコタ州），マイク・リー（Mike Lee，ユタ州），ディノ・ロッシ（Dino Rossi，ワシントン州）。
3 その内訳は次のとおり。アラバマ州，アラスカ州，アリゾナ州，アーカンソー州，カリフォルニア州，コロラド州，コネチカット州，デラウェア州，フロリダ州，ジョージア州，ハワイ州，アイダホ州，イリノイ州，インディアナ州，アイオワ州，カンザス州，ケンタッキー州，ルイジアナ州，メリーランド州，ミズーリ州，ネバダ州，ニューハンプシャー州，ニューヨーク州（2議席），ノースカロライナ州，ノースダコタ州，オハイオ州，オクラホマ州，オレゴン州，ペンシルベニア州，サウスカロライナ州，サウスダコタ州，ユタ州，バーモント州，ワシントン州，ウィスコンシン州，ウエストバージニア州。
4 今回の分析では，2010年と同じ議席をめぐって争われた2004年の選挙結果との差を従属変数とする。したがって，その目的に照らして次の理由でこの3つの州を分析から除外する。アラスカ州については，2010年の選挙で共和党系候補者が2人立候補したこと，アイダホ州については2004年選挙において民主党候補者が出馬しなかったため共和党候補者の得票率が99.18％だったこと，サウスダコタ州については2010年の選挙で共和党候補者の対抗馬が出なかったことによる。
5 西川（2010）も，下院議員選挙に言及して，こうしたティーパーティ運動による推薦と，共和党候補者の勝利との有意に見える関係が選択バイアスによるものである可能性を指摘している。
6 ANES 2010-2012 Evaluations of Government and Society Study, October 2010

survey
7　http://www.electionstudies.org/（2011年3月22日にアクセス）
8　リバタリアン党とコンスティチューション党は，もちろん別の党であるが，いずれもティーパーティ運動と親和性が高いと言われている。今回の分析では両党の支持者の数が少ないので，一括りにした。
9　たとえば，2011年1月にルイジアナ州ニューオーリンズで開催されたアメリカ南部政治学会（the Southern Political Science Association）の年次大会では，"What Should Political Science Make of the Tea Party?: Interest Groups, Advocacy and Political Mobilization"（「政治学はいかにティーパーティを理解すべきか？：利益集団，アドボカシー，政治動員」）と題されたラウンドテーブルが行われ，ティーパーティの性質について議論が行われた。主な論点は，ティーパーティは白人の宗教保守による党派的な政治運動なのか，アメリカ国民の嫌税感情を代表する草の根の市民による超党派的な運動なのか，ということであった。
10　ティーパーティ運動の代表的な大規模抗議活動としては，政府が金融機関の不良債権を買い取ることを定めた不良債権買い取り構想（Troubled Asset Relief Program: TARP）に対する抗議（2009年2月27日），確定申告の期限（Tax Day）に合わせた抗議（2009年4月15日），独立記念日に合わせた抗議（2009年7月4日），9.11テロ攻撃の記念日に合わせた抗議（2009年9月12日），民主党によって提出された健康保険改革法案に対する抗議（2009年11月5日），PPACAに対する抗議（2010年3月14～21日）などがある。
11　ティーパーティ運動の経緯については，島村（2010）を参照。
12　ただしロン・ポール自身は「ティーパーティ運動の祖父」と呼ばれるものの，ティーパーティから一定の距離を置いており，彼をティーパーティ系候補者とするかどうかも議論が分かれる。それは一つには，サラ・ペイリンやグレン・ベック（Glenn Beck）などのティーパーティを代表する保守派と，外交政策および社会争点をめぐって思想が異なるからである。ポールの近年の思想について詳しくはPaul（2008）を参照。
13　ウィリアムソンらは，ティーパーティは今後もあくまで保守の政治動員の変種あるいは共和党内の派閥にとどまると予測しており，この可能性に対して悲観的である（Williamson, et al. 2011）。

引用参考文献

Barry, John. 2010. "Survey finds Tea Party supporters are mostly Perot-style libertarians (and often mad at Republicans)." *St. Petersburg Times*. April 4. http://www.cleveland.com/nation/index.ssf/2010/04/survey_inds_tea_party_support.html（2011年3月22日にアクセス）
Karpowitz, Christopher F., J. Quin Monson, Kelly D. Petterson, and Jeremy C. Pope.

2011. "Tea Time in America?: The Impact of the Tea Party Movement on the 2010 Midterm Elections." *PS: Political Science and Politics.* 44: 303-309.

Kernell, Samuel. 1977. "Presidential Popularity and Negative Voting: An Alternative Explanation of the Midterm Congressional Decline of the President's Party." *American Political Science Review.* 71: 44-66.

Kirby, David, and Emily Ekins. 2010. "Tea Party's Other Half." *The Cato Institute Website*. http://www. cato.org/pub_display.php?pub_id=12515（2011年3月22日にアクセス）

Malcolm, Andrew. 2010. "Myth-busting polls: Tea Party members are average Americans, 41％ are Democrats, independents." *Los Angeles Times*. April 5.

Miller, Sean J. 2010. "Survey: Four in 10 Tea Party members are Democrats or independents." *The Hill.* April 4. http://thehill.com/blogs/ballot-box/polls/90541-survey-four-in-10-tea-party-members-dem-or-indie（2011年3月22日にアクセス）

Paul, Ron. 2008. *The Revolution: A Manifesto*. Grand Central Publishing.（副島隆彦監訳，佐藤研一朗訳．2011『他人のカネで生きているアメリカ人に告ぐ：リバータリアン政治宣言』成甲書房。）

Przybyla, Heidi. 2010. "Tea Party Advocates Who Scorn Socialism Want a Government Job." *Bloomberg*, March 25. http://www.bloomberg.com/apps/news?pid=newsarchive&sid=aLBZwxqgYgwI&pos=8（2011年3月22日にアクセス）

Williamson, Vanessa, Theda Skocpol, and John Coggin. 2011. "The Tea Party and the Remaking of Republican Conservatism." *Perspectives on Politics.* 9: 25-43.

Zernike, Kate, and Megan Thee-Brenan. 2010. "Poll Finds Tea Party Backers Wealthier and More Educated." *The New York Times.* April 14. http://www.nytimes.com/2010/04/15/us/politics/15poll.html（2011年3月22日にアクセス）

島村力, 2010「ティーパーティー運動と中間選挙」『海外事情』12月号：59-74頁。

西川賢, 2010「中間選挙における二大政党の選挙戦術」『海外事情』12月号：28-34頁。

第2章　連邦下院共和党指導部：
　　　　組織化，戦略，活動

吉野　孝

第1節　共和党の選挙勝利とオバマ政権の対応

(1) 共和党勝利の背景

　2010年の中間選挙においては，共和党に有利な条件がいくつかそろっていた。第1に，そもそも中間選挙は大統領の政治運営に対する中間評価の選挙であり，ワシントン批判機運が高まる中では大統領の政党の議席が減少する傾向がある。第2に，2009年2月に景気を刺激するためアメリカ再生再投資法が成立したのにもかかわらず，失業率が低下せず，オバマ政権の支持率は低迷した。第3に，2010年3月の医療保険改革法案が成立し，オバマ政権に対する反対運動が激しさを増した。

　政権批判が高まる中で，オバマ政権に対する大きな抗議運動として全米に広がったのが，ティーパーティ運動であった。2009年2月にアメリカ再生再投資法が成立すると，大きな政府に反対する財政保守派の運動が活発化し，4月の確定申告締め切り日に，大小を含め700以上のティーパーティ団体が全米各地で抗議集会を組織した。2010年3月に医療保険改革法が成立すると，これらの運動はオバマ政権の大きな政府路線を批判し，共和党候補者を支持し，ときには共和党候補者予備選挙にも積極的に参入した。

　その結果，連邦議会議員選挙において共和党は大きく躍進した。連邦下院では，改選前に179議席であった共和党は63議席を増やし，242議席を獲得した。これは1938年以来の連邦下院における共和党の地滑り的勝利であり，同党は4年ぶりに多数党の地位に復帰した。また，連邦上院では，それまで41議席であった共和党は6議席を増やし，47議席

を獲得した。多数党にこそなれなかったものの，同党は議席差を縮め上院内で発言力を強めた。というのは，すでに2010年1月にマサチューセッツ州選出連邦上院議員補欠選挙で民主党は，共和党議員による議事妨害（フィリバスター）を打ち切って法案可決にもち込むことができる60議席を失っており，同党は今回の選挙でさらに議席を減らしたからである。

(2) 共和党の選挙公約：『アメリカへの誓約』

共和党が多数党になると，これまでの連邦下院における政策の内容と方向は大きく変更される。共和党の新しい政策方針は，2010年9月23日，バージニア州スターリングで公表された『アメリカへの誓約』(Pledge to America) に見ることができる。これは，連邦下院共和党の政策文書であり，共和党指導部が院内幹事主席代理のケビン・マッカーシー（Kevin McCarthy，カリフォルニア州選出）に起草を委ね，彼のスタッフのブライアン・ワイルド（Brian Wild）[1]が作成を担当した。

『アメリカへの誓約』は，①経済再生，②歳出削減，③医療保険改革法の廃止，④議会改革，⑤安全保障強化の5項目からなり，各項目の具体的手段は次のとおりである。

①雇用を創出し，経済の不確定性を終わらせ，アメリカをより競争的にするプラン

1) 雇用を減らすあらゆる増税を恒久的に廃止する。2) 中小企業に収入の20%に相応する額の課税控除を認める。3) ワシントンD.C.における官僚主義を抑制する（アメリカ経済に年間1億ドル以上の負担となる新規の連邦規制には，連邦議会の承認を義務づける）。4) 2010年の医療保険改革法に規定された，中小企業が600ドルを超える物品の購入をした際に内国歳入庁に報告する義務規定を取り消す。

②コントロール不能の支出を終わらせ，政府の規模を小さくするプラン

1) 歳出削減に向けての早急な行動を起こす。2) 政府歳出を2008年の水準に戻す。3) 裁量による新しい歳出を厳格に制限する。4) 議会予算を削減する。5) 歳出削減を促進するため，9週間継続して歳出削減

に関する投票を実施する。6) 不良債権買い取り構想 (Troubled Asset Relief Program) を廃止する。7) 連邦住宅抵当金庫 (Fannie Mae) と連邦住宅貸付抵当公社 (Freddie Mac) の政府管理をやめる。8) 国家安全保障分野以外の連邦職員の新規採用を凍結する。9) 政府の浪費と重複を根絶する。10) 現在の高齢市民と将来世代のために現行予算過程を改革し，社会福祉，メディケア（高齢者用公的医療保険），メディケイド（低所得者用公的医療保険）などの歳出プログラムを再点検する。

③連邦政府による医療保険の管理運用を廃止するプラン

1) 2010年の医療保険改革法を廃止する。2) 医療負担改革を行い，医療負担を引き下げる。3) 居住地以外の州で医療保険を購入することを可能にする。4) 医療貯蓄口座 (health savings account) を拡大する。5) 医師患者関係を強化する。6) 既往歴をもつ患者が医療保険にアクセスできることを保障する。7) 政府が納税者の税金から人工妊娠中絶費用に支出することを恒久的に禁止する。

④連邦議会を改革し，信頼を回復するプラン

1) 投票前に最低3日間法案を読む時間を議員に与え，法案が公開の場で適正に審議されることを保障する。2) 全法案に憲法上の根拠を引用することを義務づけ，憲法規定を遵守する。3) 歳出削減修正を禁止する手続きを廃止し，議員が歳出を削減するために修正案を提出する機会を与える。4) 不人気な法案を，成立させなければならない法案に追加して可決させる包括法案 (omnibus bill) の慣行を廃止し，一時に1争点の立法作業を行う。

⑤国内・国外での国民の安全を維持するプラン

1) 必要とされる資源・援助を部隊に迅速に提供する。2) アメリカからテロリストを締め出す。3) 外国人テロリストの包括的な拘留政策を確立する。4) ミサイル防衛システムに完全な財政援助を与える。5) イランに対する制裁を厳格に実行する。6) 国境警備作戦を強化する。7) 移民法を執行するため州・地方の監督権限を再確認する。8) ビザ発給の安全管理を強化する。

ところで,『アメリカへの誓約』についての評価は多様であった。一般的に民主党はこの選挙公約をブッシュ政権の経済政策の「再利用」とみなし,当時の下院議長ナンシー・ペロシ (Nancy Pelosi) のスポークスマンは,「共和党は何百万人もの市民を傷つけ,アメリカの経済を脅かした破綻した経済政策に戻ろうとしている」[2]と批判した。

　他方,共和党関係者・支持層の間で評価は割れた。たとえば,ブッシュ政権で次席補佐官・戦略担当上級顧問を務めたカール・ローヴは「雇用を創出し,歳出をコントロールし,オバマケアを取り消し,ワシントンを改革し,アメリカを安全にする実行可能なステップを意味している」「その大半は,今すぐに投票することができる立法に具体化されている」[3]と高く評価した。これに対して,保守派のメールマガジン『クリスチャニティ・トゥデー』で,トビン・グラントは「経済・財政政策に重きが置かれ,生命の尊厳,伝統的結婚,宗教的自由など,社会的保守派にとって優先順位の高い争点にほとんど関心が払われていない」(Grant 2010) と批判した。

　ティーパーティ運動が共和党躍進の原動力であったことを考えると,『アメリカへの誓約』がそこから影響を受けたとしても不思議ではない。たとえば,④の中の2) の憲法規定の遵守は,ティーパーティ運動の全国組織であるフリーダムワークス (Freedom Works) が2010年の中間選挙の前に掲げた10提案中の第1項目である。また,ティーパーティ運動に共通する「財政責任」「少ない課税」「限定された政府」「経済的自由」などの理念は,『誓約』の①②③に色濃く反映され,共和党の伝統的政策理念——均衡財政,限定された政府,強いアメリカ——を,「より小さな政府」「より大きな歳出削減」の方向に引き寄せている[4]。

　また注目すべきことに,『アメリカへの誓約』には,価値にかかわる政策への言及がほとんどない。序文で「われわれは,アメリカの価値の核心をなす家族,伝統的結婚,生命,信仰に基づく民間組織を重視することを誓約する」と記しているものの,具体的政策として提案されているのは,③の中の7) の人工妊娠中絶への政府支出の禁止だけである。『誓

約』の作成過程で，当時の連邦下院共和党議員総会議長で保守派のマイク・ペンス（Mike Pence）が社会的争点を盛り込もうとしたものの，一部共和党議員の強い反対に直面したといわれている。1980年代以降，共和党政策の中で社会的争点や道徳にかかわる主張が大きな比重を占めてきたことを考えると，これは大きな変化である。

　もっとも，これは宗教右派の共和党への影響力が2010年に小さくなったことを意味しない。たしかに2008年にリベラル派のマケインが共和党大統領候補者に指名されたため，宗教右派の活動は停滞した。しかし2010年の中間選挙では，メディアが関心を集めこそしなかったものの，宗教右派は活発であった。しかも，ジム・デミント（Jim DeMint），ペンス，サラ・ペイリン（Sarah Palin），ミシェル・バックマン（Michele Backmann），クリスティン・オドネル（Christine O'Donnell）ら，ティーパーティ運動のリーダーの多くは社会的保守派であり，彼ら自身も「自分たちの支持者が同性愛や人工妊娠中絶などの主題ではなく，財政問題によって活性化された」ことを認識している（Montopoli 2010）といわれている。

(3) 選挙民の期待とオバマ政権の対応

　中間選挙で共和党が大きく躍進し，連邦下院で同党が多数党の地位を獲得したとはいえ，連邦上院では共和党はなお少数党である。さらに，オバマ大統領が連邦下院の可決した法案に拒否権を行使しうることを考えると，共和党に大きな政策成果を期待することはできない。実際にも注目すべきことに，選挙民は投票においては共和党を支持したのにもかかわらず，共和党に必ずしも大きな期待をしていないのである。

　ピュー・リサーチセンターの調査によると，選挙民は共和党の勝利に対して冷静であった。「大統領の政党と競争する連邦下院政党の勝利をどう思うか」という質問に対して，1994年，2006年には回答者の57％，60％が「うれしく思う」と答えたのに対して，2010年の場合，「うれしく思う」と答えた者は48％であった（**表2-1**）。また，「大統領の政党と競争する連邦下院政党の政策および将来計画に賛成するか」という質問に

表2-1 大統領の政党と競争する連邦下院政党の勝利をどう思うか？

	1994年	2006年	2010年
連邦下院で勝利した政党	共和党	民主党	共和党
うれしく思う	57	60	48
うれしく思わない	31	24	34

表2-2 大統領の政党と競争する連邦下院政党の政策に賛成するか？

	1994年	2006年	2010年
連邦下院で勝利した政党	共和党	民主党	共和党
賛成する	52	50	41
賛成しない	28	21	37

対して,2010年の場合,「賛成する」と答えた回答者は41％しかいなかった(**表2-2**)。

さらに,「アメリカが直面する問題の解決に際して誰が先頭に立つべきか」という質問に対して,1994年,2006年には「連邦下院多数党指導部が先頭に立つべきである」と答えた者の比率が高かったのに対して,2010年の場合,回答者の49％が「オバマが先頭に立つべきである」と答えている(**表2-3**)。これらの結果は,選挙民の多くはオバマ大統領の経済運営や政策には批判的であるものの,連邦下院における共和党の勝利を熱狂的に支持するのではなく,オバマ大統領が引き続き問題解決の先頭に立つことを望んでいることを示唆している。

表2-3 アメリカが直面する問題の解決に際して誰が先頭に立つべきか？

単位：％

	1994年12月	2006年11月	2010年11月
大統領（クリントン／ブッシュ／オバマ）	39	29	49
連邦議会の非政権党指導部	43	51	30
両者が共同すべきである／すべきでない	10	14	10
わからない	8	6	5

出典）http://pewresearch.org/pubs/1798/poll-less-enthusiasm-gop-2010-victory-policy-more-negative-campaign-no-compromise.（2011年5月1日にアクセス）

注）1994年,2006年,2010年の中間選挙では,いずれも大統領の政党と競争する政党が連邦下院で多数党の地位を獲得した。1994年の場合,民主党クリントン大統領の度重なる失政と女性スキャンダルにより,連邦下院では共和党が54議席を増やして多数党になった。2006年の場合,共和党ブッシュ政権のイラク戦争政策に批判が集中し,連邦下院では民主党が31議席を増やして多数党になった。

そして，オバマ大統領はこのような選挙結果と世論動向を考慮して迅速に行動した。彼は中間選挙直後の11月3日の記者会見で「中間選挙での民主党の大敗の責任が自身にある」と認め，超党派の話し合いの必要性を強調した。大統領側から何度かの提案がなされ，オバマ大統領と連邦議会上下両院指導部の協議は11月28日から始まった。当初，「ブッシュ減税」の延長を求める共和党指導部と年収25万ドルを超える高所得世帯を減税の対象としないことを主張するオバマ大統領の間で激しい意見のやりとりがなされたものの，12月6日に大統領は同減税を2年間延長することで共和党指導部と合意した。所得時や配当税の期限つき減税の2年間延長を柱とする大型景気対策法案を連邦上院は15日，連邦下院は16日に可決し，オバマ大統領は17日に署名した[5]。この妥協をきっかけに，一部共和党議員が支持に回り，かつて成立が難しいと言われていた軍隊においてゲイであることを公言したり尋ねたりすることを禁じた陸軍規則を撤廃する法案が上下両院で可決され，「新戦略兵器削減条約」(START) が連邦上院で批准された。

さらに，2011年1月25日の一般教書演説の中で，オバマ大統領は「(中間選挙で) 投票者は，政党間で責任を共有して政治運営が行われるべきと決定した。新しい法律は民主党と共和党からの支持がなければ可決されない。ともに前進しよう。われわれが直面するチャレンジは，政党や政治よりも大きいのであるから」と超党派の取り組みを訴えた。そして，国際競争力の強化と経済成長を全面に押しだし，1) 技術革新によりアメリカの競争力を回復する，2) 法人税率を引き下げる，3) 国防費を除く政策的経費を5年間凍結する，3) 2035年までにクリーンエネルギーで全米の発電量の80％を賄う，などの具体的政策を提案したのであった。

要するに，中間選挙の結果，世論の動向，共和党の政策内容を考慮し，2012年大統領選挙における再選をにらみ，オバマ政権は政策を中道寄りに転換した。こうして少しずつ連邦下院共和党がオバマ政権と対決する舞台が形成されていったのである。

第2節　連邦下院の新しい指導部・委員長・手続き

(1) 連邦下院の多数党指導部

連邦議会で民主・共和2党間で多数党の地位が入れ替わると，多数党から連邦議会指導部が選出される。多数党の議員が常任委員長の地位に就く。連邦下院では，2011年1月5日，共和党の院内総務であるジョン・ベイナー（John Boehner，オハイオ州選出，就任時61歳）が下院議長に就任し，連邦下院多数党の共和党指導部の構成が正式に決まった（**表2-4**参照）。

ベイナーは1949年11月にオハイオ州シンシナティ市の郊外レディングに生まれた。ゼイビア大学を卒業後，プラスチック関連会社に就職し，その後，同社社長に就任した。彼は1985年から5年間オハイオ州議会下院議員をつとめ，1990年の中間選挙で連邦下院議員に初当選した。当時院内幹事であったギングリッチ（Newt Gingrich）の側近となり，「7人組」の1人として多数党の民主党指導部と激しく対立した。1994年には『アメリカとの契約』の起草者の1人となり，同年の中間選挙で共和党が多数党となりギングリッチが議長に就任すると，ベイナーは連邦下院共和党議員総会議長の地位に就いた。しかし，1998年の中間選挙における連邦下院共和党の敗北の責任を問われ——一説にはギングリッチの追い落としに荷担したという理由で，彼はその職を追われてしまったのである。

以来，ベイナーは共和党指導部から距離を置いた。彼は連邦下院の教育・労働力委員会（現在の教育・労働委員会）の委員長に就任し，委員会および委員長活動を通じて議員総会内で影響力を強めていった。ギング

表2-4　連邦下院の多数党（共和党）指導部の顔ぶれ

議長	ジョン・ベイナー（オハイオ州選出，前院内総務）
院内総務	エリック・カンター（バージニア州選出，前院内幹事）
院内幹事	ケビン・マッカーシー（カリフォルニア州選出，前院内幹事主席代理）
議員総会議長	ジェブ・ヘンサリング（テキサス州選出）
議員総会副議長	キャシー・マクモリス・ロジャーズ（ワシントン州選出）
議員総会書記	ジョン・カーター（テキサス州選出）
政策委員長	トム・プライス（ジョージア州選出）

表2-5　連邦下院の少数党(民主党)指導部の顔ぶれ

院内総務	ナンシー・ペロシ(カリフォリニア州選出,前議長)
院内幹事	ステニー・ホイヤー(メリーランド州選出,前院内総務)
院内総務補佐	ジェイムズ・クライバーン(サウスカロライナ州選出,前院内幹事)
議員総会議長	ジョン・ラーソン(コネチカット州選出)
議員総会副議長	ゼイビア・ベロニカ(カリフォルニア州選出)

　リッチの失脚後,トム・ディレイ(Tom DeLay,テキサス州選出)が院内総務に就任した。ディレイが政治資金流用事件で起訴されると,2006年2月,ロイ・ブラント(ミズーリ州選出),ジョン・シャデッグ(アリゾナ州選出)と激しい選挙戦の末,ベイナーは多数党院内総務に選出された。その後2006年の中間選挙で民主党が多数党になると,2007年1月にベイナーは連邦下院共和党議員総会で少数党院内総務に選出され,以来ずっとその職にあった(Brown 2010: 17, 24, 40, 58)。

　多数党院内総務に就任したエリック・カンター(Eric Cantor,バージニア州選出,就任時47歳)は,2000年の連邦議会議員選挙で初当選し,2003年1月～2007年1月まで多数党院内幹事主席代理をつとめ,2009年1月から少数党院内幹事に就任した。彼は2011年6月現在,共和党連邦議員の中での唯一のユダヤ系であり,2008年の大統領選挙では副大統領候補として名前が挙がった。共和党のコミュニケーターであり,合意形成者の役割を演じていると言われている。

　他方,連邦下院民主党指導部の顔ぶれに変化はなかった(**表2-5**参照)。下院議長であったペロシは,保守派の対立候補ヒース・シュラーから挑戦を受けたものの,投票で少数党院内総務に選出された。多数党院内総務であったステニー・ホイヤー(Steny Hoyer)は少数党院内幹事に就任し,それまでその職にいたアフリカ系アメリカ人のジェイムズ・クライバーン(James Clyburn)は新設の院内総務補佐に就任した。

(2) 連邦下院常任委員長

　連邦議会で民主・共和2党間で多数党の地位が入れ替わると,原則と

表2-6 第112議会の連邦下院の常任委員長

農業	フランク・ルーカス	下院行政	ダニエル・ラングレン
歳出	ハル・ロジャース	司法	ラマー・スミス
軍事	バック・マケオン	自然資源	ドク・ヘイスティングス
予算	ポール・ライアン	規則	デイヴィッド・ドレイヤー
教育・労働力	ジョン・クライン	科学・宇宙・技術	ラルフ・ホール
エネルギー・商業	フレッド・アプトン	中小企業	サム・グレイブス
倫理	ジョー・ボナー	運輸・インフラ	ジョン・ミカ
金融	スペンサー・バッカス	在郷軍人	ジェフ・ミラー
外交	イレーナ・ロスレーシネン	歳入	デイヴ・カンプ
国土安全保障	ピーター・キング	情報	マイク・ロジャース

して，それまでの少数党の筆頭委員が，それまでの多数党の委員長と入れ替わり常任委員長の職に就く。以下が第112議会の連邦下院の常任委員長の一覧である（**表2-6**）。これらの中で，最も注目されるのが，予算委員長に就任したポール・ライアン（Paul Ryan，ウィスコンシン州選出，就任時41歳）である。

ライアンは1970年1月にウィスコンシン州ジェーンズビル市に生まれた。マイアミ大学在学中に連邦議会インターンとして働き，卒業後，上院議員ボブ・カステンの経済分析スタッフ，上院議員サム・ブラウンバックの立法部長，1996年の共和党副大統領候補者ジャック・ケンプのスピーチライターをつとめた後，1998年に連邦下院議員に初当選した。

彼を一躍有名にしたのは，「アメリカの将来のためのロードマップ」という歳出削減・財政再建法案を何度も提案したことである。2008年5月の提案には，国民全体の医療保険へのアクセスの保証，メディケア・メディケイド・社会保障の強化，将来世代への負担の軽減，経済成長などが含まれ，2009年4月の提案には，2009年のアメリカ再生再投資法の廃止，最高税率の25％への引き下げ，8.5％の付加価値消費税の導入，政策的経費の5年間の凍結，メディケアの廃止，民営化された医療保険への連邦政府の補助，連邦所得税法の抜本的改正などが含まれていた。さらに2010年1月の提案では内容が先鋭化し，「ロードマップ」には，所得税率引き下げ，株式・利子・配当への所得税廃止などによる大幅減税，社会保障の一部民営化，事業者支援健康保険に対する免税措置の廃

止，メディケアの民営化などが含まれていた[6]。

　彼は連邦下院共和党を代表してオバマ大統領の一般教書演説に反論を加えた。彼は，アメリカの財政赤字が危機的状況にあること，民主党政権が投資の名のもとに政府歳出を続けてきたのにもかかわらず失業率が高いこと，医療保険改革が財政赤字をさらに増やす可能性があることを指摘したあとで，限定され政府のもとで個人の自由と経済成長を追求すべきであると訴えた。そして，彼は予算委員会で別の予算提案を作成し，4月5日に，今後10年間で大統領の予算から6兆2,000億ドルの削減を求める『繁栄への道：アメリカの約束の再建』(*The Path to Prosperity: Restoring America's Promise*) という冊子を公表したのである。

(3) 連邦下院共和党指導部の課題と戦略

　連邦下院共和党指導部にとっての第1の課題は，党内でより根本的な歳出削減を求めるティーパーティ運動の要求と，ハイウェイ，農産物補助金，教育ローンその他のプログラムの維持またはそれらへの支出の増大を求めるビジネスグループの要求のバランスをとることである。連邦下院共和党指導部にとっての第2の課題は，オバマ大統領，連邦議会民主党と正面から対決しつつ何らかの妥協を勝ち取り，これまでの支持層と新しい支持層を満足させる結果を早急に出すことである。

　このため，共和党指導部は少数の重要政策の実現に集中するという戦略をとることを明らかにした。たとえば，連邦下院議長就任前のベイナーはフォックスニュースとのインタビューの中で，第112議会において共和党は医療保険改革法の廃止，財政赤字の削減，雇用の創出という3点に集中すると答え，とくに医療保険改革法を廃止することが最優先課題であると表明した。また，連邦上院少数党院内総務のミッチ・マコーネル (Mitch McConnell) もヘリテージ財団での演説の中で，同じ趣旨の発言をしている[7]。

　また，連邦下院共和党指導部は対決姿勢をとりつつも，柔軟に対応する可能性がある。たとえば，ベイナーは連邦下院議員に当選した当初，

ギングリッチ院内総務の側近となったものの、彼とは根本的に異なるタイプの政治家であった。ギングリッチはある種の文化戦争を戦う保守運動のリーダーであり、保守運動を信奉する個人的支持者を擁し、連邦下院では議長権限を強化し、下院常任委員会委員長の権限を削減した。これに対して、ベイナーは同じ保守派であっても古典的なビジネス志向の保守であり、いかなるイデオロギーの信奉者でもない。共和党の前下院議長ハスタート (J. Dennis Hastert) によると、ベイナー議長のリーダーシップ・スタイルは企業経営者型と特徴づけられる。

実際、ベイナー議長は自身をギングリッチでもハスタートでもなく、20世紀初頭のロングワース議長 (Charles Longworth, オハイオ州選出) ——1910年に反乱を起こし、カノン議長の独裁的体制を終わらせた——にたとえている。ベイナー議長はロングワース議長のやり方を模倣し、常任委員長に仕事を任せ、指導部の介入により妨害しないことを意図している[8]。この意味では、たとえばオバマ大統領とライアン予算委員長にそれぞれ主張させ、両者の中間を妥協策とすることも可能であろう。

さらに、ライアン予算委員長は「アメリカの将来のためのロードマップ」の中で、大幅な減税を行い従来の支出プログラムの見直しを迫るなど、明確な財政保守の立場をとっている。しかし、もしサラ・ペイリンを「リチャード・ニクソンの物言わぬ多数派に起源をもつ、保守主義の反エリートの流れ」「リベラル政府を独裁や反アメリカ主義と同一視する、南部と西部に深く根ざした農村型保守」とみなすなら、ライアンは「1960年代および1970年代のシンクタンクと政策ジャーナルから成長した保守運動側の後継者」であり、彼にとって「政府内のリベラルは、文化的帝国主義者ではなく、十分に共存できる」(Bai 2011) と評されている。この意味では、ライアンも決して非妥協的ではないのである。

(4) 手続き変更

なお、『アメリカへの誓約』にもとづき、2011年1月5日の連邦下院本会議で、一連の規則変更が可決された (Goldfarb 2011: 120-121)。

①予算：1)新しく歳出する場合，現行プログラムの削減を義務づける。2)歳出法案の全体規模の削減を容易にするために，歳出削減を特別会計に組み入れる。3)連邦下院での歳出削減を容易にするために，ハイウェイおよび交通手段に交通監督機関が課す要件を廃止する。4)予算委員長に2011会計年度の予算執行メカニズムの確立を義務づける。5)両院の合同予算決議にもとづき，連邦下院が財政赤字の上限を自動的に引き上げるゲップハート規則を廃止する。

②透明性：1)本会議での最終審議が行われる前に，週末と休日を除き3日間，インターネットで法案を公表する。2)委員会に，規則をインターネットで公表する，逐条審議の通知は3日前に行う，技術的に実行可能な場合，公聴会と逐条審議の議事録をインターネットで公開する，点呼投票結果を48時間以内に，採択された修正の全文を逐条審議後24時間以内にインターネットで公開する，などを義務づける。

③その他：1)委員長任期を最大6期とする原則を再確認する。2)全立法の提案者はその法案の憲法上の根拠を説明する声明を提出する。3)歳出委員会内の特別情報監視小委員会を廃止する，4)ワシントンD.C.および4領土選出の代議員，プエルトリコ選出の在住委員の全院委員会での投票権を廃止する。

第3節　具体的立法

(1) 減税の拡大と医療保険改革法の廃止

　減税の拡大は，共和党のかねてからの政策要求であった。すでに論じたように中間選挙の後，「ブッシュ減税」の延長を求める共和党指導部と年収25万ドルを超える高所得世帯を減税の対象としないことを主張するオバマ大統領の間で激しい意見のやりとりがなされ，2010年12月6日に大統領は同減税を2年間延長することで共和党指導部と合意した。所得税や配当税の期限つき減税の2年間延長を柱とする大型景気対策法案を連邦上院は15日，連邦下院は16日に可決し，オバマ大統領は同法

案に17日に署名した。

　医療保険改革法の廃止は、『アメリカへの誓約』にも掲げられ、少数の重要政策の実現に集中するという連邦議会共和党指導部の戦略の中でも取り上げられた政策項目である。連邦下院の共和党指導部は医療保険改革法の廃止を重要視し、2011年1月5日にカンター多数党院内総務は、医療保険改革法を廃止する法案——正式名称は、雇用をなくす医療保険法を廃止する法案 (H.R.2, Repealing the Job-Killing Health Care Law Act) ——を提出した。同法案は1月19日に245票対189票で可決され、賛成票には3名の民主党議員も含まれていた。

　アメリカの連邦議会においては、下院が医療保険改革法を廃止する法案を可決するだけでなく、上院が同様の法案を可決して一本化しなければ、公式の法案とはみなされない。しかし、民主党が多数党である上院で医療保険改革法を廃止する法案が可決されることは期待できない。この意味で、下院における共和党議員による同法案の可決は、総会初日の議員全員による憲法条文の朗読と同様に、象徴的な行為とみなされるであろう[9]。

(2) 2011会計年度予算と政府閉鎖をめぐる駆け引き

　アメリカ連邦政府の会計年度は、その年の10月に始まり翌年の9月に終了する。たとえば、2011会計年度は2010年10月から2011年9月までである。したがって2011年1月にオバマ大統領が一般教書演説で提示した予算は、2011年10月から始まる2012会計年度のものであり、連邦上下両院では半年以上をかけて予算を審議する。しかしアメリカでは、これまでも会計年度が始まったにもかかわらず本予算が成立せず、何度も暫定予算を組んで歳出を続けることが頻繁にあり、最近はそれが常態化している。そして、2011会計年度予算でも同様のことが繰り返された。

　オバマ大統領が2010年1月に提出した2011会計年度 (2010年10月〜11年9月) の政策的経費の歳出総額は1兆1,283億ドルであり、連邦議会は2010年末、これより410億ドル少ない水準の暫定予算を設定した。しか

し，最低1,000億ドルの年間歳出削減という政策を掲げて中間選挙で勝利し，1月の第112議会から多数党になった共和党は，大幅な歳出削減を求め，2011年2月19日，低所得者向けの補助金や教育・治安分野など610億ドル以上の歳出削減策を盛り込んだ2011年度暫定予算案を本会議で可決した。

　暫定予算の期限は3月4日であり，2週間後に政府が歳出を行えなくなる期限が迫っていた。連邦上院の多数党院内総務のハリー・リード(Harry Reid)は2月22日，連邦政府の歳出を30日間延長するのを可能にする暫定法案を提出する用意があると提案したのに対して，ベイナー下院議長は追加的な歳出削減がない限り，法案には賛成できないと応じた。結局，連邦下院は，40億ドルの歳出をさらに削減する一方で，連邦政府の歳出を2週間延長して3月18日まで可能にする暫定予算案を3月1日に可決し，連邦上院も翌日同様の法案を可決した。

　しかし，オバマ大統領は暫定予算案に署名せず，2011会計年度の本予算の成立に向けて積極的に動き出した。大統領は「短期的な暫定予算の繰り返しは不確定性の原因になり，それが経済に悪影響を及ぼす」という立場から，3月2日にバイデン(Joe Biden)副大統領，ウィリアム・デイリー(William Daley)大統領首席補佐官，ジェイコブ・ルー(Jacob Lew)管理予算局長が長期的な予算合意に達するために連邦議会の両党の指導部と協議を開始すると発表し，翌日からホワイトハウス関係者を含めた議会指導部の協議が始まった。しかし，下院共和党指導部と上院民主党指導部の間で一致は見出せず，両党は暫定予算を成立させざるをえなかった。下院は60億ドルの歳出をさらに削減し，3週間延長して4月8日まで連邦政府の歳出を可能にする法案を3月15日に可決し，上院は同様の法案を17日に可決し，翌18日にオバマ大統領が署名した。これが6度目の暫定予算であった。

　さてアメリカでは，過去に共和党と民主党の対立により，政府閉鎖に陥ったことがある。クリントン政権時代の1995年および96年に，財政赤字の削減を求める連邦下院共和党との対立で暫定予算が期限切れとな

り，連邦政府機関の一部が2度にわたり閉鎖され，多くの国立公園が閉鎖され，連邦政府職員の給料の遅配が起こった。このときは共和党に批判が集まり，共和党が政権に歩み寄らざるをえなかった。

3月中頃になると，マスメディアは政府閉鎖の再発への懸念を表明し，連邦議会の指導部の間でも政府閉鎖を回避しなければならないという機運が高まった。暫定予算の準備がなされる一方で，3月16日にホワイトハウスのスタッフ，リード上院多数党院内総務・ベイナー下院議長の両補佐官が協議を開始した。これは，「政府歳出で景気を刺激しようと試みる民主党と，政府歳出は経済を停滞させるので，答えは歳出の削減しかないと考えるティーパーティ志向の共和党の間の最初の本格的な協議」(Fahrenthold and Sonmez 2011) とみなされた。

しかし協議は進展しなかった。協議過程で歳出削減額の上乗せが図られたものの，両党は予算とは関係のない追加条項 (rider) の扱いをめぐり対立した。たとえば，共和党は全米家族計画[10]に連邦資金を提供することを禁止する条項，環境保護局の炭素排出量規制権限を制約する条項を追加しようとし，民主党はこれらの追加条項に反対した。こうして本予算の一本化はなかなか進まず，結局，両党の議会指導部間の協議では，合意に至ることはなかった。

4月8日午後11時59分に連邦政府の歳出が停止され，9日午前0時から連邦政府が閉鎖される事態を目前にし，6日夕刻よりオバマ大統領は連邦議会指導部をホワイトハウスに招き，最終の調整作業が始まった。6日には結論が出ず，7日に共和党指導部は下院で政府閉鎖を1週間遅らせる法案を可決し，上院の民主党指導部にこれを受け入れることを求めた。しかし，民主党はこれに反対し，オバマは短期的な暫定予算案に拒否権を発動することを表明した。連邦議会指導部の間で長引く交渉に苛立ち，「議会指導部は大人のようにふるまうべきである」(Kane and Bacon 2011) と発言していたオバマ大統領は，7日夜に両党指導部との会談後，「数字の問題となり2党間の差異が相対的に小さいことを考えると，われわれが合意できないことは許されない」(Kane, Bacon and Rucker 2011) と

して，本予算を成立させて政府閉鎖を回避するよう両党に強い調子で歩み寄りを求めた。その結果，暫定予算の期限切れまで残りわずか1時間という土壇場で，両党の間で予算合意が成立し，審議時間を確保するために政府歳出を14日まで延長する暫定予算を組むことで意見が一致した。

予算合意の内容は，歳出を378億ドル削減し，2011年9月末まで連邦政府の歳出を認めるものであった。民主党がこの歳出額を認めることと引き替えに，共和党は全米家族計画に連邦資金を提供することを禁止する追加条項を削除した。共和党は当初の610億ドルよりも低い削減額で譲歩することと引き替えに，環境保護局の炭素排出量規制権限を制限する条項を追加することに成功した。なお，最終的に2011会計年度の本予算は，4月14日に下院では260票対167票，上院では81票対19票で可決された。

2011会計年度の予算合意が土壇場で成立した第1の要因は，連邦下院の共和党指導部とオバマ大統領がともに政府閉鎖を回避することが得策であると判断したからであろう。

たとえば，連邦下院の共和党指導部は財政再建を政策に掲げており，この政策はビジネスグループだけでなく，ティーパーティ運動からも強い支持をえていた。したがって，財政再建を主張することは重要であるとしても，大規模な歳出削減に固執して政府閉鎖を引き起こし，1995年および96年のようにマスメディアから一方的に共和党が批判されることは何としても避けなければならなかった。これはまさに過去の事例からえた教訓であり，2012年選挙を考慮した戦略でもあった。

同じことは，オバマ大統領にも言える。2010年の中間選挙で連邦下院では共和党が多数党となり，連邦上院では民主党が多数党であるとはいえ議席差は縮まった。大統領は同年12月に中道政策に舵を切り，ビジネスグループの支持をえることを決定した。したがってオバマ大統領は，経済を安定させるために早急に本予算を成立させる必要があり，政府閉鎖などそもそも容認しうる選択肢ではなかった。しかも，もし今回政府閉鎖が起こった場合，連邦議会だけでなく大統領にも同様の責任が

あるという世論調査の結果が出ており[11]，オバマ大統領は何としても政府閉鎖を避けなければならなかった。

　このようなオバマ大統領の考慮は，連邦議会に対する態度にも現れた。オバマ大統領は3月当初には本予算合意のために両党指導部の調整に積極的であったにもかかわらず，4月になると，予算合意は連邦議会の責任であるという立場を明確にした。おそらく連邦上院の民主党指導部が連邦下院の共和党指導部に大きく譲歩せざるをえなかったのは，オバマ大統領が民主党の積極的支援者から予算合意の調停者になった事実と無関係ではない。実際，オバマ大統領は，8日深夜23時過ぎにホワイトハウスで演説し，「異なる信念をもつアメリカ国民が一体となった。歴史上，年間で最大の歳出削減である」(Kane, Rucker and . Fahrenthold 2011)とベイナー下院議長とリード上院多数党院内総務の指導力を賞賛した。

　2011会計年度の予算合意が土壇場で成立した第2の要因は，共和党指導部が少数の重要政策の実現に集中するという戦略を採用し，ベイナー下院議長が原則を強調しつつもきわめて柔軟な態度で交渉に臨んだからであろう。2011会計年度の政府歳出の削減は，共和党にとって明確な少数の重要政策のうちの1つであり，たとえ共和党議員の間で削減額に差があったとしても，歳出削減に反対する主張はなかった。また，交渉に際して，暫定予算の作成と政府閉鎖の回避と引き替えに，ベイナー下院議長は何度も歳出削減の増額を上院民主党指導部とオバマ大統領に迫り，最後には妥協をした。彼はカメラの前では共和党議員の統一性を誇示し，彼自身と同僚議員――ティーパーティ運動の支持で当選した者も含む――の間に意見の相違は全く存在しないと主張しつつも背後では，彼は伝統的で実利主義的な共和党議員として，より保守的な共和党議員に対して，自身の力を過信しないように熱心に説得した（Kirchgaessner 2011)。この意味で，交渉全体におけるベイナー下院議長の役割が大きかったことはいうまでもない。

(3) 財政赤字のコントロールと債務上限引き上げ問題

アメリカでは1917年に，連邦議会が連邦政府の債務の上限を定め，連邦政府機関はその範囲内で自由に国債などの債券を発行することが認められた。以来，連邦政府の任務が拡大するのに伴い，連邦議会は債務の上限を引き上げてきた。1962年以降，連邦政府の債務上限は74回引き上げられ，2001年以降は10回の引き上げがあった。ここ10年間で引き上げが続いた理由は，ブッシュ政権のもとで，2001年以降の税収の減少，2003年の減税，イラク・アフガニスタン戦争にかかわる歳出の増大などにより歳入が減少し歳出が増加し，また2008年秋以降は，リーマンショック後の金融危機の中で税収が減少し，大型景気刺激などにより歳出が激増し，債務が増加の一途をたどったからである[12]。

この問題にオバマ大統領は決して無関心ではなかった。大統領は2010年2月に，「財政責任と改革に関する全国委員会」(National Commission on Fiscal Responsibility and Reform) を設置した。これは，アラン・シンプソン (Alan Simpson) 元上院議員 (共和党，ワイオミング州選出) とクリントン元大統領主席補佐官のアースキン・ボールズ (Erskine Bowles) を共同委員長とする超党派の財政赤字の削減方法を審議する委員会であり，12月の報告書『正念場』(The Moment of Truth) の中で，大幅な歳出削減と税制改革により，2012年から2020年までの9年間に債務を4億ドル削減する計画を明らかにした[13]。また，財務省は当然のことながら，債務の上限が引き上げられることを求めた。というのは，現在の債務の法定上限は14兆2,940億ドルであり，同省によると，2011年5月中頃には債務が上限を超えることが予測されていたからである。

2011会計年度の本予算が成立すると，オバマ大統領は本格的に債務上限引き上げ問題に目を向け，軍事および国内歳出の大幅削減と富裕層への課税を組み合わせて今後12年間に債務を4兆ドル減らす案を提示した。連邦下院では，ライアン予算委員長によって提案された法案──今後10年間でプログラム廃止だけで債務を4兆4,000億ドル減らす──が4月15日に可決されており，オバマ大統領は，これまでの提案より迅速に債務問題を処理しなければならないことを認めつつも，「メディケ

アとメディケイドを抜本的に改革し，医療保険の対象範囲を無保険者 (uninsured) にも拡大したいという大統領のイニシアチブを縮小するような共和党の要求には反対する」という立場を明確にした (Montgomery and Goldfarb 2011)。

こうした意見対立はメディアでも繰り返された。ガイトナー (Timothy Geithner) 財務長官は 4 月 17 日に NBC のテレビ番組「ミート・ザ・プレス」に出演し，「債務の上限を引き上げないとアメリカは破局に陥り，深刻な景気後退に直面する」と主張した。これに対して，連邦下院のライアン予算委員長は同日の CBS のテレビ番組「フェイス・ザ・ネーション」で，「共和党は債務上限を無批判的に引き上げることを承認しない」「共和党は債務上限引き上げと同時に歳出削減を追求する」(Goldfarb and Bacon 2011) と応酬した。

連邦議会の民主・共和 2 大政党の財政赤字問題に対する立場は明確であった。一方の民主党は，財政赤字を減らさなければならないのは当然であるとしても，アメリカ経済は脆弱であるので，即座に財政赤字を削減するよりも数年間にわたって歳出削減を行い，また増税が必要であるという立場をとった。他方の共和党は，歳出が大幅に削減されない限り上限の引き上げを認めないという立場をとり，増税という選択肢は論外であった。

2 大政党が各党の政策原則に固執したため，債務上限引き上げ問題には実質的な進展はなかった。その結果，5 月 16 日に連邦政府の債務は法定上限を超えてしまい，財務省は，連邦職員退職年金基金などを活用して国債の発行額を減らし，少なくとも 8 月 2 日まで債務不履行を先送りする決定をせざるをえなかった。

このような行き詰まりの中で注目されるのが，連邦下院共和党の活動である。カンプ歳入委員長は 5 月 24 日に，大統領の求めに応じて債務の法定上限を 14 兆 2,940 億ドルから 16 兆 7,000 億ドルに引き上げる法案を提出した。共和党歳入委員長から提案されたとはいえ，共和党の政策立場を考えると，この法案はまさに否決されることを目的としていた。期

限ぎりぎりの5月31日に，同法案は本会議において反対318票対賛成97票で否決された。反対票の内訳は，共和党236票，民主党82票であり，本会議に出席した民主党議員の46％が反対に回ったことが注目された。

　もっともこの法案の否決は，共和党が債務上限の引き上げ自体を拒否したことを意味しない。投票の後で，ベイナー下院議長は「主要な歳出削減と意味ある改革を行わずに債務の上限を引き上げることは，財政危機に加えて，アメリカの経済を損ない雇用を減らす。今日，連邦下院はアメリカ国民と同盟し，この活動方針が受け入れられないことを明確に宣言した」(Politi 2011)と述べ，またカンター下院多数党院内総務は，「今夜の投票は，実際の歳出削減と拘束力のある予算過程改革なしに債務上限を引き上げることを連邦下院が支持しないことを示した。全米の家庭と企業所有者は身分相応の生活をし，クレジットカードで限度額まで支払いをするのをやめるよう望んだ」(Montgomery and Kane 2011)と語った。これらの発言からも明らかなように，法案の否決は，「債務上限の引き上げは無条件では認められない」という，連邦下院共和党指導部がオバマ大統領，連邦上院民主党指導部に対して発したメッセージであった。共和党は債務上限引き上げ問題を，より大幅な歳出削減と抜本的な予算制度改革を引き出すための交渉材料として利用していたことは明らかなのである。

　実際にはこのように表に現れた対決とは別に，5月初頭より連邦下院共和党，連邦上院民主党，ホワイトハウスの間で，合意を形成しようとする動きは始まっていた。たとえば，5月5日よりバイデン副大統領は，連邦政府高官，共和党リーダー，民主党リーダーと定期会合を開き，それ以降，債務上限を引き上げ，8月初旬の債務不履行を回避するための合意に達する努力を続けている。バイデン副大統領とカンター連邦下院多数党院内総務によると，すでに1兆ドル以上の歳出削減で合意ができつつあり，これが実現するとさらに妥協に向けた交渉は容易になる(Politi 2011)。また，債務の法定上限を引き上げる法案が否決された翌日の6月1日，オバマ大統領は連邦下院共和党指導部をホワイトハウスに招き，

法定上限引き上げ問題についての交渉を開始したのである。

　もし発生すると，債務不履行の影響はきわめて深刻である。国内においては連邦政府は国債の追加発行ができず，必要な歳出を行うことができなくなる。国外に向けては債務不履行は，基軸通貨としてのドルと米国債への信頼を一層低下させるだけでなく，国債市場を混乱させ，それにより再度世界経済危機を引き起こす可能性もある。これらは，連邦下院共和党以上に，オバマ大統領が何としてでも回避しなければならないリスクである。そう考えると，早晩，オバマ大統領と連邦上院民主党指導部は歳出削減の内容と規模で連邦下院共和党指導部に譲歩し，8月2日までに連邦議会が債務上限を引き上げることを承認する可能性が高い。そして，その後で，2012会計年度予算案の審議が本格化することが予想される。

第4節　評価と展望

　これまで見てきたように，第112議会の6月初旬までの活動は，2つの政策争点に費やされた。第1の政策争点である2011会計年度の本予算の作成をめぐる戦いは2月中頃に始まり，下院共和党指導部と上院民主党指導部が相互に譲歩して4月中頃に決着した。第2の政策争点である財政赤字のコントロールをめぐる戦いは4月中旬に始まり，決着がつかないまま，勝負は7月に先送りされた。

　2010年の中間選挙がオバマ政権の国内経済施策の評価をめぐって争われ，とくに共和党が『アメリカへの誓約』を掲げて勝利したことを考えると，連邦下院の共和党指導部がこれら2つの政策争点に集中したのは当然であった。また，医療保険改革法の廃止，財政赤字の削減，雇用の創出など少数の重要政策の実現に集中するという連邦下院の共和党指導部の戦略はこれまでのところ効果的に作用し，さらに連邦下院の共和党指導部は巧みな交渉を通じて連邦上院の民主党指導部に譲歩を迫り，ぎりぎりのところで妥協を行うことが可能であった。

しかし，このような少数の重要政策であっても，ベイナー下院議長を中心とする共和党指導部の影響力が弱まりつつあることは事実である。たとえば，2011会計年度の暫定予算案などの採決において，指導部は共和党議員をある程度までまとめることができた。しかし，4月14日の本予算案の採決においては，260票対167票で本予算案を可決したものの，共和党議員の間から59名，24.4％の離反者が出てしまった。離反の第1の理由は，共和党指導部が大幅な歳出削減を中間選挙の公約に掲げ，ティーパーティ運動から支援を受けて多数派を獲得したにもかかわらず，連邦上院の民主党指導部に妥協し過ぎた（とみなされた）からであり，第2の理由は，連邦議会予算局が実際の歳出削減額は合意した378億ドルよりかなり少なくなることを明らかにしたからである（Kane and Rucker 2011）。

もっとも，そもそもアメリカの連邦議会では政党規律が弱く，指導部が議員の支持を動員する主要な手段が，党派心へのアピール，説得，便益の提供にあること，2010年の中間選挙で多数の保守的共和党議員が当選したことを考えると，ベイナー下院議長のように巧みな交渉力をもつ政党指導部であっても，異なる政策選考をもつ所属議員のすべての支持を獲得することは容易ではない。むしろここで重要なのは，重要法案の採決において共和党指導部がいわゆる「75-40連合」，すなわち，一般共和党議員の75％と民主党議員の40％の連合に依存していたことであろう[14]。したがって，ベイナー下院議長を中心とする共和党指導部が，今後多くの重要な法案を可決させ，アメリカ政治において大きな影響力を行使しうるか否かは，どの程度まで共和党議員の穏健派と民主党議員の保守派から構成される超党派連合を維持することができるかにかかっている。

注
1 ブライアン・ワイルドは，かつてAIG保険，エクソン石油，ファイザー製薬，アメリカ商業会議所の代理人をつとめ，パット・トゥーミー連邦下院

（ペンシルベニア州選出）の立法担当部長（2001〜04），チェイニー副大統領の立法担当補佐官代理（2004〜05）をつとめた。Sam Stein, "GOP 'Pledge To America' Director Lobbied for AIG, Exxon, Pfizer, Chamber." http://www.huffingtonpost.com/2010/09/22/pledge-for-america-brian-wild-lobbyist_n_735911.html（2011年5月20日にアクセス）

2　http://www.msnbc.msn.com/id/39324896/ns/politics-decision_2010/ （2011年5月1日にアクセス）

3　http://online.wsj.com/article/SB10001424052748703860104575507831916397878.html（2011年5月1日にアクセス）

4　フリーダムワークスが憲法規定の遵守を第1の提案項目とした理由は，「小さな政府」を実現するために「憲法上，規定のない権限を連邦政府から取り上げる」ためである。フリーダムワークス，ティーパーティ運動の公式組織と自称するティーパーティ・パトリオッツ（Tea Party Patriots）の理念は，それぞれ「財政責任」「限定された政府」「自由市場」，「より少ない課税」「より少ない政治」「一層の経済的自由」である。http://www. teapartypatriots.org/mission.aspx；http://www.freedomworks.org/about/our-mission（2011年5月2日にアクセス）

5　もし「ブッシュ減税」の延長が認められないと，年収25万ドルを超える高所得世帯の最高所得税率が35％から41％，最高配当税率が15％から39％に引き上げられるなど，大幅な増税になるところであった。

6　"Paul Ryan," Wikipedia. http://en.wikipedia.org/wiki/Paul_Ryan（2011年5月1日にアクセス）

7　Political News & Analysis by Chris Cillizza, "The Fix : Republicans try to keep it simple." Washington Post, November 5, 2010　http://voices:washingtonpost.com/thefix/morning- fix/republicans-try-to-keep-it-sim.html（2011年5月1日にアクセス）。これと対照的なのが，1994年の中間選挙運動期間中に共和党指導部が公表した「アメリカとの契約」（Contact with America）である。「アメリカとの契約」では，議会の第1日目に7項目の議会改革（独立会計法人による議会監査の義務づけ，下院委員会数と委員会スタッフ数の削減，委員長の任期制限，委員会における代理投票の禁止，委員会の公開など）を行い，最初の100日間で10本の法案（財政責任法，安全な街を取り戻す法，個人責任法，家族増強法，アメリカンドリーム再建法，国家安全保障再建法，高齢市民公正法，雇用創出賃金引き上げ法，訴訟改革法，市民立法法）を可決することを提案した。Ed Gillespie and Bob Schellhas, eds., Contract with America : *The Bold Plan by Rep. Newt Gingrich, Rep. Dick Army, and the House Republicans to Change the Nation*, Times Books／Random House, 1994, pp.7-12.

8　Joseph J. Schatz, "Election 2010 Change, Again : The Trial s Ahead for John Boehner." *Congressional Quarterly Weekly Report*, November 8, 2010, p.2522. こ

れ以外のベイナーの人物評については，Paul Kane, "The rise, fall, and rise of John Boehner." http://www. washingtonpost.com/wp-dyn/ontent/article/010/10/26/R2010102607150.html を参照。

9　下院で医療保険改革法を廃止する法案を可決したあと，共和党の4常任委員長，カンプ，アプトン，クライン，スミスは医療事故責任の見直しを中心とする医療保険改革法の内容変更を開始した。ただし，この動きがその後どのようになったかについて明確な情報はない。Emily Ethridge and Ben Weyl, "Next for GOP : Piecemeal Repeal." *Congressional Quarterly Weekly Report,* January 24, 2011, pp.208-209.

10　この団体の正式名称は Planned Parenthood Federation of America であり，「アメリカ家族計画連盟」と訳される。個人が自身の妊娠や出産などの生殖行為を決定する権利をもつことを主張する団体であり，強力なロビー活動を行っている。連邦資金の助成対象になっているのは同団体が運営するヘルスケア・プロバイダー（医療行為事業者）の方である。http://www.plannedparenthood.org/（2011年6月20日にアクセス）

11　『ワシントンポスト』＝ABC の世論調査によると，「政府閉鎖が生じた場合，その責任は誰にあると思うか」という質問に対して，2011年2月27日調査では，35％が「オバマ大統領に責任がある」，36％が「共和党に責任がある」と答え，3月13日調査では，31％が「オバマ大統領に責任がある」，45％が「共和党に責任がある」と答えた。ちなみに，1995年および96年の場合，政府閉鎖の責任を「クリントン大統領にある」と答えた者の比率は24〜27％，「共和党にある」と答えた者の比率は44〜51％であった　http://www. washingtonpost.com/wp-srv/politics/polls/postpoll_03142011.html（2011年6月10日にアクセス）

12　かつてアメリカでは，財務省が債券を発行する場合，その都度連邦議会の承認が必要であった。しかし，第1次世界大戦が勃発すると，連邦議会が定める上限の範囲内で，連邦政府機関が自由に債券を発行することができる仕組みに変わった。Center for American Progress, "U.S. Debt Limit 101: What You Need to Know about the Federal Debt Limit."　http://www.americanprogress.org/issues/2011/04/01_debt_limit.html（2011年6月5日にアクセス）

13　全委員18名中11名の賛成しかえられなかったため，本報告は連邦議会およびホワイトハウスへの公式答申にはならなかった（採用には14名の賛成が必要とされた）。

14　実際にも共和党のマッカーシー院内幹事は，3月に穏健派民主党議員グループに会い，彼らがその後のより広範な財政改革を支持する意思があるか否かについて議論し，また，民主党のホイヤー院内幹事に電話をし，どの程度の民主党議員が2011会計年度の本予算を支持するか尋ねた，といわれている（Kane and Rucker 2011）。

引用参考文献

A Pledge to America. http://www.washingtonpost.com/wp-srv/politics/documents/ GOP_pledge_09222010.pdf（2011年5月1日にアクセス）

Bai, Matt. 2011. "Political Times: G.O.P. Faces Choice in How to Oppose." http://www. nytimes.com /2010/11/04/us/politics/04bai.html?_r=1&hp（2011年5月10日にアクセス）

Brown, David M. 2010. *John Boehner : An Unauthorized Biography*. CreateSpace.

Fahrenthold, David A., and Felicia Sonmez. 2011. "Obama signs short-term spending measure that includes some easy cuts." http://www.washingtonpost.com/wp-dyn/content/article/2011/03/17/ AR2011031702385.html（2011年6月11日にアクセス）

Goldfarb, Sam. 2011. "Weekly Report/Jan.3-7 : GOP Goes to Work on Agenda." *Congressional Quarterly Weekly Report*. January 10.

Goldfarb, Zachary A., and Perry Bacon, Jr. 2011. "Obama to hit road to rally support for debt reduction plan ahead of budget battles." http://www.washingtonpost.com/obama-to-hit-road-to- rally-support-for-debt-reduction-plan-ahead-of-budget-battles/2011/004/17/FA150OwD_story.html（2011年6月5日にアクセス）

Grant, Tobin. 2010. "What Does the GOP Value?" http://www.christianitytoday.com/ct/2010/ septemberweb-only/ 8-51.0.html（2011年5月1日にアクセス）

Kane, Paul, and Perry Bacon, Jr. 2011. "Obama, congressional leaders make no progress on budget." http://bangordailynew.com/2011/04/06/politics/obama-congressional-leaders-make-no- progress-on-budget（2011年6月11日にアクセス）

Kane, Paul, Perry Bacon, Jr., and Philip Rucker. 2011. "Obama says shutdown would be 'inexcusable'." http://www.washingtonpost.com/business/economy/hill-negotiators-struggle-to- reach-budget-deal-to-avert-shutdown/2011/04/06/AFh8KjpC_story.html（2011年6月11日にアクセス）

Kane, Paul, and Philip Rucker. 2011. "Congress approves budget deal, prepares for debt-ceiling debate." http://www.washingtonpost.com/business/economy/house-debates-gop-budget-plan-sets-vote-on-deal-that-averted-shoutdown/2011/04/14/AFNJALdD_story.html（2011年6月5日にアクセス）

Kane, Paul, Philip Rucker, and David A. Fahrenthold. 2011. "Government shutdown averted: Congress agrees to budget deal, stopgap funding." http://www.washingtonpost.com/politics/ reid-says-impasse-based-on-abortion-funding-boehner-denis-it/2011/04/08/AFO40U1C_story.html（2011年6月11日にアクセス）

Kirchgaessner, Stephanie. 2011. "Congress passes 2011 budget deal." http://

www.ft.com/cms/s/0/ dc760ee4-66-bc-11e0-8d88-00144feab49a. hlml#axzz1QIAEtWgx（2011年6月11日にアクセス）

Montgomery, Lori, and Zachary A. Goldfarb. 2011. "Obama announces framework for cutting deficit by $4 trillion over 12 years." http://www.washingtonpost.com/business/ economy/obama- announces-framework-for-cutting-deficit-by-$4-trillion-over-12-years/2011/04/13/AFJxX9WD_ story.html （2011年6月5日にアクセス）

Montgomery, Lori, and Paul Kane. 2011. "House rejects proposal to raise debt ceiling." http://www.washingtonpost.com/business/economy/house-rejects-proposal-to-raise-debt-ceiling/ 2011/05/31/AGVISkFH_story.html（2011年6月5日にアクセス）

Montopoli, Brian. 2010. "Pledge to America : Are Social Conservatives Losing Their Voice in the GOP." http://www.cbsnews.com/8301-503544_162-20017428-503544.html（2011年5月20日にアクセス）

The National Commission on Fiscal Responsibility and Reform, *The Moment of Truth*. http//www. fiscalcommission.gov/sites/fiscalcommission.gov/files/documents/TheMomentofTruth12_1_2010 pdf （2011年6月5日にアクセス）

Politi, James. 2011. "US House votes against raising debt ceiling." http://www.ft.com/cms/s/0/ cc843c86-8ba1-11e0-a725-00144feab49a.html#axzz1O7yxGy8R （2011年6月5日にアクセス）

Rep. Paul Ryan's State of the Union Response. http://www.thestatecolumn.com/articles/rep-paul-ryans-state-of-the-union-response-full-text/ （2011年5月7日にアクセス）

State of the Union Address. http://www.whitehouse.gov/the-press-office/2011/01/25/remarks-president-state-union-address（2011年4月25日にアクセス）

Tea Party Canvass. http://www.washingtonpost.com/wp-srv/special/politics/tea-party-canvass（2010年11月1日にアクセス）

第3章 グラスルーツ・ポリティクス：アイオワ州アウトリーチ戦略とティーパーティ運動

渡辺 将人

第1節 はじめに

　本章ではオバマ政権下におけるグラスルーツ・ポリティクスの変容をアイオワ党員集会の舞台であるアイオワ州における集票戦略とティーパーティ運動に焦点を絞って検討する。選挙デモクラシーのアメリカにおいては，選挙サイクルごとにグラスルーツの政治が活性化する。民主党予備選挙において新進のバラク・オバマ（Barack Obama）を選出した2008年大統領選挙はリベラルのグラスルーツ政治の一里塚であったし，共和党が連邦下院の多数派を奪還した2010年中間選挙ではティーパーティ運動による保守のグラスルーツ政治が表面化した。オバマ陣営は予備選過程の緒戦4州に固執し，とりわけアイオワ州に大統領選挙過程の半分以上に及ぶ長期間を注ぎ込んだ。リベラル側の集票をめぐるアウトリーチ戦略（有権者取り込み活動）の最前線がアイオワ州におけるグラスルーツ・ポリティクスの形成であったと言っても過言ではない。他方，2012年の大統領選挙における共和党候補の選出においてティーパーティ運動がもたらす影響は無視できない。保守のグラスルーツを体現するティーパーティ運動は中心なき運動であるが，予備選挙過程の緒戦州における同運動の動向は共和党候補者選出のみならず，オバマ再選の可能性を占う材料にもなる。

　そこで本章では，第1にリベラルが主導したグラスルーツ政治の現在をアイオワ州におけるオバマ陣営の集票活動から振り返る。第2にティーパーティ運動のグラスルーツ・ポリティクスとしての性格を質的調査の成果も援用しながら検討することで，過渡期のアメリカ社会におけるリ

ベラル・保守双方の選挙デモクラシーをめぐる現在と展望を考察する。

第2節　民主党グラスルーツ革新を生んだ2008年アイオワ戦

(1) オバマ陣営のアイオワ重視の背景

　2008年大統領選挙におけるオバマ陣営の集票戦略の原型がアイオワ州で形成されたことは、多くの選挙関係者によって明らかにされている。プルーフ (David Plouffe) はキャンペーン回顧録において「もしアイオワで勝てなかったら、ほぼ間違いなく勝利できない。しかし、もしアイオワで勝てたら、扉が開くと信じているし、チャンスが与えられる」と述べ、アイオワ州を選挙戦「実験室」として位置づけた。キャンバシング (戸別訪問) とネット組織の融合、ボランティアの他州からの動員など、「オバマ流」と語り継がれたグラスルーツの選挙手法の大半が、アイオワ州で実験的に試みられたものである (Plouffe 2009; Heilemann and Halperin 2010)。

　アメリカの大統領選挙においてアイオワが異例の重要州とされている理由として、第1に予備選挙が同日に行われず州ごとに順送りで進行する制度とメディア報道の影響がある。緒戦へのメディアの報道集中から、結果のみならず選挙運動の盛り上がりまで、緒戦州における陣営の運動が全国メディアを通して、後続の他州の有権者に同時的に伝わる。とりわけアイオワは各候補者について最初の具体的な審判となるため、意思表明した有権者の量的、質的限定性にもかかわらず、候補者への期待と現実のギャップのイメージを増幅する影響を伴いがちであり、結果が後続州の支持率に変動を与える (Winebrenner 1998)。

　2008年の民主党を例にとれば、クリントンとエドワーズは期待より低い結果で終わり、オバマは期待より高い結果を出した。期待をめぐるギャップは人種についても作用する。白人州でマイノリティ候補が勝利することは、後続州のマイノリティ票に影響を与える効果も指摘されている。オバマ陣営でアイオワ州アウトリーチを指揮したジャングレコ (Peter Giangreco) によれば、全国的に黒人若年層にはオバマ支持者も少な

くなかったが，過去の黒人指導者の挫折を知る高齢者層と女性の黒人有権者は黒人大統領の可能性に懐疑的であった。したがって，州人口の9割以上が白人のアイオワ州で黒人候補が勝利することが，何より後続州の黒人層獲得における「間接的黒人アウトリーチ」であるとされ，実際クリントン陣営からサウスカロライナ州の黒人票を奪った（Giangrecoとのインタビュー）。

第2に，党員集会独特の条件である。アイオワ党員集会をめぐっては，アメリカの選挙制度研究において欠陥性を指摘する批判的見解が大勢を占めてきた。白人過多と高齢化傾向の人口動態に加え，豚と大豆産地という農業州としての産業分布の偏りのほか，投票ではなく集会における支持表明により，個人の判断に社会的関係が混入して民意が歪曲されるのではないかと問題視されてきた（Winebrenner 1998; Hull 2008）。しかし，党員集会の制度的特質がマイノリティ候補オバマを奏功させる余地を残した。レドロスク（David Redlawsk）は公民権運動に賛同してきた白人のリベラル層ほど，公の場では自らのリベラル性の証明としてあえてマイノリティ候補を支持する傾向が否めないと指摘する。党員集会は地域社会に対する政治思想の表明として受け取られるため，リベラルな選挙区では白人過多であってもマイノリティ候補に有利に作用する可能性がある（Redlawskとのインタビュー）。無論，オバマ陣営がアイオワに人的，物的資源を振り向けたのは，クリントン陣営がアイオワを苦手としていた相対的戦略性もあった。クリントン陣営は1992年の大統領選挙で地元候補ハーキン（Tom Harkin）に勝ち目がないためアイオワ州を無視した経緯から，2008年においてもアイオワを軽視した。オバマ陣営はクリントンがアイオワで勝利すれば，クリントンの優勢が崩れないまま早期にクリントン勝利で予備選が終了する負のシナリオを想定していた（Giangreco, Walshとのインタビュー）。

(2) 党員集会制度とオバマ陣営

アイオワ党員集会をめぐる制度的欠陥の一方で，小規模イベントによ

る候補者遊説が有権者との濃密なパーソナル・コンタクトの機会を提供するアイオワ戦は，候補者と有権者の距離が近い「リテール・ポリティクス」(組織票や不特定多数の「大口」有権者に対して，細分化された「小口」有権者である世帯単位や個人に対する政治活動。選挙においては戸別訪問など地上戦的な政治活動を指す。) の現場でもある。第1に，隣人の前で公の支持表明をいとわない人しか参加できない党員集会では，空中戦によるイメージ戦略や組織動員にとどまらない深い説得が求められる。

第2に，15％の支持に満たない候補を支持した参加者は「リアライン」(15％以上を獲得した別の候補の支持者への合流) により第2希望の表明が可能な民主党の集会制度が，泡沫候補を当日まで支持する動機を与える。有権者は第2希望で支持する本命選択肢を当日まで保留にしがちであり，アイオワ州民は複数の候補者のイベントに同時に出席し，品定めを繰り返す。初戦による候補者の情報不足も無縁ではない。他州における選挙結果を事前に参考にできない環境で意思決定を行うアイオワ州民に，候補者本人との接触による吟味は不可欠となる。ときに陣営スタッフやボランティアまでが評価対象となる (Hull 2008; Redlawsk, Tolbert and Donovan 2010)。

オバマ陣営は参加者の新規開拓が勝利の要であると考えたが，それには集会参加率の上昇が鍵であった。党員集会常連の60歳以上党派層はオバマを経験不足と考えていたため，オバマは無党派や若年層から新規参加層の票を獲得する必要性に迫られた。アイオワ党員集会の民主党員の過去最高参加総数である約125,000人では敗北ラインであり，最低勝利のために約180,000人の参加が目標に据えられ，実際には約218,000人が参加した。

(3) 地上戦とオンライン併用のグラスルーツ戦略

オバマ陣営はキャンペーンの伝統的手法と新規的手法を混合した。よく指摘されるようにオバマ陣営はソーシャルメディアを効果的に用いて若年層支持を拡大したが，オンライン組織がグラスルーツのキャンペー

ンに置き換えられたわけではない。とりわけオバマ陣営はグラスルーツの選挙運動における心理面を重視した。陣営の内側に対してはスタッフの士気を維持して，活動の費用対効果を高めるため，ボランティアにも同じ船の乗組員としての誇りと参加意識をもたせることをめざした。「キャンプ・オバマ」ではコミュニティ・オーガナイザー（貧困対策や労働運動などを目的とした地域の住民運動のプロデューサ）によるリーダー育成指導を行い，地域の集票をなるべく素人に移譲する手法を採用した (Creamer 2007)。また，投票可能な年齢に達しない低年齢層に有権者教育を兼ねた選挙参加を促したことも特徴的で，学生アウトリーチ・プログラムの拡大のほか，高校生にもボランティアへの参加を促した。

　より多くの有給スタッフ確保と州内支部増設がオバマ陣営の地上戦の基礎であったが，支部内の活動をオンラインで分散化させることはしなかった。電話作戦などは，技術的には有権者データのダウンロードが可能となっている現在，在宅キャンペーンが可能である。しかし，オバマ陣営は支部の集団フォーンバンクで伝統的な電話作戦を行うことで，運動員同士の「ピア・プレッシャー」（仲間同士の激励や相互監視）による競争原理が効率を高めると考えた。選挙産業における新技術は，経済的資源さえ投入すればどの陣営でも開発・購入できるが，集票効果の差はむしろ技術依存に一定の歯止めをかける勇気をもち，伝統的地上戦の効果と巧妙に組み合わせることにあるとされたのである。

　メイラー（ダイレクトメールによる郵送広報資料）もあえて戸別訪問で手渡しすることで，有権者に陣営への心理的親近感を印象づけた。添付のDVDで候補者宣伝を行い，返信ハガキや陣営側からの電話による感想聴取を記録することでフォローアップと名簿更新をした。こうした過程でオバマ陣営の膨大な有権者カテゴリー別メーリングリストとオンライン組織は完成したのであって，地上戦の積み重ねが基礎となっている。有権者に対しては，陣営とのコミュニケーションの継続が生じる心理的側面に気を配った。通常，戸別訪問だけでは広報資料を配布して関係が一過的に終了するが，DVDなど空中戦的な映像媒体を配布資料に

含めることで目新しさを加えた。空中戦と地上戦の融合は2点において有益であった。第1に資料に目を通してもらえる確率が高まった。第2に，電話作戦スタッフにフォローアップの電話をかける口実を与えることで，感想の聴取を行うことが可能となった。DVDの感想から有権者の候補者イメージや関心争点などについて，陣営独自の有権者データを早期から蓄積し，候補者の演説や政策綱領の修正に活かす体制を築いた。オバマ陣営ではアクセルロッドらがオバマの生い立ちをまとめた8分のコンパクトなDVDを制作し，ウェブ上にもアップロードした (Giangreco 2011; Walsh 2009 とのインタビュー)。

　他方で伝統的なターゲット別アウトリーチも重視された。有権者ファイルは教員，医療専門家，同性愛者，平和団体，元軍人，農家，環境団体，アフリカ系，ヒスパニック系，軍人を家族にもつ世帯，信仰心のある選挙民，看護士，障害者，労組別に作成された。その上で具体的なアウトリーチは，有権者ファイルを基礎にしたデータ主軸 (data driven) の伝統型に，他州のデータ，フェースブックなどのソーシャルメディア，電子メールなどの関係性主軸 (relationship driven) で広がりをもたせる2層法が採用された。その際，広報媒体に配布州や地域の人口動態を意識したデザインやメッセージを盛り込む注意が払われた[1]。イラク戦争に反対する退役軍人およびアフリカ系とヒスパニック系選挙民など，イシュー別のエスニック連合の組織化も試みられた (Giangreco 2011 とのインタビュー)。

第3節　ティーパーティ運動とグラスルーツ

(1) ティーパーティ運動の源流

　「ティーパーティがいつ始まったのか」という問いに対する回答は，実はティーパーティ活動家の間でも一様ではない。主流メディアで流布する一般的理解と，グラスルーツの活動家の見解が異なることも少なくない。見解の相違はティーパーティの流派の象徴でもある。換言すれば，ティーパーティ発祥を「オバマ政権前」に由来のある現象か，あるいは

「オバマ政権後」の現象としてとらえるかによって差が歴然と現れる。「オバマ以前」のG. W. ブッシュ政権時代にティーパーティの発祥があるとする見方は，運動の感情や衝動の勃興に発祥を見出す解釈であり，「オバマ政権成立直後」をティーパーティの発祥だとする見方は全国規模の運動形成を発祥の起点とする理解である。前者は共和党エスタブリッシュメント批判を基本哲学としており「反共和党」の色彩が濃いのに対して，後者は共和党批判よりも「反オバマ」を強調しがちで，共和党に対する親和性もかなりの程度残存している。

　「オバマ以前」のブッシュ政権への不満がティーパーティを発祥させたと考えるグループの代表がロン・ポール (Ron Paul)，ランド・ポール (Rand Paul) 親子の支持者である。ランド・ポールはティーパーティ運動の始点を父ロン・ポールの2008年大統領選挙運動と位置づける。具体的には，ボストンで2007年12月16日に開かれ，1日で600万ドルの献金を集めたロン・ポール決起集会である。ロン・ポールのキャンペーンはネットに敏感な若年層を巻き込み，泡沫候補と揶揄されながらも2008年1月3日の共和党アイオワ党員集会で約10%の票を獲得した。しかし，イラク戦争や財政支出をめぐりブッシュ政権と共和党エスタブリッシュメントを敵視するポールは，2008年9月にミネソタ州セントポールで開かれた共和党全国大会で発言を封じられた。ポール支持者が大会会場を取り囲み，ポールの名を連呼するデモをくり広げたほか，「共和国のための集会」と銘打ったもう一つの党集会を隣で開催した。これをランド・ポールは，共和党エスタブリッシュメントとグラスルーツ保守の戦いと定義し，ポール支持者による反ブッシュ政権，反共和党エスタブリッシュメント運動が，2010年に全国展開したティーパーティ運動の母体となったと主張する (Paul 2011)。

　なるほど，ランド・ポールの自著(『ティーパーティ・ワシントンに行く』)は，ティーパーティ運動のアイデンティティの書であるが，意外にも全編が共和党批判で埋め尽くされている。オバマ政権批判は3章までほとんど言及されず，それも共和党批判の文脈にとどまる。「オバマがブッ

シュより酷いことが証明されたことは間違いない。しかし,だからといって党派だけで好悪を決めない限り，ブッシュが望ましいわけでもない。評価基準が支出と予算に絞られれば，ビル・クリントンの方が支出を抑制できた分,まだブッシュよりましだと考えるべきである」と述べるポールは,「ティーパーティと自分を最も強く繋ぐ絆は,自分の党を検証して批判する意志」であると語る。

　ポール派はグループの哲学をレーガン保守とリバタリアニズムに重ねるが，その理念は執拗なまでのブッシュ政権批判に結晶する。第1に莫大な支出と財政赤字への批判である。ブッシュ政権をジョンソン政権以来の巨大支出型政権として，イラク戦争はオバマの医療保険改革と同額のコストを浪費したとポールらは考える。「オバマのアジェンダはブッシュ政権のアジェンダをひっくり返すどころか,単なる延長でしかない」と，ブッシュ政権批判を土台に，ティーパーティにとって共和党エスタブリッシュメントとオバマへの憎悪は「髪の毛1，2本の差でしかない」とランド・ポールは語る。筆者との会見では，東日本大震災で疲弊した日本の経済がアメリカの債務を支えきれない可能性を指摘し，アメリカの財政の外国依存問題を強調した (Paul 2011 のインタビュー)。そして第2に，テロ対策の名目で警察国家，監視国家化が促進されたことが自由を阻害しているという批判である。具体的にはブッシュ政権下で推進された愛国者法による私的領域への介入である。

　他方，ティーパーティの呼称が浸透し，2010年中間選挙に向けたグラスルーツ運動が全国的広がりを見せたと考えられているのは主としてオバマ政権始動後であり，FOXNEWSなど保守系全国メディアなどで流布されるティーパーティ発祥をめぐる「オバマ後」史観も決して誤りではない。なるほど，ティーパーティ運動を燃焼させる原因となった諸政策を列挙すると，リーマンショック後の2008年10月に制定された緊急経済安定化法まではブッシュ政権であるが，大型景気刺激策，GM救済,キャップ＆トレード法案，医療保険改革と大半がオバマ政権初期の政策である。初動の反発は景気刺激策の規模が引き金であった。2009年2

月19日のCNBC「スクオーク・ボックス」においてシカゴ・マーカンタイル取引所から中継したリック・サンテリ (Rick Santelli) が，住宅差し押さえへの救済措置に反対し「シカゴ・ティーパーティをミシガン湖畔で組織する」と絶叫し，ボストン茶会事件を引き合いにした運動の名づけの契機をもたらしたとされ，動画が広く共有された。2009年2月27日，東海岸から中西部，西海岸まで全国各地で48もの集会が，同時に開かれ約3万人が集ったが，驚嘆に値するのはわずか1週間で組織されたことであった。2009年7月以降は反医療保険を掲げる集会が多発し，この頃から地域分散的であったティーパーティの散発的運動がフリーダムワークスと連携するような一定の統一行動も目立つようになった。この全国的連携の成果が2009年9月12日のワシントン集会であり，遠方は西海岸からバスツアーが組まれた。その勢いはアイオワ州で最もリベラルな都市アイオワシティにおいても川に茶を投棄するデモが4月15日の確定申告日締め切り日 (Tax Day) に組織されるほどであった (Keette 2011; Hagle 2011 とのインタビュー)。

(2) ティーパーティ運動の特質

『ワシントンポスト』が2010年10月に発表したティーパーティ系647団体から回答を得た世論調査によれば，ティーパーティの実態はいくつかの特徴に集約される[2]。第1に，広域性である。全米に点在して展開し，ほぼ全州に存在しており，必ずしも南部や中西部に限定された運動ではない。リベラルな州や都市にも存在する。これは後述する民主党支持者とのポピュリズムを介した連携，反警察国家の社会リバタリアンの合流とも関連すると考えられる。第2に，全国組織と独立活動の両輪性である。全国組織に属さない50人規模以下の小規模集団が多数派を占めており，1,000人以上のメンバーを抱える組織はわずか39団体しかない。共和党全国委員会など共和党組織に依拠しない，州ごと地域ごとの独自の展開を基本としていることがうかがえる。もちろん，全国組織にはフリーダムワークス，アワー・カントリー・ディザーブス・ベター，ティー

パーティ・ネーション，ティーパーティ・パトリオッツ，アメリカンズ・フォー・プロスペリティなどが存在するが，これらの組織がティーパーティを代表しているわけではなく，トップダウンの管理機能もない。

　第3に，政治的リーダーの不在である。ペイリン (Sarah Palin)，バックマン (Michele Bachmann) などティーパーティが好む政治家は存在しても，特定のカリスマ的政治家にリードされた活動ではない。むしろ，活動家はジェファーソン，レーガンなど建国の偉人か過去の保守政治家に理念の体現を投影しがちだ。集会における政治家の扱い方にもこの特徴が反映される。民主党，共和党問わず，一般的な政治集会は政治家の演説を拝聴する機会であり，オバマの演説力もこの文脈で力をもった。しかし，ティーパーティ集会はむしろ有権者の声を政治家に伝えるアドボカシー(政治的主張) の場である。

　政治的リーダーの不在は，一見するとティーパーティが第3政党化やペロー現象に類似した展開となる可能性を否定する材料にも見えるが，アイオワ州で共和党員でありながらティーパーティ運動を主導するロシュター (Don Racheter) が指摘するように，ティーパーティ活動家の少なからずが，リバタリアン党活動歴を保持していることにも留意しておく必要があろう (Racheter 2011 とのインタビュー)。政党を否定しているわけではなく，二大政党の既存のエスタブリッシュメントの否定である。前述『ワシントンポスト』調査では，調査対象のティーパーティ組織に関係する86％が初めて政治に参加する者であるとの結果が出ているが，既存の2大政党にコミットしていないことが必ずしも政治参加や政党への無関心と同義ではない。

　上記以外にも重要な特質がいくつかある。第1に脱党派のポピュリズム性である。ラスムッセン (Scott Rasmussen) とショーン (Doug Schoen) は，ポピュリズムには右派と左派の両方があると定義する。右派ポピュリストは政府そのものが問題であると考え，左派ポピュリストは労働組合，リベラル活動家などの間にも存在すると述べる。彼らの定義によれば「ムーブ・オン」などのリベラル運動もポピュリズムに含まれるが，ティーパー

ティ運動をその延長戦上に位置づける (Rasmussen and Schoen 2010)。

　第2に，合衆国憲法への徹底した執着である。連邦政府を憲法が抑制するとの考えに従い，「大きな政府」の政策に反発する際に憲法が認めているかどうか違憲性を拠り所にする。アイオワ大学のヘーグル (Timothy Hagle) は，歳出削減や減税への漠然とした関心が具体的な運動としてのムーブメントに転換するのは，それらを糾合する偶然性 (luck) が必要だと述べる。ヘーグルによれば「共和党支持者は常に憲法と建国者に立ち返りたがる人の集まり」であり，衝動の運動化に欠かせないラベリングに憲法が格好にして偶然の糾合役となった。言わば，憲法を介して建国者が望んだ国のあり方に戻ろうとする運動に正当性を与えることで，「漠然とした反税感情に歴史的な文脈における意義を付与した」(Hagle 2011 とのインタビュー)。

　民主党側のティーパーティ分析は概して批判的であるが代表的なのは，運動の自然発生的な草の根性を否定した「人工芝」(astroturf) 説である。しかし，各論では民主党内にもリベラル派と穏健派の間で温度差がある。リベラル派には参加者の草の根的背景をポピュリズム肯定の立場から認める声もある。前述ラスムッセンとショーンの書に推薦文を寄せたトリッピ (Joe Trippi) はかつて自らが仕掛けたディーン旋風を引き合いに，ティーパーティの反エスタブリッシュメントの潜在力を評価する。また，本来民主党支持であったはずのブルーカラー中年白人男性層が，ティーパーティ層と一部重なる傾向も否定できないため，ティーパーティ運動参加者を糾弾することが民主党として集票上は得策ではないジレンマも存在する。「活動家の動機は純粋であり，問題は彼らが誤ったシングルイシュー（単一争点）とイデオロギーに誘導されていることで，むしろ彼らを奪還すべき」とした見方である。トーマス・フランク (Thomas Frank) の『カンザスはどうしてしまったのか？』が G. W. ブッシュ時代に指摘した，白人ブルーカラー層の民主党離反への恐怖心がリベラル派内では語られており，白人ブルーカラー層を2012年の重要アウトリーチ対象として掲げる（民主党連邦下院議員 2011とのインタビュー；

Frank 2004)。

　他方，民主党穏健派にはティーパーティの運動のラディカルさに警鐘を鳴らす向きもある。ティーパーティをリアクションとしての力 (reactionary force) に過ぎないと考察する民主党系政治団体 NDN (旧ニュー・デモクラット・ネットワーク) のローゼンバーグ (Simon Rosenberg) は「保守とは現在を保守するものであり，リアクションとしての力は，過去にラディカルに引き戻そうとするものである」と語る。変革の否定は時の流れに逆行するという点でラディカルだという分析は，結果としてティーパーティが忌み嫌うブッシュ政権への安易な退行現象につながりかねないアイロニーを孕んでいる。民主党は2010年中間選挙でブッシュ政権への逆行か，経過過程にあるオバマ政権の成果に賭けるかの二者択一をメッセージとして提示した。民主党の見地からは，ティーパーティ運動はラディカルな退行現象の一種と解釈されうる余地がある。

(3) アリンスキーと「コミュニティ・オーガナイズ」

　ティーパーティのラディカル性に因んで興味深いのは，G. W. ブッシュ大統領元側近ローヴ (Karl Rove) が若き日に共和党の組織づくりや動員の基礎をソウル・アリンスキー (Saul D. Alinsky) の著作から学んだ事実である。共和党学生委員会のテキストはアリンスキーの『ラディカルたちのための指針』だったことを2010年3月に出版した自伝で明かした。選挙で勝利する組織づくりのバイブルとして，アリンスキーの同書は類書の中でもとりわけ有用だったと回顧している (Rove 2010; Alinsky 1971)。

　アリンスキーはシカゴのサウスサイドの貧困街におけるコミュニティ・オーガナイズの創始者であるが，保守派が「社会主義者」と強引な色分けをしてきた人物でもあり，共和党重鎮がアリンスキーを手本としていた過去は十分に「告白」だった。ローブの「告白」と相前後して，ティーパーティ運動を主導する保守系著者によるアリンスキー関連書の出版が相次いだ (Gullett 2009; Leahy 2009; Merrell 2009)。アリンスキーの作品の一般書としての知名度は低く，2000年代は2008年までに実売3万

5,000部の『ラディカルたちのための指針』が，2009年の冒頭7カ月だけで1万5,000部販売され，8月冒頭の10日間だけで1,000部に達している。同年同月には書籍販売サイトのAmazonで，ラディカル思想，市政論，社会学・歴史の各部門で1位を記録しているが，同書購入者が他に購入している書籍にはマルキン(Michelle Malkin)，ベック(Glenn Beck)，レヴィン(Mark Levin)など保守系書籍が共通購入書となっており，保守層がアリンスキーの本を大量購入する現象が起きたことがうかがえる(Weigel 2009)。

　ティーパーティ運動がアリンスキー手法を導入した背景には，選挙動員における保守系のグラスルーツ運動が2008年のオバマ選挙の成功に受けた衝撃があった。フリーダムワークスは，アリンスキーの著作を教科書に，選挙区でボランティアや活動家を誘導するオーガナイザーの訓練「スリーデイ・アクティビスト・ブート・キャンプ」を開催したが，これは2008年にオバマ陣営がコミュニティ・オーガナイザーを初めて選挙活動に取り入れたボランティア訓練「キャンプ・オバマ」に酷似している。フリーダムワークスは，2010年中間選挙で，フロリダ，オハイオ，ペンシルベニア，ニューヨークの各州におけるGOTV活動(選挙直前の動員活動)を重視し，アリンスキー手法を地上戦の要に位置づけてスタッフを訓練した。その手法はたとえば「味方陣営ができないことに手を出してはならない」「可能な限り敵よりも先に進め」「あざけりは効果的な武器になる」「味方陣営が楽しめる方法が良き戦術」などアリンスキーの格言から引用された複数の項目に凝縮される(Zernike 2010)。

　ティーパーティ運動のアリンスキー理論の援用は，戦術レベルにおける応用と理念レベルにおける意図に分けて解釈できる。戦術レベルにおいては，有権者登録と投票率上昇に向けた具体的指針を鼓舞したことで，理念的な運動を「地上戦」に結びつけるツールが強化され，ローカルにおける保守系動員が促進された。ガレット(Charly Gullett)の『ティーパーティ・ハンドブック』は，複数グループの連携を推奨した。たとえば，全米ライフル協会(NRA)に対しても憲法第2修正に関心のあるすべての団体との連携を求めるべきとして，シングルイシュー(単一争点)

に傾きがちな保守系運動に欠けている異種組織連携の重要性を説く。また，イベント開催が重視され，会合を多く開き，会合テーマを参加者共通の問題にすることが目標とされた。メディアで紹介されることを目的に，イベントにドラマ性を付与する茶会事件時代を模した帽子やコスチュームなどの仮装のほか，プラカードや「私を踏みつけるな」というフレーズで知られる黄色いガズデン旗などデザインに凝った工夫が奨励された[3]。過激な示威行動であるシット・イン（座り込み），フォーム・オーバーロード（納税申告書など書類への過剰な書き込み），ノイズ・イン（騒音によるデモ），経済的ボイコットも推奨された。さらに，保守性を忘れた名ばかりの共和党支持者を "RINO (Republicans In Name Only)" と呼称して，彼らを共和党地方支部から駆逐する地元共和党の改革活動の継続，そして有権者教育の重要性も強調された。

　有権者登録の勧誘では「応答要領」の例文が前述『ハンドブック』に記載されているが，とりわけ重視されたのは，職業政治家や共和党に不信感を抱く有権者をどのように運動に招き入れるかのレトリックであった。アウトリーチのターゲットは，1：棄権者　2：未登録者　3：2008年にオバマに投票した「オバマ・リパブリカン」であった。「オバマ・リパブリカン」の内訳は，親ペイリン・反マケイン層（副大統領候補は評価するが大統領候補に不満としてオバマに投票した層），反ブッシュ層（マケイン政権はブッシュ政権の継続とみなした層），反ペイリン層（ペイリンの知識と経験に疑義を示した層），オバマ積極評価層（既存政党への一定の失望から「変革」をめざすオバマ支持に流れた層）の4層から構成されており，いずれもティーパーティ運動のアウトリーチ対象とされた（Gullett 2009）。

　このように戦術レベルでのアリンスキー理論の応用は純然たる動員技術にとどまっているが，他方で理念レベルにおける意図には「反オバマ」「反社会主義」感情増幅のレトリックがにじむことも否めない。アリンスキーを扱うティーパーティ系の書籍の多くには，アリンスキーとオバマの関係性を強調することで「社会主義」とオバマ政権を同一視しているものも少なくない。オバマ生い立ちの描写は恣意的で悪意を伴う要素

が混在しており，オバマをムスリムかのように喧伝した2008年選挙のネガティブキャンペーンの焼き直しの様相も呈した（Merrell 2009）。2011年4月にホワイトハウスが正式な証明書を出すまでにエスカレートした出生問題はその象徴である。看過できないのは「人種政治」煽動の派生効果である。アリンスキーは黒人ではないが，ブラックパンサーやシャープトン（Al Sharpton）的な攻撃的運動手法との類似性の誇張が散見される。表の戦術利用と隠された理念的意図の混在は，アリンスキー研究者のホーウィット（Sanford D. Horwitt）によれば「分裂症的」ですらある（Horwitt 2010; Vogel 2010）。

　アリンスキー理論の導入目的がリベラル派の運動への防衛的予備知識の共有なのか，保守系グラスルーツの動員強化をめざした実利目的なのか定まらないことが，導入反対論を保守派内に誘発することにもなった。ブルックス（David Brooks）はアリンスキー理論の応用は「過激で反保守」であると述べ，フィーハリー（John Feehery）は左派原理を追認することになると警鐘を鳴らした。また，攻撃的手法の拡大解釈により，オキーフ（James O'Keefe）のACORN不正撮影（コミュニティ・オーガナイズ団体の不正経理を暴こうとしての団体の盗撮行為）やランドリュー上院議員事務所盗聴未遂事件に象徴されるような自らが「アリンスキー化する危険性」もエデン（Dawn Eden）らにより指摘された（Joravsky 2010; Vogel 2010）。

(4) コミュニティ・オーガナイジングをめぐる価値的乖離

　ティーパーティ運動のアリンスキー利用は，アリンスキー個人には執着を示す一方で，民主党のオバマ型グラスルーツの基礎には関心を向けなかったため，両者の質的な乖離は著しい。「社会主義」のラベリングという理念レベルでの意図を優先した弊害とも言えるが，オーガナイジングの歴史に対する未熟な誤解も散見される。

　第1に，オバマ世代のオーガナイザーはアリンスキーからは指導を直接受けておらず，両者のオーガナイズ手法には大きな隔たりがあるにもかかわらず，ティーパーティ系論者は両者を関連づけている点である。

アリンスキーは労働組合をモデルに退役軍人組織，女性組織，教会組織，学校別組織，職場別組織などグループ別組織を用いる動員力に意義を見出したことでコミュニティ・オーガナイジングの基礎を築いた。しかし，1980年代以降，衝突型活動には拒否感を示した宗教家の協力を維持するため，アリンスキーの弟子筋にあたる第2世代が教会基盤のオーガナイズに進化させた。第2世代の指導を受けた第3世代のオバマが経験したオーガナイズはイデオロギーを排除した信仰基盤 (Faith-based) のグラスルーツ活動で，初期の労組型アリンスキーモデルとは決別している。オバマらの収入も教会の寄付金で賄われていた。むしろティーパーティがアリンスキー理論に忠実に，初期の労組型戦術を熱心に実践しているのはアイロニーのようにみえる。

　第2に，オーガナイズに要する時間的長さと，地域に根ざした人的資源力の軽視である。オバマ陣営がオーガナイザーを投入して集票効果を生じたのは，コミュニティ・オーガナイザーが当該選挙区の地域社会を熟知しているという，長期間に及ぶ住民聞き取り調査と地域参画の成果と無縁ではなかった。オーガナイザーの経験と地域との密接なつながりという人的資源の土台が欠けたまま，技術のみを短期的にもち込んでも効果は限定的と言える (Kellman 2009; Kindler 2009; Kruglik 2009; McKnight 2009とのインタビュー；渡辺 2009)。

　第3に，アリンスキー理論が本来守ってきた非政治参加原則への認識の欠如である。伝統的にコミュニティ・オーガナイズは選挙活動と無縁であった。アリンスキーは政治家は対峙する対象であると定義しており，学校，警察，政府，政治家との距離を保つことを提唱し，後続のオーガナイザーもそれに従った。この原則が緩和されたのは，貧困対策の文脈でオーガナイジングがカトリック教会と連動する過程で，2000年代後半に宗教左派運動に合流したからである。2000年代以降の民主党系カトリック団体のアウトリーチの指南書には，重要提携団体としてガマリエル協会などのコミュニティ・オーガナイジング組織が掲載されるようになった。オバマは宗教左派運動と連動することで，初めてオーガナイジ

ングを政治利用することに成功できたのである。本来，宗教右派の信仰票田をもつ保守派が，政治とオーガナイジングの接着剤に宗教が必要であるという前提を忘却してアリンスキー理論だけに傾倒している現象は2重のアイロニーである（Korzen and Kelley 2008）。

　オバマの恩師の1人であるマックナイト（John McKnight）のように早期から，民主党オバマ陣営のコミュニティ・オーガナイジング手法に共和党や保守系活動家が注目して模倣することを予言する声も存在した[4]。一方，「戦術は模倣できる。しかし，本来の価値観（the values: オーガナイズ発祥に由来する哲学面）を付与しなければ，オーガナイジングは小さなミリシア（武装集団）の育成に堕す。オーガナイジングの価値観は常に戦術を超越したもの」であると指摘するキンドラー（David Kindler）は，ティーパーティのオーガナイジングはその反知性主義ゆえに異質なものにとどまっていると説く。オバマのパートナーとしてシカゴでオーガナイザー訓練を受けたキンドラーは，オーガナイジングの価値をコミュニティから学ぶ柔軟性と定義する。「オーガナイザー訓練では住民に批判精神を芽生えさせると同時に，世界を理解する心境にさせる方法の指導を受ける」と説くキンドラーによれば，ティーパーティ運動は敵と味方の二元論を際立たせる恐怖と偏見に過度に依存しているとみる。世の中に対する興味関心の薄さを反知性主義に見るキンドラーは，知性の度合いにかかわらず住民と向き合う思想の柔軟性がオーガナイザーに求められると解説する。技術だけをアリンスキーから取り入れたため「ティーパーティの活動のほとんどすべてが，ガイドブックからスローガン，示威行動，攻撃性まで，保守派が嫌悪しているはずの労働運動に酷似してきている」と論じる（Kindler 2009 とのインタビュー）。

第4節　むすび：2012年大統領選挙に向けて

(1) 争点票と党内結束をめぐる不安定要因

　グラスルーツ・ポリティクスには，時機と技術革新の双方で党派間の

相互作用的な振り子の現象が見られる。2008年オバマ選挙の後，2010年には保守系のグラスルーツ運動をティーパーティが活性化した。2011年にはウィスコンシン州知事が提起した公務員の団体交渉権制限法案に反発するデモの州内外への拡大で，リベラル側にモメンタムが揺り戻った。かつて技術面では，長年エスニック集票でアウトリーチを主導してきた民主党に対して，消費者データを援用したマイクロターゲティングで共和党が巻き返し，ネット選挙でも2000年のマケイン陣営や2004年のディーン陣営，さらに2008年オバマ陣営と共和・民主は選挙サイクルごとに競争してきた。ブッシュ政権のヒスパニック・アウトリーチや黒人アウトリーチの試み，民主党の共和党をまねたマイクロターゲティングでも相互に模倣が連続されてきた (渡辺 2008)。コミュニティ・オーガナイジングを保守運動が模倣する展開も同様の文脈の中で解釈できるが，2012年選挙サイクルに向けアウトリーチ戦略の注目点はどこにあるのだろうか。

　第1に，ティーパーティの意向が G. W. ブッシュが築いた共和党の新しいマイノリティ・アウトリーチ路線と矛盾することによる，共和党アウトリーチ戦略の方向性をめぐる混乱である。2004年の大統領選挙でブッシュ陣営は，マイノリティ対策として共和党の歴史では例を見ない規模のアウトリーチを試みた。当時の共和党全国委員会は自身も同性愛者であるメルマン (Ken Mehlman) 委員長のもとにヒスパニック系，カトリック，郊外女性層を重要視し，アジア系とアフリカ系からの得票にも触手を拡大する多様化戦略の突破口を開いた。しかし，ディオンヌ (E.J.Dionne Jr.) が指摘するように反移民傾向も否めないティーパーティ支持層は，共和党が少数派アウトリーチに注力する方針に違和感を隠さない。本選挙でサンベルト地域のヒスパニック票を安定確保したい共和党執行部とティーパーティ運動は移民政策で反目する可能性がある (Dionne Jr. 2010)。アイオワ州ティーパーティ活動家の間でも，ヒスパニック系拡大への懸念から州の英語公用化が関心事に浮上している (Derksen 2011; McLaughlin 2011 とのインタビュー)。

第2に、「ティーパーティ連合」が、「連合」を維持できるかどうかである。ティーパーティの構成要員は、多様な保守層から構成されている。「反ブッシュ」派にせよ、「反オバマ」派にせよ、財政政策をめぐる「小さな政府」の共通項で連合を組んでいるが、内実は麻薬の一部合法化論者やプロチョイス（人工妊娠中絶をめぐる女性の選択権優先派）の社会リバタリアンから、プロライフ（人工妊娠中絶反対派）の宗教右派までが同居している。共和党としては財政問題に有権者の関心を引きつけて「連合」のエネルギーを活用したい。しかし、人工妊娠中絶や同性愛などの社会問題を棚上げする「休戦」を提起したダニエルズ（Mitch Daniels）インディアナ州知事が批判を浴びたように、安易な社会問題軽視はティーパーティ内に眠る宗教右派意識を呼び覚まし、「連合」を破綻させかねない（Ferguson 2010）。また、外交政策も分裂材料となる。ミード（Walter Russell Mead）が述べるようにティーパーティは孤立主義系のポール派と対外関与肯定系のペイリン派に分裂しているが、ポール派は軍事費も歳出削減の例外としない方針である（Mead 2011）。ネオコンや穏健派との共調路線が乱れ、共和党候補の一本化を阻害する懸念から、アイオワ州では2011年4月2日、ランド・ポールを州都デモインの州共和党会議の基調講演者に招き懐柔を試みるなど、ティーパーティの党内への取り込みに苦悩している[5]。

　第3に、ティーパーティ運動が火をつけた反エスタブリッシュメント運動が、穏健派と活動家の対立を保守とリベラルの双方で煽り、分裂が加速する懸念もある。ローゼンバーグが「ティーパーティは短期的には共和党を利しても、中長期的には害する可能性がある」と述べるように（Rosenberg 2010, 2011とのインタビュー）、ティーパーティ運動は共和党を過度に保守化させるか、共和党を分裂させる可能性が否定できない。ティーパーティが納得する共和党候補に収斂しなかった場合、本選での棄権、リバタリアン党候補など第三党候補の立ち上げなどに運動のエネルギーが転化する危険性もある。同様にリビア攻撃、ビンラディン殺害などのオバマ政権の軍事行動に反戦リベラル派が過剰反応すれば民主党

側の分裂も懸念事項となる。オバマ政権内政担当高官は「オバマは再選のために，社会政策でリベラル性を維持しつつも，財政政策では中道化せざるをえなかった」と述べるが，経済に加え外交・安保でも中道化が加速した場合，リベラル派の基礎票は不確定化する可能性もある。

(2) オンライン・キャンペーンの可能性と問題点

　最後に指摘しておきたいのが，グラスルーツ・ポリティクスにおけるインターネットの問題である。たしかに，地方組織と支持基盤の労働組合が弱体化している民主党にインターネットは福音であった。しかし，グラスルーツ組織がオンライン組織としてどれだけ持続性，発展性を保持していけるかは未知数である。2008年にオバマ陣営がアイオワを起点に開拓したオンライン組織は全国的な広がりを見せたが，政権運営には必ずしも有効に活用できていない。候補者を当選させるというゴールの明確な選挙と異なり，同時並行で雑多な争点を扱う政権の支援は，党内の選挙民の争点別対立がネット上の議論で先鋭化する危険性も少なくない。また，ネットは攻撃や追い上げで奏功する性質とも無縁ではなく，2009年以降のオバマ政権において，立法過程で有権者が議会を監視する目的からネット上に組織された仮想ネットワークであるOFA (Organizing for America) が機能しなかった理由に，上下両院を当時民主党が制していたため，民主党支持者による民主党監視となりインセンティブが鈍った経緯をジャングレコは指摘する。

　本章で概観したように，ティーパーティ運動のネットワーキングを拡大したのもインターネットであり，全国集会の動員に大きな効果を発揮した。しかし，運動のローカル性ゆえに組織化を嫌う地域活動家は，ソーシャルメディアよりも旧式のブログによる単線的発信を好む傾向も未だに散見される。動画サイトの閲覧もローカルの選挙区単位であるプリシンクト内に限定されるなど，全国組織化により地域性を薄められることを毛嫌いする活動スタイルが，本来ソーシャルメディア向きの運動であるにもかかわらず，オンラインの地理的横断性の強みを完全には活かし

第3章　グラスルーツ・ポリティクス　79

きれていない。ワシントン集会など全国イベントの参加にも興味をもたない活動家も少なくなく，ローカルの運動の多くはごく少人数の勉強会や共和党郡支部の離脱集団の域を出ていないが，党員集会で候補者選定に影響をもつアイオワ州のティーパーティ運動も例外ではない（Thayer 2011; McLaughlin 2011とのインタビュー）。ティーパーティ運動がネットを活用できたのもオバマ政権成立直後に大統領府と議会を制していた民主党への追い上げの環境下であり，共和党多数派の下院においては運動の監視の矛先が，共和党執行部と民主党に分散しかねない。

　2008年大統領選挙では浸透していなかった新技術にツイッターがあるが，ジャングレコは「ツイッターは全国メディアがどんな些細な話題にも目を光らせるアイオワの状況下では恐怖である。制御は事実上不可能である」と述べ，オーガナイザーやボランティアの間でネガティブキャンペーン防止を徹底しても，陣営の意図しない発言がメディア報道で増幅する危険性を制御できないと割り切った判断を示している（Giangreco 2011とのインタビュー）。候補者の政策差が見えない選挙では，ピアトゥーピア（陣営が介在しない有権者間の伝達）の仲間内の伝承によるソーシャルメディアを通した支持拡大が意思決定を促す傾向があり，オバマ陣営は2008年にソーシャル・ネットワーキング・サービス（SNS）と動画サイトの正の効果に賭けたように，ツイッターが党員集会で発揮する正の効果に期待する。こうした動きに対する保守側の反応も次第に表面化しよう。2012年大統領選挙に向け，グラスルーツ・ポリティクスはリベラルと保守の双方で牽制と模倣を繰り返しながら，伝統的地上戦と新技術との融合の両面で試されていくことになろう。

注

1　"Barack Obama for President: Take Action!"（オバマ陣営オハイオ州支部2008年）キャンバシング・イベント集会用配布物参照 "OBAMA: Restoring Our Common Mission"（オバマ陣営アイオワ州支部2007年）キャンバシング・イベント集会用配布物参照。

2　http://www.washingtonpost.com/wp-srv/special/politics/tea-party-canvass/を参

照。2010年4月にCBS放送が発表した世論調査 http://www.cbsnews.com/8301-503544_162-20002529-503544.html では，白人89％，45歳以上75％という人種と年齢についての突出した傾向が出ているが，同調査では南部が36％と多めの数値で出ており，人種や年齢層，思想傾向はどの地域の回答が多かったか，運動がどの程度地域拡散した時期かで差があると考えられる。2010年秋の『ワシントンポスト』調査時にかけて，ティーパーティが地域分散性を伴った可能性を示唆していよう。

3 ティーパーティの仮装やデモの様子は以下の写真集に詳しい。Karis, Mark, *Don't Tread on Us!: Signs of a 21st Century Political Awakening*, WND Books 2010.

4 "They are all going to be interested in how to get people organized for political campaigns. So, I can see it spreading everywhere" と述べたマックナイト（John McKnight）は保守派のオーガナイジングへの接近を予見していた。渡辺将人，2009, 4章参照。

5 地元アイオワのローカル紙はアイオワ大学におけるポール演説について，防衛費削減をめぐる共和党とポールの不協和音を見出しに報じ，ポールのアイオワ訪問は招致した州共和党の意図に反して，ティーパーティ運動の反共和党性をかえって浮き彫りにする結果となった。Adam B. Sullivan, "Paul Critical of GOP in UI Speech," *The Gazette*, April 2, 2011.

引用参考文献

Alinsky, Saul D. 1989. *Rules for Radicals.* Vintage (1971).

Creamer, Robert. 2007. *Listen to Your Mother: Stand Up Straight: How Progressives Can Win.* Seven Locks Press.

Dionne, E.J. Jr. 2010. "Is the Tea Party Out to Banish Bush-Style Conservatism?" Washington Post. November 18. http://www.washingtonpost.com/wp-dyn/content/article/2010/11/17/AR2010111705313.html

Ferguson, Andrew. 2010. "Ride Along with Mitch: Can the Astonishing Popularity of Indiana's Penny-Pinching Governor Carry Him to the White House in 2012?" *The Weekly Standard.* June 14, Vol.15, No. 37.

Frank, Thomas. 2004. *What's The Matter with Kansas?: How Conservatives Won The Heart of America.* Henry Holt.

Gullett, Charly. 2009. *Official Tea Party Handbook: A Tactical Playbook for Tea Party Patriots.* Warfield Press.

Joravsky, Ben. 2010. "O'Keefe is Alinsky in a Funhouse." *POLITICO.* February 26.

Heilemann, John, and Mark Halperin. 2010. *Game Change: Obama and the Clintons, McCain and Palin, and the Race of a Lifetime.* Harper.

Horwitt, Sanford D. 2010. "New Rules for New Radicals: The Tea Party Discovers

a Taste for.... Saul Alinsky!" Brennan Center for Justice. May 12. http://www.brennancenter.org/blog/archives_books/new_rules_ for_new_radicals_the_tea_party_discovers_ alinsky.
Hull, Christopher C. 2008. *Grassroots Rules: How the Iowa Caucus Helps Elect American Presidents.* Stanford University Press.
Korzen, Chris and Alexia Kelley. 2008. *A Nation For All: How the Catholic Vision of the Common Good Can Save America from the Politics of Division.* Jossey-Bass.
Leahy, Michael Patrick. 2009. *Rules for Conservative Radicals.* C-Rad Press.
Mead, Walter Russell. 2011. "The Tea Party and American Foreign Policy: What Populism Means for Globalism." *Foreign Affairs.* March / April.
Merrell, Alexandrea. 2009. *Rules For Republican Radicals.* Republican Radical Inc.
Paul, Rand. 2011. *The Tea Party Goes to Washington.* Center Street.
Plouffe, David. 2009. *The Audacity to Win: The Inside Story and Lessons of Barack Obama's Historic Victory.* Viking Adult.
Rasmussen, Scott, and Doug Schoen. 2010. *Mad As Hell: How the Tea Party Movement Is Fundamentally Remaking Our Two-Party System.* Harper.
Redlawsk, David P., Caroline J. Tolbert, and Todd Donovan. 2010. *Why Iowa? How Caucuses and Sequential Elections Improve the Presidential Nominating Process.* University of Chicago Press.?
Vogel, Kenneth P. 2010. "Right Loves to Hate, Imitate Alinsky." *POLITICO.* March 22.
Weigel, David. 2009. "Conservatives Find Town Hall Strategy in Leftist Text." *Washington Independent.* August 11. http://washingtonindependent.com/54554/conservatives-find-town-hall-strategy-in-leftist-text
Winebrenner, Hugh. 1998. *The Iowa Precinct Caucuses: The Making of a Media Event.* Iowa State University.
Zernike, Kate. 2010. "Shaping Tea Party Passion Into Campaign Force," *The New York Times.* August 25.
渡辺将人, 2008『現代アメリカ選挙の集票過程：アウトリーチ戦略と政治意識の変容』日本評論社。
渡辺将人, 2009『評伝 バラク・オバマ：「越境」する大統領』集英社。

インタビュー
Derksen, Deb. アイオワ州ジョンソン郡共和党中央委員副委員長，ティーパーティ活動家 (April 1, 2011)
Gizzi, John. ヒューマンイベント誌 (April 1, 2011)
Giangreco, Peter. 元オバマ陣営上級コンサルタント (June 2, 2009; March 7, 2011)

Hagle, Timothy. アイオワ大学政治学部准教授 (April 4, 2011)
Keettel, Bill. 元アイオワ州ジョンソン郡共和党中央委員 (April 1, 2011)
Kellman, Gerald. ガマリエル協会, コミュニティ・オーガナイザー (May 22, 2009)
Kindler, David T. キンドラーコミュニケーションズ, 元コミュニティ・オーガナイザー (May 12, 2009)
Kruglik, Mike. ガマリエル協会, コミュニティ・オーガナイザー (June 18, 2009)
McKnight, John. ノースウエスタン大学政策調査研究所教授, 元コミュニティ・オーガナイザー (May 19, 2009)
McLaughlin, Sandra. 弁護士, ティーパーティ活動家 (April 4, 2011)
Paul, Rand. 連邦上院議員 (共和党) ケンタッキー州選出 (April 2, 2011)
Racheter, Don. パブリック・インタレスト・インスティテュート所長, ティーパーティ活動家 (April 4, 2011)
Redlawsk, David P. ラトガーズ大学教授, 元アイオワ州民主党委員 (September 24, 2010)
Rosenberg, Simon. NDN代表, 元ビル・クリントン大統領選挙陣営 (September 22, 2010; April 1, 2011)
Thayer, Mike. ブロガー, ティーパーティ活動家 (April 4, 2011)
Walsh, Terry. 元オバマ陣営上級コンサルタント (June 2, 2009)
オバマ政権高官とのインタビュー (March 5, 2011)
民主党連邦下院議員とのインタビュー (March 5, 2011)

第4章　複合メディア時代の政治コミュニケーション：メディアの分極化とソーシャルメディアの台頭で変わる選挙戦術

前嶋 和弘

第1節　はじめに

　アメリカでは，メディアと政治との関係がここ数年，過去にない急激な変化をみせている。その変化は主に次の2点に集約できる。まず第1の変化は，政治に関するメディアからの情報そのものが保守・リベラルの双方に大きく2極化する「政治報道の分極化」（メディアの分極化：media polarization）が顕在化している点である。この状況の中，政治におけるメディアの役割も変貌し，リベラル派の国民はリベラル派のメディアから，保守派は保守派のメディアからそれぞれ優先的に情報を求める傾向が目立ちつつある。政治に関する情報の分極化は，国民をさらに分断させ，国民世論のイデオロギーの分極化を促進させつつある。

　第2の変化は，政治のさまざまな過程においてソーシャルメディアの利用が本格化している点である。とくに選挙での導入は目覚ましく，2008年の大統領選挙でオバマ陣営が本格化させたソーシャルメディアの選挙への応用が2010年の中間選挙で一気に深化した。2010年選挙では各候補者陣営はフェースブックに代表される狭義のソーシャル・ネットワーク・サービス（SNS）や，ミニブログのツイッターを使い，支援者との双方向性をできる限り保つ形で情報を提供し続けた。草の根保守のティーパーティ運動が勢いを増したのも，ソーシャルメディアの力がなければありえなかった。ソーシャルメディアの選挙への利用は選挙戦術だけでなく，有権者と候補者との関係，さらには有権者同士の関係を大きく変えつつある。まだ課題は多いものの，候補者と有権者を有機的に結ぶ双方向のソーシャルメディアを総動員した選挙戦略は，アメリカの

選挙マーケティングの大きな部分を占めるようになった。ただ，技術革新がもたらした新しいメディアが普及してもこれまでのテレビスポット（テレビCM）を中心とする選挙戦術は当面は健在であり，ソーシャルメディアの台頭で，既存のメディアとソーシャルメディアが共存する複合的な選挙戦術の時代に突入したといっても過言ではない。

　特筆すべきなのは，この2つの変化は相互に関連している点である。まず，政治報道のイデオロギーの2極化は，国民の既存のメディアに対する不信を招き，政治情報におけるソーシャルメディアの台頭をさらに後押ししている。さらに，政治報道の分極化の中で，候補者陣営はソーシャルメディアを効果的に利用し，自分のイデオロギーに近いメディア機関を重視しながら，情報を拡散させ，効果的な「スピン」を起こすことが可能になっている。この"味方のメディア"との協力体制の中で，候補者側は"敵のメディア"からの攻撃を念頭に置いた選挙戦術を進めるようになっている。メディアと政治をめぐるこの2つの変化の中，2012年の大統領選挙・議会選挙に焦点が移っており，すでに各陣営は複合メディア戦略で対立候補を凌駕しようと躍起になっている。

　本章では，まず，第1の変化である「政治報道の分極化」について論じ，同じ政治イデオロギーのアクターと繋がることでメディア自身が政治のアクターになっている事実を明らかにした上で，国民の政治情報のアクセスの特徴などを分析する。これに続き，選挙におけるソーシャルメディアの利用の急拡大を検討する。そして，最後にこの2つの変化のベクトル上にある選挙戦術上の変化と2012年選挙，さらには今後のアメリカにおけるメディアと政治の関係を展望する。

第2節　メディアの「分極化」

　アメリカにおける政治報道は，いま，かつての規範であった客観性の追及から大きく離れつつある。というのも，過去20年の間に政治的イデオロギーを鮮明にしたケーブルテレビ局やラジオ番組が急成長したた

めである。また、有力紙である『ウォール・ストリート・ジャーナル』が「保守」路線を鮮明にしたこともあって、かつては「ほとんどがやや左」とみられていた既存のメディアのイデオロギー対立も表面化している。このように、政治的にリベラルな傾向をもつ報道機関と保守的な報道機関が分かれていく「メディアの分極化」が鮮明となり、報道の内容もそれぞれのイデオロギーに沿ったものに変貌しつつある。政治報道が保守系とリベラル系に分かれる現象は5,6年ほど前からますます顕著になっており、保守・リベラル双方の政治インフラとしての役割を担うようになっている。一方、「政治的に分極化したメディア文化」（polarized media culture）といった言葉もすっかり日常的な言説として定着するようになった[1]。

(1) ニュース専門局における「保守」と「リベラル」：FOXNEWS 対 MSNBC

「分極化」の最も代表的な例が、ケーブルテレビ・衛星局のニュース専門局であろう。FOXNEWS Channel（以下 FOXNEWS）が保守派に偏った報道姿勢を貫いているのに対し、MSNBC はリベラル派に極端に加担した報道が目立っている。具体的には、FOXNEWS が概して共和党の政治家や打ち出した政策に対して肯定的、民主党の政治家や政策に対しては否定的であるのに対して、MSNBC はその逆であり、民主党には肯定的、共和党には否定的な論調が目立っている。さらに、CNN は創設者のテッド・ターナー（Ted Turner）が環境問題に積極的であり、CNN そのものもリベラル派に加担していると指摘する声が保守派からは多い[2]。ただ、リベラル派を明らかに支持しているような報道番組は、CNN の場合ほとんどなく、MSNBC の左傾化は突出している。ニュース専門局では「リベラル派 MSNBC」対「保守派 FOXNEWS」という対立構造ができている。

FOXNEWS と MSNBC はいずれも 1996 年に開局した。FOXNEWS の方は開局当初から保守層の視聴者層を意識した番組づくりを進め、視聴者を獲得していった。これに対して MSNBC は大きく立ち遅れていたが、2000 年代半ば頃から当時のブッシュ共和党政権に不満をもっているリ

ベラル層に焦点を当てた番組を始め，視聴者数を増やすことに成功している。

　新聞や地上波テレビの3大ネットワーク (ABC, NBC, CBS) の既存のメディアについては，比較的中立を保っているという指摘もあるものの，それでも政治的な偏りは指摘されてきた。たとえば，既存のメディアはリベラル派に同情的であり，その理由はジャーナリスト自身の政治的イデオロギーが関連しているとする調査が注目された (Lichter et al 1986)。これに対抗して保守派からのニーズを取り入れ，勢力を伸ばしたのが，FOXNEWS，そして後述するトークラジオ番組であるといえる。この保守に対抗する形で，MSNBC がリベラル派の代表格であるというイメージが定着しつつある。

　実際，FOXNEWS と MSNBC は同じ時間に同じニュース題材を取り扱う場合でも全く別の観点から報道することも少なくない。たとえば，保守のティーパーティ運動では，後述するソーシャルメディアの積極利用とともに，草の根的な運動の拡大には FOXNEWS の応援が不可欠であった。FOXNEWS はティーパーティ運動が始まった2009年春当初から注目し，運動が世界的に認知されるきっかけとなった同年9月12日の「納税者ワシントン行進」(Taxpayer March in Washington) については繰り返して報道しただけでなく，後述する看板報道番組のホスト（キャスター）たちが視聴者に参加を呼び掛けた。FOXNEWS がティーパーティ運動の「育ての親」的な存在であるのに対し，MSNBC は一貫して否定的な立場での報道が本章を執筆している2011年末まで続いており，各番組のホストがティーパーティやその主張を激しく非難し続けている。

　FOXNEWS と MSNBC との報道の違いはティーパーティだけではなく，選挙からさまざまな政策や事件にまで及んでいる。たとえば，2011年5月のオサマ・ビンラディンの殺害については，MSNBC の各番組は民主党のオバマ政権の功績であることを強調したのに対し，FOXNEWS では共和党のブッシュ前政権がテロ対策を真剣に行った成果が遅れて出たという点を何度も強調した[3]。また，同年夏に大きな話題となった連

邦債務上限引き上げ問題については，MSNBC はオバマ政権の主張した富裕層の増税を支持，FOXNEWS の方はこれに大きく反対し，連邦議会での共和党と民主党の議論の代理戦争的な様相を見せていた。2011年秋から本格化した「ウォール街占拠運動」についても MSNBC は肯定的，FOXNEWS は否定的な視点から報じることが目立っている。

　コメンテーターとして FOXNEWS と MSNBC に頻繁に出演する政治家の顔ぶれをみれば，両者のイデオロギー的"棲み分け"は明らかかもしれない。FOXNEWS の方はニュート・ギングリッチ（Newt Gingrich），サラ・ペイリン（Sarah Palin），マイク・ハッカビー（Mike Huckabee），リック・サントーラム（Rich Santorum）ら，共和党の中でも比較的保守派といえる有力人物がコメンテーターや番組ホストとして名を連ねている（このうち，2012年大統領選挙の共和党予備選挙に出馬しているギングリッチとサントーラムは2011年末現在，一時的に番組への出演を見合わせている）。一方，MSNBC のコメンテーターには，バーニー・フランク（Barney Frank：民主党），バーニー・サンダース（Barney Sanders：無所属だが，議会では民主党と統一会派）ら最も政治的にリベラルな現役議員らが定期的に登場している。また，議員などの公職には就いたことがないが，2004年の大統領選挙の民主党の指名候補争いに出馬した，黒人運動家のアル・シャープトン（Al Sharpton）は MSNBC にコメンテーターとして出演するだけでなく，2011年8月末からは夕方の報道番組 *"Politics Nation"* のホストとして出演するようになった。

（2）同じイデオロギー傾向の相互協力：政治インフラとなるメディア

　さらに注目したいのが，他のメディアとの連動を通じた相互協力である。とくにケーブルテレビの番組と政治トークラジオ番組の主な出演者は兼務しており，相互乗り入れする形で，保守，リベラル双方の政治イデオロギーが相乗的に拡散していく傾向がある。政治トークラジオ番組とは，ラジオの生放送の中で，司会者が独断をまじえて政治的争点に関する自分の意見を述べ，それに対して聴取者が電話で参加し，番組が進

行する聴取者参加型の番組である[4]。政治トークラジオ番組は1990年代に保守派の不満のはけ口として，大きく台頭した。代表的なのが1988年にスタートした「ザ・ラッシュ・リンボウ・ショー」(*The Rush Limbaugh Show*) である。この放送を2011年夏現在，全ラジオ番組聴取者トップの週合計で延べ1,500万人以上の人々が常時聴いており[5]，ホストのラッシュ・リンボウ (Rush Limbaugh) はアメリカの保守を代表する"顔"となっている。リンボウとともに，ショーン・ハニティ (Sean Hannity) が1990年代半ば以降，2000年代に入ってはグレン・ベック (Glenn Beck) ら保守派のトークラジオ番組が全米規模の人気を集めるようになり，それぞれが聴取者数トップ10に位置し，1980年代から現在に続く，保守派の台頭を政治情報面から支えている[6]。

　保守系のトークラジオ番組のホストたちをテレビに登場させたのが，FOXNEWSの社長であるロジャー・アイレス (Roger Ailes) である。アイレスはニクソン大統領時代から共和党の政治コンサルタントとして広く知られており，レーガンやブッシュ父の大統領選挙を率いた人物である[7]。FOXNEWSは開局当初から，看板となる夜の報道番組の一角に保守派のビル・オライリー (Bill O'Reilly) をホストに迎えていた。これに加えて，アイレスが中心となり，政治トークラジオのホストだったハニティやベックらにそれぞれ自らの名前を冠した"テレビ版トークラジオ"ともいえるような番組を任せることで，政治トークラジオ番組と兼務させることで両者の内容は強く連動するようになった。アイレスは，最も代表的な保守派の政治トークラジオ番組のホストであるリンボウとも近い関係であり，かつてはFOXNEWSが開局する直前の1992年から4年間，リンボウの地上波の番組をアイレスが制作していた。リンボウがテレビよりもラジオ出演を重視しているため，FOXNEWSでの出演は限られている[8]が，リンボウがラジオ番組で話した話題はFOXNEWSでも頻繁に取り上げられている。このうち，ベックはFOXNEWSだけでなく，トークラジオ番組でもティーパーティ運動への参加を全米に積極的に呼び掛けたこともあり，ベックはティーパーティ運動のリーダー的な存在と

なっている[9]。ベックの発言があまりにも過激であるため，アイレスが距離を置くことに決め，ベックは2011年6月にFOXNEWSの番組を降板したが，それでも「ティーパーティの顔」として運動の中核にある（Kurtz 2011）。

　政治トークラジオ番組の多くが保守派向けのものだったが，状況はここ10年の間で大きく変わりつつある。保守派だけでなく，レイチェル・マドウ（Rachel Maddow）やエド・シュルツ（Ed Shultz）らのリベラル派の番組の人気も高まっているためである。リベラル派の政治トークラジオの人気が高まるのに注目し，今度はMSNBCはマドウ（MSNBCでの番組開始2008年9月），シュルツ（同2009年4月）らリベラル派の政治トークラジオのホストにそれぞれの名前を冠した夜の看板番組をもたせるようになった。これは，ちょうど，FOXNEWSのアイレスが保守派の政治トークラジオのホストに報道番組のホストを任せたのと同じ手法であるのはいうまでもない。シュルツやマドウがMSNBCの"顔"となることで，ラジオとMSNBCの番組を連動させ，リベラル派の政策に明らかに肩入れした内容の放送が同時に行われるようになった。それぞれのMSNBCの番組内容はFOXNEWSを強く意識しており，FOXNEWSのオライリーやハニティらの発言を番組内で批判し続けているのも特徴的である。

　FOXNEWS，MSNBCのいずれも雑誌やシンクタンク，さらにはイデオロギー系のシンクタンクとの連携も進めている。雑誌の場合，FOXNEWSには保守の『ウィークリー・スタンダード』（The Weekly Standard）の編集者らが頻繁に登場するのに対し，MSNBCにはリベラル派の雑誌『ネーション』（The Nation），『マザージョーンズ』（Mother Jones）らの編集者や執筆者がコメンテーターとして登場している。その中で，『ネーション』の編集者のクリス・ヘイズ（Chris Hayes）は，マドウの代役で番組のホスト役を続けるだけでなく，2011年9月からは週末の報道番組のホストに就任している。さらに，『ワシントンポスト』のコラムニストで，リベラル派の評論家として知られるユージン・ロビンソン（Eugene Robinson）らもMSNBCに定期的に出演している。イデオロギー系のシンクタンクにつ

いても,"棲み分け"があり,民主党系のシンクタンクとしてここ数年,最大の影響を誇っているセンター・フォー・アメリカン・プログレス (Center for American Progress) の研究員がこぞってMSNBCにコメンテーターとして登場しているのに対し,ヘリテージ財団 (Heritage Foundation) のような保守派のシンクタンクの研究員がFOXNEWSに頻繁に出演している。

(3) 政治報道のイデオロギー的分極化：ニュース専門局以外の状況

保守とリベラルに分かれる政治報道のイデオロギー的分極化は,FOXNEWSとMSNBC以外にも及んでいる。アメリカでは政治情報を提供するメディアとして欠かせない存在になっているインターネットの政治ブログも保守とリベラルに分かれ,対立している。保守派でいえば,「ミッシェル・マルキン」(Michelle Malkin),リベラル派でいえば,「デイリーコス」(Daily Kos) などの代表的な政治ブログはそれぞれが自分のイデオロギーに近いメディアから情報を引用し,自分と異なったイデオロギーのメディアの情報やメディアそのものを敵視しながら論を展開するという状況が続いている (Boehlert 2009; Kerbel 2009; Pirch 2009)。

比較的中立を守っているという指摘もあった新聞業界も変貌を続けている。その代表といえるのが,2007年末にFOXNEWSの親会社である,ニューズ社 (News Corporation) に買収された『ウォール・ストリート・ジャーナル』である。買収以後,ルパート・マードック会長の意向が反映され,同紙が取り扱う政治報道が増加するとともに,政治的立場も著しく保守化した。ジェーミーソンとキャペラは,『ウォール・ストリート・ジャーナル』と,保守派のトークラジオ番組,そしてFOXNEWSが共鳴し合うことで,保守イデオロギーが「こだま」のように広がっていくことを保守の「エコー室(echo chamber)」であると指摘している (Jamieson and Cappella 2008)。また,ニューヨークタイムズの記事内容が以前よりも左傾化しており,MSNBC並みにリベラルな内容が増えているとして「MSNYT」などと揶揄する言葉も生まれている[10]。

ニュース専門局にも新しい変化が生まれている。それを代表するのが2005年に開局した新参のケーブルテレビ局「カレントTV」(Current TV) である。「カレントTV」の場合，創設にはゴア元副大統領らがかかわっており，リベラル派の新しい情報発信拠点として注目されている。MSNBC の顔的な存在だったが，上層部と対立し2011年1月に辞職したキース・オルバーマン (Keith Olbermann) が「カレントTV」に加入し，報道部門を統括することが決まった[11]。「カレントTV」の番組構成は，これまではドキュメンタリーなどの番組が多かったものの，オルバーマン移籍後は MSNBC に並ぶリベラル派のニュース専門局への本格的な転換も予想されている (Schuker 2011; Stelter and Carter 2011)。

一方，政治的にリベラルな傾向をもつ報道機関と保守的な報道機関が分極化することは，視聴者の目には偏った政治報道に映る。各種世論調査でも「メディアには政治的に偏りがある」「メディアの情報はしばしば不正確だ」「メディアは民主主義に害がある」とした回答が増えており，政治のニュースを発信するマスメディアに対する不信が年々高まっている（前嶋 2011a: 62-64）。メディアの立場の変化に，それに不満をもつ世論に触発され，登場したのが「メディア監視団体」(media watch groups) である。各団体は，報道の政治的立場や偏向を指摘し，国民を啓発する活動を行っている。現在，既存のメディアに対抗する手段として，ブログのほかフェースブックやツイッターなど，ソーシャルメディアでの情報提供に力を入れている。ただ，メディア監視団体の中で「ファクトチェック・ドット・オーグ」(Factcheck.org：2003年発足) のような中立的な立場で活動しているという評価が定まっている団体は多くはない。リベラル派のメディア監視団体と保守派のメディア監視団体が存在しており，政治報道の解釈をめぐって保守とリベラルの代理戦争を担っているのが多くの団体の現状である。たとえば，2004年発足の「メディア・マターズ・フォー・アメリカ」(Media Matters for America) は明らかにリベラル派に加担しており，FOXNEWS や保守派の政治トークラジオなどの保守メディアを中心に批判している (Soellner 2009 へのインタビュー)。メディア監視団体の老

舗である「アキュラシー・イン・メディア」(Accuracy in Media：1969年発足)は保守派であることを自ら公言しており，リベラル派のメディアを監視する活動を中心に行っている (Roger Arnoff 2009 へのインタビュー)。このようにメディア監視団体そのものイデオロギーも大きな問題になっている (前嶋 2011a：64-75)。

　さらに客観性の衰退が叫ばれる中，民間財団などが資金を提供することで，調査報道を行う非営利報道機関も大いに注目されている。非営利報道機関の中でも2008年にスタートした「プロパブリカ」(*Pro Publica*) が代表的な存在であり，オンラインジャーナリズムとして初めて2010年にピューリッツァー賞を受け，2011年にも再受賞するなど評価が高い。「プロパブリカ」は公共性に即した客観的な報道で支持されているものの比較的リベラル色の強い報道が多いほか，出資者もリベラルな傾向があるため，保守派からは批判もある[12]。2009年秋に保守派のオンライン活動家のジェームス・オキーフ (James O'Keefe) らがリベラル派のコミュニティ・オーガナイザー団体の ACORN の失態を暴露し話題となったほか，オキーフの活動を熱心に伝えたアンドリュー・ブライトバート (Andrew Breitbart) の「ビックガバメント」(*Big Government*)，「ブライトバート・ドット・コム」(*Breitbart.com*) などの複数の保守系の「暴露サイト」の存在もアメリカ国内では広く知られるようになっている。このようにオンライン報道の世界にも，保守とリベラルの棲み分けができつつある。

　これまで論じたように，ニュース専門局，政治トークラジオ，雑誌，新聞などのそれぞれのメディアが，同じイデオロギー傾向のシンクタンクやメディア監視団体などと相互協力をすることで，保守とリベラル，それぞれの政治インフラとなっているのが，現在のアメリカの政治情報提供をめぐる大きな傾向となっている (前嶋 2010)。さらに，政治ブログなどを中心にインターネットにも波及しながら，保守とリベラルの政治的言説がつくられ，世論が形成されていく傾向にある。このようにして，メディアは客観的事実を伝える傍観者ではなく，政治的意図をもった「アクター」になっているのがアメリカの現状である (前嶋2011a)。こ

の現象はメディアの政治的偏向を意味するが一方で，多様な情報を提供する一環として，リベラル・保守のそれぞれの立場からの情報発信が試みられるようになったとも考えられるほか，保守派とリベラル派の各種の市民運動を成長させるための政治インフラが充実してきたといえるかもしれない。さらに，「客観的な情報提供」ではなく，政治インフラとなることで，イデオロギーの両極のメディアは社会的影響力を伸ばしているともいえる。

(4) 政治報道の変化の背景

　メディア機関の政治的立場が顕在化しつつある現象の背景には，政治報道をめぐる環境が2点において大きく変化したことが挙げられる。まず，第1にメディア間の競争が激烈になり，生き残り戦略という経営戦略的要素が前面に出てきたという事実が挙げられる。ケーブルテレビや衛星放送の普及をきっかけとしたテレビの多チャンネル化や，インターネットの爆発的な普及などがあり，メディアの生き残りは非常に苛烈である。激しい競争の中でそれぞれのメディアにとっては，自分たちの「ニッチ市場」を見つけて生き延びるのが最善の策である。その中で，広く多くの人に政治情報を伝える「ブロードキャスト」(broadcast)から特定の層向けの「ナローキャスト」(narrowcast)へという発想の転換があった (Prior 2007)。

　ケーブルテレビの場合，そもそも後発であり，地上派テレビのABC，NBC，CBSなどの既存のメディアに対抗する形で新たな視聴者を開拓する必要があった。さらに，24時間ニュース専門局としては1980年開局のCNNが老舗として存在していたため，後発局のFOXNEWSとMSNBCは，生き残りのために独自色を打ち出す必要があった。前述したように，FOXNEWSの方は1996年の開局当初から保守層の視聴者層を強く意識し，保守派の政治インフラとして成長していった。これに対して，MSNBCの政治色は開局当初は薄かったが，2000年代半ば頃からリベラル派の視聴者を主なターゲットとした番組を始めたところ，流れ

が一変した。代表的な番組が，2003年にスタートした前述のオルバーマンがホストを務める「カウントダウン・ウィズ・キース・オルバーマン」(*Countdown with Keith Olbermann*) である。オルバーマンの番組はリベラル色が強すぎるため物議を醸したが，リベラル層がちょうど当時のブッシュ共和党政権下にあって不満をつのらせていたこともあって，オルバーマンがFOXNEWSやブッシュ政権を批判すればするほど，視聴者数は増えていった (Lisheron 2007)。オルバーマンの番組の成功後，MSNBCは前述のようにさまざまなリベラル派のホストの番組を立ち上げ，リベラル派に特化したニュース局に変貌した (Steinberg 2007)。

　また，政治トークラジオ番組の誕生も経営戦略上の理由が大きい。特定の聴取者層を狙ったため，現在のイデオロギーに偏った番組構成に至っている。ラジオの場合，1980年代までは音楽番組が中心の編成だったが，聴取者数に陰りが出ていた。そのテコ入れとして，南部を中心に1980年代に増えた保守派をターゲットとした政治番組をつくれないかと考えたのが，保守系の政治トークラジオの隆盛のきっかけだった。この戦略が功を奏し，前述のように，リンボウやハニティらの番組は今日まで続く人気番組となり，アメリカにおけるラジオの復活を印象づけている。さらに，2000年代半ばからは，保守派の陰に隠れていたリベラル派の視聴者を主なターゲットとしたマドウやシュルツらの政治トークラジオも登場し，リベラル派の聴取者の掘り起こしに成功している。これも保守派ばかりが目立つ政治トークラジオの中で，リベラル派の「市場」に着目した経営面での戦略である。

　また，メディアの分極化の第2の背景として考えられるのが，規制緩和である。規制緩和でコンテンツの自由度が広がる中，報道にイデオロギー色がつくようになったと考えられる。かつては「フェアネス・ドクトリン」(公平原則) の名のもと，「イコールタイム原則」が運用され，テレビやラジオの放送で選挙を扱う場合，民主・共和両党の候補者にほぼ同じ時間を割いて報道させることが義務づけられていた。また，放送における政治報道がバランスを欠いていないかどうか，連邦通信委員会 (Federal

Communications Commission: FCC）は厳しく監視していた。しかし，規制緩和の流れの中で1987年にフェアネス・ドクトリンが撤廃され，メディア側の自由裁量部分が大きくなった。表現の自由を最大限に尊重する連邦最高裁の判断の影響も大きく，規制違反に対するFCCの摘発も慎重になっている（Cooper 2010へのインタビュー）。

　話を選挙に絞った場合，「言論の自由」の観点から候補者を支援，批判するいずれの表現に対する規制もそもそもアメリカではもともと緩い。この表現の自由が特定のイデオロギーを支援するメディア文化に繋がっている。選挙に関連した規制の緩さを代表するのが選挙中の「意見広告」（issue ads）の扱いである。意見広告とは候補者との協議がないという条件内で，司法で認められた「独立支出」を使い，企業や労組などのPAC（Political Action Committee：政治行動委員会）や利益団体が特定の候補の政策をテレビCMや新聞広告で批判する政治広告である。「独立支出」を使っていても，意見広告が実質的には特定候補を応援している事実には変わりがない。候補者の政治広告にはさまざまな規制があるため，「意見広告」はその規制の抜け道となっていた。2002年両党派選挙改革法（マケイン・ファインゴールド法）では，選挙終盤の意見広告が禁止されたが，禁止については，2010年1月に連邦最高裁が下した「シティズン・ユナイテッド対FCC（*Citizen United v. FCC*）」判決で違憲と判断され，規制そのものが撤廃されることになった。意見広告の自由が認められたこともあって，2010年選挙では，ブッシュ政権の懐刀だったカール・ローブ（Karl Rove）らが産業界と協力し，「独立支出に費やす資金を集める『スーパーPAC（Super PAC）』として設立した「アメリカン・クロスローズ」が保守派に有利になるよう意見広告を集中的に激戦の選挙区で放映した。

(5) メディアの分極化と国民世論の分極化

　メディアが保守とリベラルに分かれ，同じイデオロギー傾向のアクターと相互協力をすることによって，メディアが政治インフラとなっている状況の中，アメリカの国民の政治情報の入手方法が大きく変わって

きた。実際，ピュー・リサーチセンターが2010年6月に行った調査をみると，保守派の国民とリベラル派の国民の政治報道に対する接し方が大きく異なることが明らかになっている。ニュース専門局のFOXNEWS,MSNBC, CNNを定期的に視聴しているのは調査の回答者の中でそれぞれ23%, 11%, 18%である。このうち，FOXNEWSを視聴しているのは共和党支持が40%，中道が20%，民主党支持者が15%となっているのに対し，MSNBCの方は共和党支持が6%，中道が10%，民主党支持者が16%となっている。3つのニュース専門局を定期的にみている層もいるほか，無回答も多いものの，FOXNEWSは保守派が，MSNBCはリベラル派の視聴者が，圧倒的に多く視聴しており対照的である。また，CNNの場合も共和党支持が12%，中道が17%，民主党支持者が25%とリベラル派が好んで視聴している。

　同じ調査では具体的な「ニュースの情報源」の分析もなされている。**表4-1**はその一部を抜粋したものであり，ティーパーティ支持者(保守派)の場合，「ニュースの情報源」として挙げているのは，本章でこれまで説明したFOXNEWSの名番組や保守系トークラジオ番組が上位を占めているほか，FOXNEWSそのものが第5位に挙げられている。アメリカでは多くがリベラル派で占めると考えられる同性愛支持者の場合，ニューヨークタイムズが情報源の1位となっているほか，MSNBCからカレントTVに移籍したオルバーマンが5位に入っている。2位のコーベア・レポート(*Corbert Report*)と4位のデーリーショー（正式には「ザ・デーリーショー・ウィズ・ジョー・スチュアート，*The Daily Show with Joe Stewart*」）とコメディニュース[13]が入っているのも特徴的かもしれない。

表4-1　ニュースの情報源 (2010年6月調べ，ピュー・リサーチ・センター)

	ティーパーティ支持者	同性愛支持者
第1位	ラッシュ・リンボウ (76%)	ニューヨークタイムズ (78%)
第2位	グレン・ベック (76%)	コーベア・レポート (69%)
第3位	ショーン・ハニティ (75%)	NPR (65%)
第4位	ビル・オライリー (68%)	デーリーショー 62%)
第5位	FOXNEWS (52%)	キース・オルバーマン (62%)

このように，保守派は保守派のメディア，リベラル派はリベラル派のメディアがそれぞれの情報源となっており，イデオロギーの違いで入手する政治情報の情報源そのものが異なっている。メディアからの情報に接する際，そもそも自分にとって好ましい情報を優先的に得ようとする「選択的接触」の傾向があり（Stroud 2008; Lawrence et.al. 2010），このデータはそれを裏づけている。

政治情報そのものが保守とリベラルに分極化し，さらに，人々が自分のイデオロギーに合った情報に優先的に接触するとなれば，国民世論は保守とリベラルに大きく分かれていく。メディアの分極化の議論とほぼ同時進行で，保守系とリベラル系との「2つのアメリカ」に国民世論が分断しつつあるのも必然であろう[14]。国民世論とメディアの分極化が国民世論に与えている可能性を指摘する研究も数多い（たとえば Iyengar and Hahn 2009）。メディアが保守とリベラルに2極化する傾向はますます強くなっているため，今後，さらなるメディアの分極化の国民世論に与える影響が懸念される。

第3節　ソーシャルメディアの台頭

(1) アメリカ政治におけるソーシャルメディア

政治情報の分極化とともに，ここ数年のアメリカの政治とメディアの関係の急変のもう1つの現象がソーシャルメディアの台頭である。いうまでもなくソーシャルメディアとは，比較的双方向でやり取りができるインターネット上のアプリケーションのことである。ミニブログ「ツイッター」(twitter)，SNSの「フェースブック」(Facebook)や「マイスペース」(Myspace)，写真共有サイトの「フリッカー」(Flicker)，映像共有サイトの「ユーチューブ」(YouTube)などが代表的である。一方通行の情報しか提供できないテレビ，新聞などのマスメディアと，携帯電話での通話など，基本的には「1対1」のコミュニケーションを想定しているパーソナルメディアの中間的存在が，このソーシャルメディアである。

「ソーシャルメディア」という言葉が定着する以前にも，新しい技術の導入とその普及とともに，インターネットはアメリカの選挙をこれまでも大きく変貌させてきた。2000年の大統領選挙予備選では，共和党のジョン・マケイン陣営が公式ウェブサイトを利用してのオンライン献金を本格導入し，支持者が小切手で献金するという従来の選挙献金のスタイルが大きく変わった。2004年の民主党予備選では，ハワード・ディーン陣営が公式選挙サイト内に初歩的なSNS機能を組み込み，選挙戦術におけるソーシャルメディア利用の先鞭をつけた。2006年の中間選挙では，現職として優位に選挙戦を戦っていたジョージ・アレン上院議員の人種差別的な発言が8月にユーチューブにアップロードされて以来，状況は一変し，11月の選挙の惜敗につながっている (Craig and Shear 2006)。ユーチューブが一般向けのサービスを開始したのが，2005年4月開始であることを考えると，選挙で大きな影響を与える存在にまで成長するのに，1年ほどであったことはきわめて興味深い。

　2008年のバラク・オバマ陣営は，ソーシャルメディアを本格的に使いこなす戦術を追求した。オバマ陣営は技術に熟知したスタッフをそろえ，選挙公式サイトを使った「垂直型」の情報伝達に力を入れただけでなく，公式サイト内に特設したSNS（「マイ・バラク・オバマ・ドットコム」）で，支持者相互の「水平型」の支援構造をつくり出していった。さらに，支援者はオンラインの世界だけでなく，実際に街に出て，草の根レベルのオバマの支援集会を行い，これに共感する人々の輪が広がっていった。ソーシャルメディアを駆使することによってオバマ陣営は，有権者からの支持を大きな社会運動に昇華させていった。また，SNSを利用した小口の献金で積み重なり，オバマ陣営が集めた個人献金総額7億4,600万ドルのうち，「200ドル以下」の個人献金は24％を記録した[15]。オバマ陣営が集めた選挙資金が史上最多となったのも，ソーシャルメディアを使った個人献金によるところがきわめて大きい。献金する人物は多くの場合，その候補に投票するし，ボランティアなども積極的に行う。オバマに小口の献金を行うことは，単に献金するだけでなく，オバマを実際

に当選させるための, さらに大きな選挙活動を誓うことも意味していた。献金はそのままオフラインでのオバマの支援活動に直結した。とくに, 小口の献金者は熱心な若者が多かったため, できるだけ幅広く小口の献金を募ることで, 支持運動が大きくなっていった (前嶋 2009 a, b)。

　ソーシャルメディアの隆盛には, 技術的な発達と規制という2つの理由がある。まず, インターネットのブロードバンド化と携帯電話の爆発的普及はソーシャルメディア利用の技術的基盤となっている。アメリカの場合, 韓国などの国に比べて, ブロードバンド化が遅れていたが, 2009年末のブロードバンド普及率は6割と韓国, 日本とほぼ並んでいる。また, 携帯電話も2000年末の普及率は約4割と出遅れていたが, 2009年末で9割に及んでいる (清水 2011)。中でもスマートフォンの普及がソーシャルメディアの利用を容易にしているのは言うまでもない。アイフォンのアメリカでの発売が2007年6月であり, このスマートフォンの普及と重なる形で, 2007年前後からアメリカではソーシャルメディアの利用者が増えており, 利用者の政治参加や政治的社会化などに大きく影響し始めている。一方, 規制については選挙におけるインターネットの利用は基本的には連邦選挙法の規制外となっている事実が大きい。候補者については, インターネットでの広告は規制の対象の「公共政治広告 (public political advertising)」に該当しないほかインターネットを通じた献金は連邦選挙運動法などの通常の規制にそえば可能である。個人についても候補者支援も金銭の授受がない個人の自発的な行為なら, 規制の枠外であり, 献金やビデオシェアリングへのリンクを張ることができる。また, ブログは既存の報道機関と同じ存在 ("press entity") として, 表現の自由が認められている。さらに, 「表現の自由」に対しては, インターネットにおける「言葉」だけでなく, 政治的意見表明としての「献金」に関しても自由が最大限に担保されている[16]。

(2) 2010年中間選挙とソーシャルメディア

　2008年選挙で本格化したソーシャルメディアの利用が深化し, ネッ

トワークづくりから献金まで完全に選挙運動の一環として機能する形で2010年中間選挙が展開された。2010年選挙の場合，2008年のオバマ陣営の戦術が選挙活動のデフォルト的な形となり，ソーシャルメディアが選挙戦術の1つとして浸透した。とくにフェースブックに代表されるSNSや，ミニブログのツイッターなどが各候補者のツールとして定着した。

(a) 活発化する保守派の利用

オバマ陣営の動向に注目が集まったように，2008年の段階ではソーシャルメディアの利用は民主党側が先行しており，ソーシャルメディアを使う選挙戦術はリベラル派の票固めを狙う民主党側の戦略の鍵であるとする説も広く指摘されていた。マシュー・カーベルはこの戦略を「ネットルーツ」と名づけ，リベラル派がオンライン上で結束し，アメリカ政治を変革させていくと指摘している (Kerbel 2009)。しかし，2010年までに一気に状況が変化した。保守派もソーシャルメディアの潜在性に注目し，一斉に使い始めたためである。

実際，2010年選挙で目立ったのが，2008年選挙でソーシャルメディアの導入に大きく出遅れた共和党の支援者側の巻き返しだった。2010年選挙におけるソーシャルメディアの利用を代表するのが，2009年春からアメリカの政治の台風の目的な存在となっている，草の根保守運動のティーパーティ運動であろう。このティーパーティ運動の場合，運動そのものがソーシャルメディアの利用で急速に大きくなった経緯がある。ティーパーティ運動はツイッターやフェースブックを積極的に活用して，オバマ政権の掲げていた医療福祉改革や景気刺激策などを阻止するための集会を全米で開いた。

ティーパーティ運動が全米的に認知されるようになったのが，2009年9月12日のワシントンで開かれた「9.12プロジェクト」(9.12 Project, 別名「納税者ワシントン行進」(Taxpayer March on Washington))と呼ばれるティーパーティ運動の集会である。筆者が同日に参加者に聞き取りを行ったが，「最初にワシントンでのこの集会を知った情報源」として過半数以上を

図4-1 オバマを『バットマン』のジョーカーに見立てた合成写真もフェースブックなどのソーシャルメディアを通じて，ティーパーティ運動の参加者に広く共有された
(2009年9月12日にティーパーティ運動の「納税者ワシントン行進」
ティーパーティ運動の集会にて，筆者が撮影)

占めたのが，フェースブック，マイスペース，ツイッターなどのソーシャルメディアであった（前嶋 2011b）。また，前述のグレン・ベックなどを中心とするFOXNEWSや保守派のトークラジオの番組での呼び掛けをきっかけに集まった人も多く，ソーシャルメディアと保守メディアが密接に関連することで，この運動が大きくなっていった。

(b) 選挙運動の変化

2010年選挙で注目されたのが，ソーシャルメディアが選挙運動そのものを変貌させた点である。特定の州の候補に対しても，ソーシャルメディアを効果的に使った場合，支援運動が選挙区を越えて飛び火する運動になる傾向があるほか，選挙資金も全米から集めることができる。ソーシャルメディアを使いこなせれば，選挙運動を瞬間的に全米規模の社会運動に変貌させるのも不可能ではない。

ソーシャルメディアを使った選挙運動の変化を象徴するのが，2010年中間選挙の前哨戦となった同年1月のマサチューセッツ州選出連邦上院議員補欠選挙で勝利した共和党のスコット・ブラウン（Scott Brown）の支

持運動である。選挙前の段階では，ブラウンは知名度も資金力もないほか，そもそも民主党の牙城であったマサチューセッツ州であったため，対立候補の民主党のマーサ・コークリー（Martha Coakley）が圧勝するとみられていた。しかし，選挙が近づくにつれ，コークリー陣営が予想をしなかったような展開となった。ブラウンの支持運動は「ブラウン旅団」（Brown brigade）と呼ばれ，フェースブック，ツイッターを中心として，一気に近隣の州や全米的に広がっていった。ブラウンへのオンライン献金も全米規模で膨らんでいった。また，ブラウンの支持運動とティーパーティ運動が重なったことも，支援拡大の理由となった（Yan 2010）。

　ブラウンの件で成功したティーパーティ運動はソーシャルメディアを利用し，支援運動を広げていった。ティーパーティ運動は，ランド・ポール（Rand Paul，上院，ケンタッキー州），マーク・ルビオ（Marc Rubio，上院，フロリダ州），ミッシェル・バックマン（Michele Bachmann，下院，ミネソタ州）らの支持基盤となったほか，本選挙では落選したものの，クリスティーン・オドネル（Christine O'Donnell，上院，デラウエア州）とジョー・ミラー（Joe Miller，上院，アラスカ州）らの場合も，ティーパーティ運動参加者がソーシャルメディアを駆使して，各候補者の選挙活動を支え，当初劣勢がなかったとされる共和党予備選挙で勝利に導いていった。

　前述した2008年のオバマ支援の運動もソーシャルメディアでの支援運動がオフラインでの社会現象となったほか，オンライン献金で対立候補を凌駕した。これが州（上院議員）や選挙区（下院議員）レベルに浸透していったのが2010年選挙であると考えることができる。

(c) 技術的な変化

　2010年選挙時点での技術的な変化は2つある。1点目は2008年のオバマ陣営のソーシャルメディア利用がデフォルト的な形となり，ソーシャルメディアや献金機能を選挙公式サイトに埋め込んだ点である。ランド・ポール候補（現上院議員）の選挙公式サイト内の献金とソーシャルメディアのリンク（**図4-2 (a), (b)**）のように多くの候補者の選挙公式サイトにはフェースブック，ユーチューブ，ツイッター，フリッカーのページへの

図4-2 (a)　　　　　　　　　　(b)
ランド・ポール候補（現上院議員）の選挙公式サイト内の献金(a)と
ソーシャルメディア(b)のリンクのためのバナー[17]

リンクが示されているほか，インターネットを使った献金ができるバナー（"contribute", "donate"など）を配置した。これらはいずれも2008年のオバマの公式ウェブサイトを強く意識したつくりとなっており，選挙戦を少しでも有利にさせるため，ソーシャルメディアを使った選挙に活路を見出す戦略を取っていた。

2010年中間選挙におけるソーシャルメディア利用のもう1つの技術的な変化がツイッターの積極利用である。オバマは「選挙戦にツイッターを使った」ということで日本では有名になったものの，実際にはオバマ自身がツイッターを書いておらず，選挙戦中にはスタッフがオバマ名義で「つぶやいた」ことが発覚していた[18]。2010年選挙では非常に多くの候補者がツイッターを導入し，中には頻繁に「つぶやき」を書き込んでいる候補者もいた。とくに，接戦となっている選挙区の議員の場合，ツイッターで有権者とつながることで何とか対立候補をしのごうと必死であった。

(d) ソーシャルメディアと「2つのアメリカ」の今後

ソーシャルメディアはアメリカの国民の生活の一部になっており，政治のツールとして広範に利用されている。それでは，ソーシャルメディアの台頭がもたらすものは何だろうか。ソーシャルメディアの特質であ

る双方向性が活かされれば，積極的な政治参加が可能となり，討議的民主主義が実現できるかもしれない。また，さまざまな意見が交わされる中で，政策に対する「集合知」が積み上げられ，世論形成の過程も大きく深化していくことであろう。ただ現時点では，これまで論じた政治情報の2極化がソーシャルメディアの台頭をさらに後押ししている事実を考え合せると，状況は必ずしもバラ色というわけではない。

　政治情報が保守とリベラルに偏ることは前述のように，マスメディアに対する不信に繋がっている。不信が年々増加している中，自分にとって「正しい」と思われる政治についての情報を自らの手でさらに広めたいという欲求を満たすのにソーシャルメディアは絶好の道具である。実際，報道についての意見をソーシャルメディア上に書き込むことも一般的になっており，ピュー・リサーチセンターが2010年はじめ2,259人に調査した結果によると，37％がソーシャルメディアに報道についてのコメントを書き込んでいるという (Harper 2010)。ほかのユーザーが他のユーザーの発信を共有し，さらに他のユーザーに広めていく過程で，ジャーナリストの発する政治情報に匹敵するものになっていく。ただ，その内容はイデオロギー的に偏るケースも少なくなく，ソーシャルメディアが選択的接触をさらに強めている (Stroud 2008; Lawrence, et al. 2010)。この点ではソーシャルメディアの普及が保守派とリベラル派のさらなる乖離を生み，「2つのアメリカ」がさらに固定化されてしまう懸念もある。

　ソーシャルメディアを利用する側の課題もある。さらに，ソーシャルメディアを通じて有権者は候補者との親近感を非常に深めていくが，当選後，支持者がその政治家に個人的に接する可能性は現実的に高くはない。結局は距離を感じ，失望してしまう可能性もある。とくに選挙とは異なり，選挙後の政策運営は複雑であり，支持者の想いと議員の考えとの間の差は広がりやすい。

　2008年のオバマ人気がブッシュ前大統領や共和党多数議会に対する不満に支えられていたのに続き，2010年選挙のティーパーティ運動はそれ以上の「怒り」にもとづいた運動であった。ソーシャルメディアを

クリックして，オンライン上の友人に繋がるには，憤りという衝動が必要なのかもしれない。そうなると，ソーシャルメディアから生み出された運動自体が，熟慮の上での行動ではなく，短絡的な衝動に突き動かされたものになりかねない。ソーシャルメディアを利用する側の市民性も今後，さらに求められるようになる。

　ただ，このようなさまざまな課題はあるものの，ソーシャルメディアは候補者陣営にとっては，高度な選挙戦術が可能となる絶好の次世代型の武器である。また，政治そのものの質を向上させる潜在的な可能性もあるため，政治参加の観点からもソーシャルメディアは魅力的だ。今後の選挙戦術の中心として，ソーシャルメディアが位置づけられていくのは間違いないであろう。

第4節　複合メディア時代の政治コミュニケーション：変わる選挙戦術

　メディアの分極化とソーシャルメディアの台頭というメディアと政治の関係の2つの急変を受けて，現在，選挙戦術も既存のものから大きく変化しつつある。大統領選挙にしろ，連邦議員や州知事の選挙のいずれの場合にしても，アメリカの選挙の場合，テレビの選挙スポット（テレビCM）を数多く提供する「空中戦」(airwar) が伝統的な戦略であった。自分の訴えたい政策（政策提言）や相手候補の政策や資質への攻撃（ネガティブキャンペーン）だけでなく，自分のこれまでの経歴の説明（自己紹介）などを数多くの選挙スポットを提供する中で，同じように「空中戦」を繰り広げる相手候補とテレビ上で戦う形で，選挙戦が進む。選挙研究では，個々の有権者を選挙スポットで説得し，票につなげていくことから，この手法は「説得モデル」(persuasion model) と言われてきた (Huber and Arceneaux 2007)。

　アメリカのメディアマーケット（放送エリア）は日本に比べると非常に小さく，都市部とその周辺などで1つのエリアとなっている (Ansolabehere et.al. 1993: 32-35)。選挙スポットもそれぞれの放送エリアに合わせた内

容に編集して放映するため，選挙スポットの数は大統領選挙なら1人の候補者だけでも数百を超えることとなる。2004年の大統領選挙の場合，前述の意見広告なども含めると，全候補者の選挙スポットを合計すると一説によれば100万種類もの数に達したという (Johnson 2011: 31)。この数字はにわかには信じがたいものの規制もあってテレビの選挙スポットが自由ではない日本からは想像できないほどの選挙スポットがアメリカの選挙では飛び交っている。

　メディアの分極化とソーシャルメディアの普及で，この「説得モデル」を中心とした戦術が過渡期を迎えている。まず，総合的な選挙戦術を行う上で政治報道の分極化は大前提になっており，自分のイデオロギーに近いメディアを重視しながら選挙戦略を取ることが可能になってきたのが大きい。一方で，政治イデオロギーから自分たちに好意的ではない「敵」のメディアも存在するため，「応援団」と「敵」の双方のメディアの対立の中，PR戦略を立てていくことになる。

　また，ソーシャルメディアが選挙戦術を大きく変えているのはいうまでもない。これまでのテレビの選挙スポット中心の選挙マーケティングの場合，あくまでも選挙陣営の動きを有権者に伝える形で「説得」する一方通行のものであった。これに対し，ツイッターやフェースブックの場合，有権者が反応する機会があり，必然的に情報を提供する側も支持者の動向に敏感にならざるをえない。また，24時間ニュース専門局だけでなく，インターネットなどの情報を含めて，莫大な量のイデオロギー的に偏った政治情報が提供される中，有権者を「説得」しようとしても，その言説はメディアの分極化でさらに激しくなっている保守とリベラルの間のスピン合戦ですぐに打ち消されてしまう傾向にある。また，ソーシャルメディアの影響力も大きく，政治情報は瞬時にソーシャルメディアを使って拡散していく。

　とくに，フェースブックやツイッターの中で新しい選挙スポットを発表する戦略も重要になっている。というのは，もともと似た政治イデオロギーをもち，特定の候補を支持する傾向がある人々に確実に選挙ス

ポットの存在を伝えることができ，政治マーケティング的には非常に効果的であるためである。フェースブックやツイッターに埋め込まれたリンクをクリックすると，候補者の選挙公式サイト内に移動し，そこで新作の選挙スポットが流れる仕組みとなっており，潜在的に支持者になる層を頻繁に選挙公式サイトに導く動機づけにもなる。支持層に候補者の変化を迅速に報告することができるため，スピン合戦の補助的な役割を念頭に置いた選挙スポットがソーシャルメディアの利用で可能になる。

選挙公式サイト内の選挙スポット戦略は，テレビでは放映しない「ウェブオンリー」の選挙スポットも多数掲載されており，支持者を強く意識している。興味深いことに，「ウェブオンリー」の選挙スポットの場合，テレビで放映する選挙スポットよりも，相手候補を辛辣に攻撃する内容の選挙スポットが圧倒的に多いという研究分析もある (Pingly 2011)。公式サイト内の選挙スポットは規制の枠外にあるほか，アクセスする者のほとんどが支持層であるため，テレビ放映のスポットとは差があると考えられている。ソーシャルメディアに埋め込まれた選挙スポット情報で，選挙戦術にも幅が生まれるようになった。

それでも今後の選挙戦術を考えた場合，ソーシャルメディアを使った選挙戦術に少しずつ重点が移るものの，テレビの選挙スポットを重視した「空中戦」が当面は選挙戦略の中心に位置し続けると考えられる。これはソーシャルメディアを使いこなす層はどうしても限られてしまうためである。また，ニールセンなどの調査によると，インターネット利用が増えても，アメリカではテレビ視聴時間は減っておらず，むしろ増える傾向にある[19]。未だに政治情報の王様としての役割はテレビが担っており，通常の説得モデルを念頭に置いた選挙スポットの戦略も当面はそのまま継続となる。

さらに，「空中戦」は健在であるのと同時に「地上戦」(groundwar) も引き続き重要である。「地上戦」は戸別訪問で選挙区をくまなくまわる「キャンバシング」(canvassing) や，支持者たちが支援のために集会を開くといった戦略である。この「地上戦」の場合，支援者同士が実際に会って言葉

を交わすという現実の世界のコミュニケーションであり，僅差でぎりぎりの選挙戦の場合，この皮膚感覚が最後の雌雄を決める。ソーシャルメディアを使ったオンラインでの接触が，実際に街に出て支援活動に加わる「地上戦」に昇華された場合，功を奏するのは2008年のオバマの選挙戦でも確認されている（前嶋 2009a）。

このように，ソーシャルメディアという「バーチャル戦」とテレビの選挙スポットの「空中戦」という複合メディア戦略を使い，実際に支持者同士が接触する「地上戦」にもち込もうとするのが，今後のアメリカの選挙戦略の大きな流れになると考えられる。

第5節　結びにかえて：2012年選挙に向けて

本章の結びにかえて，すでに本格化しつつある，2012年選挙に向けた動きをメディアと政治の関係の観点から論じてみたい。インターネットを使った各種アプリケーションそのものの技術革新が激しい中，ソーシャルメディアを使った選挙戦術は今後もさらに深化を続けていくであろう。2012年の大統領・連邦議会選挙では，2008年のオバマ陣営，2010年のティーパーティの戦術を超えるような政治広告，政治マーケティングの登場が期待されている。

一方，2012年選挙について，オバマ陣営はソーシャルメディアを広範に利用することとともに，資金集め戦略などを変更していく可能性を明らかにしている。前述のとおり，2008年選挙ではオバマ陣営は「200ドル以下」の小口献金を多数集める戦略を進めていた。この小口献金者が実際にオバマ支持を訴え，その声が社会運動に昇華していった。ソーシャルメディア，中でもSNSを利用した小口献金はオバマ陣営の真骨頂でもあり，2011年秋の段階でも小口献金で他の共和党候補を凌駕しているが，この戦略そのものにも大きな変更がなされる可能性も出ている。

というのも2012年の場合，「選挙とカネ」をめぐる状況が大きく変わ

るとみられているためである。とくに前述の最高裁の「シティズン・ユナイテッド対 FCC 判決」で選挙終盤の意見広告の禁止を訴えた両党派選挙改革法が違憲となったため，2012年選挙では多くの産業界からの献金は，規制がないに等しい選挙戦終盤の意見広告に集中する可能性がある。また，2010年中間選挙で多額の意見広告を提供し，共和党の躍進を支えた「スーパー PAC」である「アメリカン・クロスローズ」の動向が再び注目されている。

　共和党側に対抗するために，オバマ陣営もできるだけ多くの資金を集める「バンドラー」を使った戦略を進めつつある。バンドラーとは，自分の献金とは別に，組織的に知人や関係者の献金をまとめ上げ，個人献金集めを仲介する人物を指している。バンドラーは以前から存在した。しかし，バンドラーを組織的に選挙戦術に組み込んだのは，2004年現在，共和党の現職の大統領であるブッシュの選挙戦略が初めてであるといわれている。ブッシュ陣営のバンドラーの多くが金融会社や大手スーパーなどの企業幹部だった。企業幹部の場合，自分の取引先を集めて献金パーティを開催できるほか，そもそもパーティの参加者は裕福であるため，個人献金の上限ぎりぎりまで献金するケースも少なくない。そのため，バンドラーとしても，一度に多額の献金を集めることができる。オバマ陣営の場合，バンドラーを積極的に活用するという戦略がどのように功を奏するかはまだわかりにくい。ただ，労組関係者，大学関係者や弁護士事務所などを中心にバンドラーになる人物は少なくないため，オバマ陣営はバンドラーとなる候補のリストアップを続けている。また，2008年選挙で集めた1,300万もの電子メールアドレス[20]をどのように効果的に使っていくかについても対応を練りつつある。さらに，オバマ支援のための「スーパー PAC」である「プライオリティーズ USA（Priorities USA）」との「連携」も進んでいる。この団体は形式上，オバマ陣営や民主党全国委員会とは独立しているが，オバマ支援のための意見広告を打つためのマシーン的な位置づけであるのは間違いない[21]。どのようにして意見広告を打つのか，注目が集まっている。

一方，共和党予備選挙においてはスマートフォンやタブレット PC を使い，ツイッターやフェースブックで逐一，選挙戦の状況を確認し合うような状況が予想されている。とくに効果が期待されているのが，予備選挙の段階の中でも，支持者が集まって開かれる党員集会での効果である。党員集会の場合，地域の学校や公共施設に党員が集まり，議論をしながら候補者を決める。途中で支持者を変える人も出てくる。その際の話し合いのツールとして，ツイッターやフェースブックで逐一，外部の複数の会場とやり取りをしながら，支持を変えていくような実際の党員集会と同時に，オンライン上での党員集会も出てくる可能性もある。

　効率的な政治マーケティングに向けた新しいソーシャルメディアのアプリケーション開発も今後一層激しくなる。保守派団体フリーダムワークス (Freedom Works) の副代表で，ティーパーティ運動のソーシャルメディア戦術の仕掛け人として，各種アプリケーションを取り仕切ったアダム・ブランドン (Adam Brandon) へのインタビューによると，「ソーシャルメディアが政治マーケティングに完全に組み込まれるようになったため，今後の共和党と民主党との争いは，新しい技術の導入合戦になる。少しでも新しく，効率の良い動員が可能なアプリケーションを導入した方が選挙戦では圧倒的に有利だ」と指摘している。一方，ティーパーティ運動と同じようにソーシャルメディアを使って急速に拡大した「ウォール街占拠運動」がどのように選挙のために組織化されるかどうか，さらには運動が組織化された場合，ソーシャルメディアを候補者支持にどのように使うか，大いに注視したい。

　さまざまな課題はあるものの，ソーシャルメディアは候補者陣営にとっては，高度な選挙戦術が可能となる絶好の次世代型の武器である。また，政治そのものの質を向上させる潜在的な可能性もあるため，政治参加の観点からもソーシャルメディアは魅力的であり，2012年選挙のソーシャルメディアの位置づけはさらに大きくなると考えられる。また，本章で論じた政治報道の保守とリベラルの分極化も2012年選挙ではさらに進んでしまう可能性がある。メディアの分極化が選挙戦術にど

のように影響するかについても再検討が必要であり動向に大いに注目したい。

* 本章は，日本学術振興会科学研究費補助金基盤研究C「アメリカのメディア監視団体の政治的・社会的影響力についての研究」（研究課題番号：21530549，平成21, 22, 23年度），公益財団法人・放送文化基金研究助成「アメリカにおける聴取者参加型『政治トークラジオ番組』の変化とその社会的影響」（平成22年度），高橋信三記念放送文化振興基金研究助成「アメリカの非営利報道機関・政治報道の分極化と客観的な報道機関の台頭と新たな放送メディアの展開」（平成23年度）の成果の一部でもある。

注

1 『ワシントンポスト』などで長年メディアを担当にしてきたコラムニスト，ハワード・クルツ（Howard Kurtz）らがこの言葉をよく使っている。たとえば，http://www.thedailybeast.com/ blogs-and-stories/2011-04-11/glenn-becks-toxic-legacy-will-live-on-after-his-fox-news-exit/ を参照（2011年5月1日にアクセス）。
2 保守派のメディア監視団体「アキュラシー・イン・メディア」のニュースレターにはCNNがリベラル派に極端に加担しているという指摘が頻繁に登場する。たとえば，"CNN and the Liberal Propaganda Machine"（http://www.aim.org/media_monitor/A3962_0_2_0_C/, 2011年4月3日にアクセス）。
3 *Reliable Sources*, CNN, originally broadcasted on May 8, 2011.
4 ケーブルテレビ局の場合，特定の局全体が保守・リベラル色が強いものの，政治トークラジオ番組の場合は，基本的には全米のラジオ局に番組を販売する形のシンジケーション形式が多いため，通常の放送局の番組の1つとして提供されている。ただ，ラジオネットワークそのものに特定のイデオロギーが目立つケースもないわけではない。その代表的なものが，リベラル系の政治トークラジオ番組ばかりを集めた衛星ラジオ局「エア・アメリカ」（Air America）であるが，2004年にスタートしたものの経営が安定せず，2010年1月に放送を中止している。
5 http://talkers.com/online/?p=71（2011年9月1日にアクセス）
6 同上。
7 McGinis, Joe. 1969. *The Selling of the President 1968*, Trident Press で作家のジョー・マクギニスは1968年のニクソンの選挙陣営におけるアイレスの活動を克明に記録している。またアイレスは，1988年のブッシュ父の選挙陣営を指揮し，対立候補の民主党のマイケル・デュカキスに対して，一連のネガティブキャンペーンを行ったことでも知られている（「回転ドア」（*The Revolving Door*）というテレビスポットはアメリカ大統領選挙の歴史上でも

ネガティブキャンペーンの代名詞とまでいわれているものである）。
8 リンボウはテレビが苦手であることを講演などでことあるごとに語っている。http://www.rushlimbaugh.com/home/daily/site_111309/content/01125106.guest.html（2011年9月1日にアクセス）
9 「納税者ワシントン行進」では、「Beck for President」と書かれたプラカードが数多く掲げられていたことを現地で筆者は確認している。
10 http://dailycaller.com/2011/08/15/gop-on-defensive/（2011年8月30日にアクセス）
11 MSNBCの上層部との対立は、オルバーマン自身が民主党議員に献金を行ったことなどが背景にある。
12 たとえば、Chumley, Cheryl K. "ProPublica: Investigative Journalism or Liberal Spin?" (http://www.phoenix.edu/about_us/media-center/fact-checker/ProPublica-Investigative-Journalism-or-Liberal-Spin.html、2011年5月10日にアクセス）。
13 ここに挙げた2つの番組は、コメディアンがホストをつとめ、報道番組のパロディや政治家をからかうような内容だけでなく、オバマ大統領に代表されるような現役の政治家もインタビューコーナーで出演するユニークな番組である。
14 「2つのアメリカ」については、2004年の民主党全国大会において、有名なバラク・オバマの演説だけでなく、ジョン・エドワーズ（John Edwards）も「2つのアメリカ」を題材にした演説を行い、注目を集めた。エドワーズの演説は http://www.washingtonpost.com/wp-dyn/articles/A22230-2004Jul28.html を参照（2011年5月1日にアクセス）。
15 http://www.cfinst.org/president/pdf/2010_0106_Table1.pdf/（2011年5月10日にアクセス）
16 このような緩い規制については、表現の自由をめぐるバックリー対ヴァレオ判決（*Buckley v. Valeo*, 1976）や前述したシティズン・ユナイテッド対FCC判決などの連邦最高裁の過去の判断の影響が大きい。インターネットのコンテンツを規制すること自体がそもそも難しい。アメリカの場合、日本の25倍の国土があるほか、連邦選挙委員会（FEC）の人的リソースは限られている。さらに法制度も連邦主義で中央（連邦）と州が別体系であるほか、外国に住んでいるアメリカ国民も多く、外国からのアクセスの規制は不可能である。たとえば、中国や韓国のようなネット規制が厳しい国とは政治風土も大きく異なっている。選挙ポスターの数や位置まで厳しく規制されている日本とは、非常に対照的である。
17 http://www.randpaul2010.com/（2010年9月1日にアクセス）
18 http://techpresident.com/blog-entry/obamas-very-first-tweet-and-other-haiti-relief-social-media-wins//（2010年4月29日にアクセス）この記事によると、オバマが実際に初めてツイッターを使ったのは2010年1月のハイチ大地震の際だったという。

19 http://blog.nielsen.com/nielsenwire/online_mobile/americans-watching-more-tv-than-ever/（2011年9月1日にアクセス）
20 http://www.publicintegrity.org/articles/entry/3020/
21 http://www.factcheck.org/2011/09/priorities-USApriorities-USA-action（2011年11月11日にアクセス）

引用参考文献

Ansolabehere, Stephen, Roy Behr, and Shanto Iyengar. 1993. *The Media Game: American Politics in the Television Age*. Macmillan.

Boehlert, Eric. 2009. *Bloggers on the Bus: How the Internet Changed Politics and the Press*. Free Press.

Craig, Tim and Michael D. Shear. 2006. "Allen Quip Provokes Outrage, Apology." *Washington Post*. August 15.

Harper, Jennifer. 2010. "Majority, in All Political Camps, Cite News Bias." *Washington Times*. March 2.

Huber, Gregory A., and Kevin Arceneaux. 2007. "Identifying the Persuasive Effects of Presidential Advertising." *American Journal of Political Science*. 51 (4): 955-977.

Iyengar, Shanto, and Kyu S. Hahn. 2009. "Red Media, Blue Media: Evidence of Ideological Selectivity in Media Use." *Journal of Communication*. 59 (1)=19-39.

Jamieson, Kathleen Hall, and Joseph N. Cappella. 2008. *Echo Chamber: Rush Limbaugh and the Conservative Media Establishment*. Oxford.

Johnson Dennis W. 2011. *Campaigning in the Twenty-First Century: A Whole New Ballgame?* Routledge.

Kerbel, Matthew R. 2009. *Netroots: Online Progressives and the Transformation of American Politics*. Paradigm.

Kurtz, Howard. 2011. "Roger Ailes Plays Nice." *Newsweek*. http://www.thedailybeast.com/blogs-and-stories/2011-06-05/roger-ailes-softer-media-glare-on-fox-news-boss/#.（2011年7月1日にアクセス）

Lawrence, Eric, John Sidesa, and Henry Farrella. 2010. "Self-Segregation or Deliberation? Blog Readership, Participation, and Polarization in American Politics." *Perspectives on Politics*. 8: 141-15.

Lichter, S. Robert, Stanley Rothman, and Linda S. Lichter. 1986. *The Media Elite*, Adler and Adler.

Lisheron, Mark. 2007. "Is Keith Olbermann the Future of Journalism?" *American Journalism Review*. February/March. http://www.ajr.org/Article.asp?id=4268（2011年4月10日にアクセス）

Pingly, Allison Clark. 2011. "Candidate Ad Campaigns: Saving Negativity for the Net?" paper presented at Annual Meeting of American Political Science Association.

Pirch, Kevin, A. 2009. Bloggers at the Gates: Ned Lamont, Blogs, and the Rise of Insurgent Candidates." Costas Panagopoulos, ed. *Politicking Online: The Transformation of Election Campaign Communications*. Rutgers University Press.

Prior, Markus. 2007. *Post-Broadcast Democracy: How Media Choice Increases Inequality in Political Involvement and Polarizes Elections*. Cambridge University Press.

Schuker, Lauren A. E. 2011. "Media: Current TV Bets Big on Olbermann." *Wall Street Journal*. June 13.

Steller, Brian, and Bill Carter. 2011. "For Current TV, Adding Olbermann Is Way to Gain an Identity." *New York Times*. Feb. 9.

Steinberg, Jacques. 2007. "Cable Channel Nods to Ratings and Leans Left." *New York Times*. Nov. 6.

Stroud, Natalie Jomini. 2008. "Media Use and Political Predispositions: Revisiting the Concept of Selective Exposure." *Political Behavior*. 30: 341-366.

Yan, Sophia. 2010. "How Scott Brown's Social-Media Juggernaut Won Massachusetts." *Time*. Feb. 2004. http://www.time.com/time/nation/article/0,8599,1960378,00.html（2011年3月2日にアクセス）

清水憲人, 2011.「米国，韓国，日本の通信事情」清原聖子・前嶋和弘編『インターネットが変える選挙：米韓比較と日本の展望』慶応大学出版会, 171-181頁。

前嶋和弘, 2009a.「大統領予備選挙：「オバマ現象」の分析」吉野孝・前嶋和弘編『2008年アメリカ大統領選挙：オバマの当選は何を意味するのか』東信堂, 29-50頁。

前嶋和弘, 2009b.「本選挙と選挙運動：争点とその変化」吉野孝・前嶋和弘編『2008年アメリカ大統領選挙』東信堂, 51-70頁。

前嶋和弘, 2010.「政治インフラとしてのメディア」久保文明編『アメリカ政治を支えるもの――政治的インフラストラクチャーの研究』日本国際問題研究所, 67-90頁。

前嶋和弘, 2011a.『アメリカ政治とメディア：政治のインフラから政治の主役になるマスメディア』北樹出版。

前嶋和弘, 2011b.「ティーパーティ運動とソーシャルメディア」. http://www.tkfd.or.jp/ research/ project/news.php?id=765（2011年6月1日にアクセス）

インタビュー

Roger Arnoff.「アキュラシー・イン・メディア」エディター（2009年9月11日）
Adam Brandon.「フリーダムワークス」広報担当（2011年1月26日）
Hope Cooper. FCCメディア局法務担当（2010年2月22日）
Anna M. Soellner.「センター・フォー・アメリカン・プログレス」広報担当副部長（2009年9月10日）

第5章 2010年の連邦下院議席配分と選挙区区割り見直し作業：2012年以降の選挙に与える影響

上田 路子

第1節 はじめに

　共和党は2010年中間選挙において1994年以来の大勝利を収めた。世間の注目は連邦議会の選挙結果に集まりがちであったが，実は2010年の州議会議員および知事選挙の選挙結果はそれと同等，あるいはそれ以上に重要なものであった。これは多くの州において，2010年選出の知事，州議会議員が2012年以降2020年まで使用される連邦下院選挙区区割りを決定するためである。選挙区区割り作業においては，州議会で多数派を形成する党が，自らの党の候補者を利するような区割り案を作成することが多いため，2010年の選挙結果は今後10年間にわたって選挙結果を左右しうる長期的かつ多大な影響力をもつ。さらに，2010年は10年に一度，人口に応じて連邦下院議席が各州へ再配分される年にあたる。各州の大統領選の選挙人の数はそれぞれが連邦下院にもつ議席数によって決定されるため，議席再配分は下院の勢力に影響を及ぼすだけではなく，大統領選の結果にも影響を与えうる重要な作業である。

　本章は，2011年に行われる連邦下院議席配分および選挙区区割り変更作業が今後のアメリカ政治にどのような影響を与えるかを分析する。また，選挙区区割り見直し作業はアメリカにおいてはきわめて政治的なものになりうるプロセスであること，そして区割り変更にはアメリカならではのユニークな争点が存在することも示す。

　本章の構成は以下の通りである。まず第2節でアメリカにおける選挙区区割り変更および下院議席割り当てのシステムについて概説する。アメリカでは選挙区区割り変更の際に必ず守らなくてはならない連邦レベ

ルの基準が存在するが，それらの基準がどのようにつくられていったのかを見ていく。また，実際の選挙区区割り画定作業が，党の勢力の拡大を目的とした政治的な作業になることも紹介する。第3節では2010年人口センサス後の議席割り当てと選挙区区割り変更について解説する。最後に，第4節では2012年以降の選挙への影響を考察する。

第2節　選挙区区割り変更

(1) 人口センサスと各州への連邦下院議席割り当て

　アメリカの連邦上院では人口にかかわらず各州2議席与えられるが，連邦下院においては人口に応じて州に議席数を割り当てることになっている。具体的には，10年ごとの人口センサス (population census, 日本の国勢調査に相当) で各州の人口が確定次第，10年に1度，州に下院議席の配分が行われる。これを議席再配分 (reapportionment) と呼び，よく混同される選挙区区割り変更 (redistricting) とは区別されるものである。後者は議席再配分を受け，州の選挙区間で人口の格差がないように選挙区を区割りし直す作業を指す。

　議席配分に使われる人口は，アメリカの50州の総人口であり，これには外国人や不法移民などアメリカの国籍をもたない者も含まれる。また，投票年齢人口 (voting age population) ではなく，すべての年齢の人口が議席配分に用いられる。ワシントンD.C.の代表は下院で投票権をもたないことから，ワシントンD.C.の人口は議席配分作業から除外される。同様に，プエルトリコなど，州の地位をもたない領土も議席配分を受けないため，それらの人口も議席配分から排除される。

　議席を各州に配分する方法は一定ではなく，時代とともに変化している。1790年から1830年までは人口33,000人に対して1議席を与えるという方式で議席が配分されたため，人口の増加に伴って，下院の議会定数も増えていった。19世紀中頃からは議会定数を先に決め，割り当て (クオータ) 制を用いて議席を配分する方式が採用されたのち，最終的には

1910年から続いている現在の方法に落ち着いた。現在の方式では，連邦下院の議会定数は435に固定され，人口にかかわらず各州にまず1議席が配分され，その後人口にもとづいて議席が配分される。

(2) 選挙区区割りの基準：I—1人1票

　小選挙区制を採用するアメリカでは，議席が各州に配分された後，何らかの方法で州内に選挙区を作成する必要が生じる。その際，絶対的に遵守しなくてはならない選挙区区割りの基準は，州内部の選挙区間に1票の格差が存在しないようにすること，そして人種・エスニシティグループのマイノリティが不利になるような選挙区を画定してはならないことという2点である。この2つの基準は，どちらもその歴史的展開および適用の厳格さにおいてアメリカ特有のものである。本節と次節では，この2つの基準について概観する。なお，選挙区の作成にあたって，上記2つ以外の基準を設けている州も多い。しかし州独自の基準よりも，連邦レベルで規定されている2つの基準が優先される。

　現在のアメリカにおいて，州内部の選挙区の間に1票の格差は全くと言っていいほど存在しない。つまり，各州において選挙区あたりの人口は，ほぼ統一されている。しかし，このような選挙区間の平等は比較的新しいことである。1960年代以前においては，人口にもとづき10年に一度各州に下院議席の配分はされていたものの（例外は1920年のセンサス），州内部の人口移動に応じて選挙区区割りを見直さなかったため，選挙区間に大きな人口の格差が存在した[1]。たとえば，ジョージア州は30年間も選挙区の見直しをしなかったため，最大選挙区と最小選挙区との間には50万人以上の人口の差が存在した。ジョージア州は例外ではなく，15州において，最小と最大の選挙区間に30万人以上の人口の差が存在し，10万人以上の差がある州は37州にものぼった。このような格差は連邦下院だけにとどまらず，州議会でも同様であった。

　1票の格差が存在した背景にはさまざまな要因があるが，一つには当時議員は郡 (county) を代表するものと考えられていたため（とくに州議

会)，選挙区の作成にあたって郡を分割しなかったことが挙げられる。現在の連邦下院で人口にかかわらず各州が最低1議席与えられるのと同様に，当時の州議会でも各郡が1議席獲得するのは当然の慣習であった。したがって，人口にもとづく議席の配分では議席が与えられないような人口の少ない郡も単独で州議会に議席をもっていた。これにより，1議席あたりの人口にはかなりのばらつきが生じることになる。さらに，小さい郡 (主に農村部) が人口に比して過剰に議会において代表されること (overrepresentation) にもつながる。もう一つの大きな要因としては，農村部の議員が自分たちがもともともっていた権力を都市部に明け渡さないために，州内部での人口の移動を無視したということが挙げられる。この時代までに都市部の人口は大幅に増加していたが，農村部の議員は人口数に応じて都市部に議席を与えることをせず，都市部での1議席あたりの人口は増えるばかりになっていたのである。人口にもとづいた10年ごとの選挙区の見直しについて規定している州法も数多く存在したが，完全に形骸化していた。

　この状態に市民が満足していたわけではなかったが，連邦最高裁判所はこの問題について当初介入を避けた。1946年のコールグローブ対グリーン (*Colegrove v. Green*) 判決では，最高裁判所は，選挙区区割りは「政治的」な問題であり，裁判所ではなく議会が関与すべきものであること，そしてこのような「政治的なしげみ」(political thicket) に裁判所が入り込むべきではないという判断を下した。

　この状況は，1962年の有名なベーカー対カー (*Baker v. Carr*) 判決によって一変する。この訴訟は1901年以降選挙区区割り変更をしておらず，選挙区間で23倍もの人口の格差が存在したテネシー州の州議会についてのものであった[2]。ベーカー対カー判決では1票の格差自体に違憲判決は出なかったが，これまで介入を避けてきた最高裁が初めて選挙区区割りのケースを取り上げることに同意したという点でこの判決は非常に画期的なものであった。ベーカー対カー判決の1年以内には36の州で選挙区区割りに関する訴訟が起こっている。その後，1964年のレイノル

ズ対シムズ (*Raynolds v. Sims*) 判決で最高裁判所は州議会の選挙区間で人口が異なるのは違憲であると判断，さらに同年，ウェズベリー対サンダース (*Wesberry v. Sanders*) 判決では連邦下院議会選挙区間の1票の格差も違憲だとの結論を出した。

　これら一連の判決が連邦下院議会および州議会に与えた影響は非常に大きく，「議席再配分革命」(reapportionment revolution) と呼ばれることも多い。最高裁判所は一連の判決で，ある地域に住む人の票の重みが別の地域の住民のそれより重いことは一種の投票権の剥奪 (disfranchisement) であり，1人がもつ票の重みは居住地にかかわらず同じでなければならないとした。この概念は1人1票 ("one person, one vote") として知られている。

　判決の結果，各州は1960年代半ばに連邦下院および州議会の選挙区区割り変更作業を余儀なくされた (たとえば，O'Rourke 1998)。選挙区の人口を統一するために，郡は分割されるようになり，ほとんどの州が選挙区の平均人口と最大あるいは最小の選挙区の人口との格差を1%以内に納めるようになった。のちに最高裁はそれでも不十分だという判断を示し，ニュージャージー州の連邦下院議会区割りを取り上げたカーチャー対ダゲット (*Karcher v. Daggett*) 判決 (1983) ではわずか0.7% (3,647人) の人口の格差を含む区割り案を却下した。これ以降選挙区間の人口の格差は，世界有数の非常に少ないレベルにおさえられている。現在の区割りでは，コンピューター技術を駆使しながら，連邦下院選挙区間の人口の格差はほとんど存在しないように設定されている。州議会の選挙区に関しては，従来5%までの格差までなら違憲ではないという解釈がされてきたが，最近の判決の結果，2011年の選挙区区割りの際には連邦下院に沿った，1%以下の厳しい基準で行われるのではないかと言われている。

　ところで注意しなくてはならないのは，アメリカにおける「1票の格差」とは，同じ州内の選挙区間の格差を指しているということである。アメリカでは州の内部では選挙区当たりの人口は等しくなくてはならないが，他の州の選挙区との比較は行われない。したがって，州を超えて

1議席当たりの人口の比較を行った場合，大きな差が出ることがあるが，それは問題にならない。これは，日本が異なった県の選挙区間の「1票の格差」を問題にするのとは対照的である。

(3) 選挙区区割りの基準：II—マイノリティの保護

　選挙区区割りの見直しを行う際，もう一つ遵守しなくてはならない基準は人種・エスニシティグループのマイノリティの保護である。小選挙区制を採用しているアメリカでは，これはマイノリティが当選しやすいような選挙区を創設することを意味する。世界でも類を見ないこのような基準はどのようにして出来上がったのであろうか[3]。

　もともとの始まりは1965年に制定された投票権法 (Voting Rights Act) であった。当時，アフリカ系アメリカ人の投票権は，さまざまな妨害行為によって実質的に剥奪されていた[4]。たとえば，1952年時点の南部で，選挙人登録されているアフリカ系アメリカ人は皆無であったし，選挙で彼らが当選することはほぼ不可能に等しかった。このような状況を改善するために，投票権法は南部におけるアフリカ系アメリカ人の投票権を保護する目的で制定された。

　投票権法の中でも第2条と第5条が後に非常に重要な役割を果たすことになる。第2条は州などが選挙権を剥奪するような措置を取ることを禁止し，第5条は，アフリカ系アメリカ人に対して過去に差別的な行為を行っていた地域は，選挙に関するどのような法律を変更する場合でも，司法省[5]から事前に許可を得る (preclearance) 必要があるというものであった。とくに第5条は，今まで州に一任されていた選挙に関する権限に連邦政府が介入するという意味で，前代未聞の強力なものであった。1965年時点で第5条の適用を受けた州は，すべて南部の州であり，ルイジアナ州，ミシシッピ州，アラバマ州，ジョージア州，サウスカロライナ州，バージニア州，およびノースカロライナ州の一部であった。第5条の適用を受ける州や地域は後に拡大されている。

　投票権法の選挙人登録への効果は絶大であった。南部のミシシッピ州

では，投票権法成立以前に選挙人登録をしているアフリカ系アメリカ人はわずか人口の6.7％であったが，1967年までには59.8％にまで上昇した。第5条の適用を受ける地域全体では，投票権法以前に29.3％だったアフリカ系アメリカ人の選挙人登録人口が，成立の2年後には56.6％に上昇している[6]。

　当然投票権法に対する南部の白人たちの反発は激しく，アフリカ系アメリカ人が選挙人登録をしたり，立候補をすることをさまざまな方法によって妨害し続けた。たとえば，選挙人登録に関しては，登録に必要な情報を提供することを拒否したり，登録に訪れた者を脅迫したり，登録を受けつけてものちに勝手に抹消する等の行為が繰り返された。また，アフリカ系アメリカ人の候補者が当選しないように，白人の現職の任期を延長したり，選挙区の合併によって白人が過半数を必ず取れるようにしたり，選挙制度を小選挙区制から大選挙区制に変更したりといった措置が取られた。

　選挙人登録の妨害を取り締まることに関しては投票権法は一定の効果があったものの，選挙制度や選挙区区割りの変更を用いた妨害には連邦政府はあまり関与することはなかった。これは当時の解釈では投票権法は主に選挙人登録や投票に関する法律だと考えられていたためである。しかし，1969年に最高裁判所がマイノリティの票の効力を失わせるような法律はすべて投票権法第5条の適用を受けるという見解を示すと（*Allen v. State Board of Elections*），1970年の選挙区区割り見直し作業から司法省は第5条の適用範囲内で介入をするようになる。その結果，南部の州議会では白人に有利な大選挙区制が廃止され，小選挙区制に移行するようになった。小選挙区を作成すると，アフリカ系アメリカ人が過半数を占めるような選挙区ができるため，アフリカ系アメリカ人はこの結果州議会に多数進出することになった。

　一方，投票権法の第5条は主に南部の一部地域にしか適用されないため，それ以外の地域に住む住民にとっては第5条にもとづく保護は期待できなかった。第2条の地域的適用範囲は限定されていないものの，

1980年に最高裁判所は投票権法の第2条を適用するためには，差別する側の，法律制定当時の差別する意図を証明する必要があるという判決を下した。歴史をさかのぼって差別をする意図を示すということは，原告側にとって不可能に近い要件であり，第2条を用いた保護は事実上期待できない状態であった。

　この最高裁判決に対して連邦議会は反発，1982年に投票権法第2条を改正し，差別する意図を示さなくとも，差別につながるような措置であるということが示されれば第2条の適用を受けるとした。これによって南部だけではなく，全米のマイノリティグループが投票権法を用いて差別的な制度や選挙区を訴えることが可能となったのである。また，修正第2条にはこの条項はマイノリティの人口に応じた比例的代表を保証するものではない，との付記があったにもかかわらず，マイノリティグループは人口割合に応じた議席数を与えられなくてはならない，というのが当時の優勢な解釈であった。さらに，投票権法修正第2条を受けて1980年代中盤には最高裁判所も態度を変え，差別的措置を訴えるにはマイノリティ側は簡単な3つの点を示せば良いと提示したことによって（*Thornburg v. Gingles* (1986)），訴訟はさらに容易になった。

　これら一連の1980年代の展開は次の選挙区区割り見直しサイクルである1990年の選挙区画定作業に大きな影響を及ぼした。マイノリティ人口を多く含む州は訴訟を避け，マイノリティの人口が過半数となるような選挙区（majority-minority district）を可能な限り多数作成したのである。それに加えて，司法省もマイノリティの人口の割合に応じた数のマイノリティ選挙区を作成するよう各州にかなりの圧力をかけたと伝えられている。たとえばアフリカ系アメリカ人が州の人口の2割を占めている場合，その州の議席の2割をマイノリティ選挙区にするべきという解釈のもと，多くの選挙区案が司法省によって却下された。各州の努力と司法省の圧力の結果，マイノリティ選挙区が多数創設され，新しい選挙区のもとで行われた1992年の下院選挙ではアフリカ系アメリカ人の連邦下院議員の数は25人から38人へ，ヒスパニック系下院議員の数も10人か

ら17人へと増大した。

　しかし，ときに無理なマイノリティ選挙区の創設は弊害ももたらした。一つには，選挙区の形状がきわめていびつなものとなったのである[7]。マイノリティは必ずしも地理的に集中して住んでいるわけではなかったから，最大数のマイノリティ選挙区を創設するためには，州に散在しているマイノリティの居住地をつなげる必要が生じたのである。**図5-1**は1990年の区割り見直しで創設されたマイノリティ選挙区の一例を示している。これを作成したノースカロライナ州は，1898年以来アフリカ系アメリカ人の連邦議員を1人も選出していなかったが，1990年の選挙区区割り見直しで，アフリカ系アメリカ人が多数派を形成するようなマイノリティ選挙区が1つ含まれる区割り案を司法省に提出する。ところが，アフリカ系アメリカ人はノースカロライナ州人口の22％を占めていたため，司法省は，12議席を割り当てられた同州はもう1つマイノリティ選挙区を作成できるはずとしてこの案を却下，その後改めて提出され，最終的には司法省に許可された案にこの選挙区は含まれていた。図5-1の連邦下院第12選挙区ではアフリカ系アメリカ人人口が57％を占めていた。

**図5-1　1990年センサス後につくられたマイノリティ選挙区の例
　　　（ノースカロライナ州）**

この第12選挙区は，ある地点では高速道路によって選挙区がかろうじてつながっているという，非常にいびつな形状を取っていた。この選挙区に代表されるような，無理のあるマイノリティ選挙区の創設は白人からの反発を招き，1990年代はマイノリティ選挙区に対する訴訟が相次いでいる。その中の一つ，ショー対レノ (*Shaw v. Reno*) 裁判で問題となったのは，まさに図5-1の選挙区であった。最高裁判所は，もし人種のみが理由でこのような形状の選挙区がつくられているのならば，それは人種を隔離するアパルトヘイトのようなものであり，違憲だとした。さらに，選挙区区割り作業において，選挙区の「見かけ」は大事である，との見解も示した。ショー対レノ判決に続いた1990年代半ばの訴訟でもいくつかのマイノリティ選挙区が違憲とされ，これ以降は州は「見かけ」を気にしつつ，同時に投票権法を遵守するという難しい作業を迫られることになっている。

　なお，第5条は強力な条項であるため，時限法案であるが，これまで複数回連邦議会によって延長されている。1975年の延長の際には，言語的マイノリティが第5条の保護対象となり，ヒスパニック系住民も第5条で保護されることになった。最近では2006年に25年間その効力が延長されている。

(4) 選挙区区割り作業の実際と問題点

　小選挙区制を採用している国は多いが，アメリカほど選挙区区割り見直し作業が政治的なものになる国はほかに存在しない。アメリカでは選挙区が政治家によって作成されることが多い。これに対して，小選挙区制を採用する他の国では，政治家以外の手によって，党派性を排除した方法で区割りが決定されるのが普通である。たとえば，日本では有識者からなる衆議院議員選挙区画定審議会が衆議院の小選挙区の区割りを決定する。

　アメリカの場合，選挙区区割りの見直しをする必要がある43州のうち，35州で選挙区の画定は州議会によって行われる。7州においては共和党

と民主党の両党が参加するコミッション（bipartisan commission）が区割りを決定する。アイオワ州は議会のスタッフが党の利益を全く考慮に入れないかたちで区割りを決定するというユニークな方法を取っている。

　州議会が区割りを決定する場合，ほとんどの州では単純多数決で採決が行われるが，いくつかの州ではそれより多い議員の合意を必要とする。たとえば，ミズーリ州では選挙区区割り案には70％以上の議員の同意が必要であるし，コネチカット州では，州議会の3分の2以上の同意を得られなかった場合，選挙区の画定は自動的に予備のコミッション（backup commission）に委ねられる。

　州議会の両院で多数派の政党が異なる場合，議会が新しい区割りに合意できないことが多い。そのような場合，州の裁判所に区割り制定の作業が委ねられるか，両党が参加する予備のコミッションが招集され，区割り制定作業を行うことが多い。あるいは，州議会で合意できない場合，両党が参加する予備のコミッションが招集され，区割り制定作業を行うところもある。

　州議会が可決した新しい選挙区区割り案は知事に送付され，知事が法案にサインして初めて新しい選挙区区割りとして採用される。ほとんどの州において知事は議会が送付した選挙区案に拒否権を行使することができる。

　州議会が区割り案を作成する場合，州議会で多数派を形成する党は自らの党が有利になるような選挙区を画定する傾向がある。その方法としては主に2種類あり，第1は，少数派の政党の支持者を複数の小選挙区に分散し，それら選挙区において過半数を超えることができないようにする方法である。これをクラッキング（cracking）と呼ぶ。第2は，これの反対で，一方の党の支持者をなるべく少数の小選挙区に詰め込み，これらの選挙区では少数党の候補者が当選できるものの，それ以外の選挙区では多数派の党の議員が勝てるようにするものである。この方法はパッキング（packing）と呼ばれている。さらに，対抗政党の現職の支持基盤を選挙区から取り除いたり，2人の現職の支持基盤をつなぎ合わせ

たりして引退を促すような方法も存在する。

　このように，自分のグループの有利になるように選挙区を操作することをジェリマンダリング (gerrymandering) という。ジェリマンダリングの歴史は古く，その名前は18世紀のマサチューセッツ州の知事の名前に由来する[8]。ジェリマンダリングには，党を利するジェリマンダリング (partisan gerrymandering) だけではなく，人種的ジェリマンダリング (racial gerrymandering) も存在する。この場合，人種的マジョリティ（主に白人グループ）が，人種的マイノリティが当選しないよう選挙区を操作することを指す。投票権法の成立直後に，南部の白人たちが選挙区区割りを変更してアフリカ系アメリカ人の候補者を妨害したことなどがその例であり，以前はかなり頻繁に行われていた[9]。他にも，両党の現職を守るような選挙区を制定することを現職ジェリマンダリングと呼ぶことがある。

　ちなみに，前節で見たように，マイノリティグループが不利になるような人種的ジェリマンダリングは違憲とされているが，一方の党を利する党派的ジェリマンダリングについては，これまで連邦最高裁判所は違憲判決を出していない (*Vieth v. Jubelirer*, 2004)。

第3節　2010年人口センサス後の議席割り当てと選挙区区割り変更

(1) 2010年の人口センサス

　連邦下院では人口に応じて各州に議席が配分されるが，その際に使われる人口データは，10年に1度行われる人口センサスにもとづいている。最新の調査である2010年の人口センサスは2010年4月1日に行われた。アメリカのセンサスは郵便で返送することになっているが，今回は74％の住民がフォームを郵送し，残りは60万人以上の調査員が個別訪問することによって調査が行われた。

　センサスの結果，アメリカの総人口は約3億873万人であったが，議席配分に使用されるのは50州に住む人口に加えて，海外に居住している軍人および公務員人口を足し合わせた約3億309万人である。人種の

内訳は，白人のみを選択した者が72.4％，アフリカ系アメリカ人および黒人のみが12.6％，アジア人のみが4.8％であった[10]。また，複数の人種に属していると回答した人は2.8％となり，10年前の前回調査から32.0パーセント増加した。ヒスパニック系は16.3％にのぼり，最大のマイノリティとなっている。

2010年度のセンサスの結果，2012年以降下院議員1人が代表する人口は平均で710,767人となった。2000年度センサスでは議員1人当たり646,952人，1990年度では572,466人であったから，年々議員1人当たりの人口が増加していることがわかる。ただ，これはあくまで平均であり，新しい議席配分において議員1人当たり人口が一番多いのはモンタナ州（議席数1）の994,416人，一番少ないのは議員1人当たり527,624人のロードアイランド州（議席数2）となっている。モンタナ州とロードアイランド州の間には1.9倍近くの格差があるが，先に見たように，アメリカにおける「1人1票」の概念は州を超えた人口の格差ではなく，あくまで州の内部での格差を対象としているため，このような異なる州の間の格差も問題になることはない。

人口センサスの結果は2010年12月にセンサス局によって発表され，2011年3月には選挙区区割りに使用されるデータが各州に送付された。選挙区区割り用データ（P.L.94-171）には，総人口，人種・エスニシティー別人口に加え，投票年齢人口（voting age population）が人種・エスニシティー別に含まれている。単位はセンサスブロックと呼ばれる，非常に小さい調査エリアである。ほとんどの州はセンサス局から受け取った人口データに，過去の投票パターンや党別選挙人登録情報などの政治的データを付け加えて選挙区区割りの作業に取りかかる。1960年代の一連の判決以来，1票の格差がある状態で選挙を行うことは許されないため，議席数の増減にかかわらず，議席数が2つ以上ある州は次回の下院選挙の予備選挙まで（一番早くて2012年の春）に新しい連邦下院の選挙区区割りを決定する必要がある。同様に州議会以下の選挙区も次の選挙の予備選までに改正が行われなくてはならない。

(2) 州への下院議席割り当て

新しい連邦下院の議席配分もセンサス局によって行われ，2010年12月に発表された。一番議席が多かったのは，カリフォルニア州の53議席（前回から変化なし），次にテキサス州の36議席（前回から4増），フロリダ州（前回から2増）およびニューヨーク州（前回から2減）の27議席と続く。一番議席数が少ないのは，1議席しかもたないアラスカ，モンタナ，ワイオミング，ノースダコタ，サウスダコタ，バーモント，デラウェアの7州である。これらの州は前回の議席配分でも1議席のみであり，増減はなかった。

表5-1　2010年のセンサスにもとづく下院議席配分結果

議席を増やした州		
州　名	新議席数	増加数
テキサス	36	+4
フロリダ	27	+2
ワシントン	10	+1
アリゾナ	9	+1
ネバダ	4	+1
ユタ	4	+1
サウスカロライナ	7	+1
ジョージア	14	+1

議席を減らした州		
州　名	新議席数	減少数
ニューヨーク	27	-2
オハイオ	16	-2
ペンシルベニア	18	-1
マサチューセッツ	9	-1
ニュージャージー	12	-1
イリノイ	18	-1
アイオワ	4	-1
ミシガン	14	-1
ミズーリ	8	-1
ルイジアナ	6	-1

注）増加数，減少数は2000年のセンサス後に行われた議席配分との比較である。

今回の議席再配分によって，12の議席が州を移動する結果となった。結果は**表5-1**にまとめられている。議席を増やした州は8州であり，テキサス州が4議席と大幅に増やし，フロリダ州が2議席増やしている。その他の6州(ワシントン，アリゾナ，ネバダ，ユタ，サウスカロライナ，ジョージア)は1議席ずつ増やしている。ユタ州は前回の議席配分で数百人の差で4番目の議席を逃したが，今回は無事獲得できることとなった。一方，10州が議席を減らし，ニューヨーク州とオハイオ州がそれぞれ2議席，残りの8州(ペンシルベニア，マサチューセッツ，ニュージャージー，イリノイ，アイオワ，ミシガン，ミズーリ，ルイジアナ)は1議席ずつ減らしている。

地域的に見ると，南部と西部が議席を増やしており，北東部と中西部が議席を減らしている。これを図示したものが**図5-2**である。今回議席を増やした州のうち，テキサス，フロリダ，サウスカロライナ，ジョージアは南部に位置し，ワシントン，アリゾナ，ネバダ，ユタは西部に属している。議席を減らした州では，南部のルイジアナが例外的に1議席減らしているが(ハリケーン，カトリーナの影響)，残りの州については，ペンシルベニア，マサチューセッツ，ニュージャージーが北東部，イリ

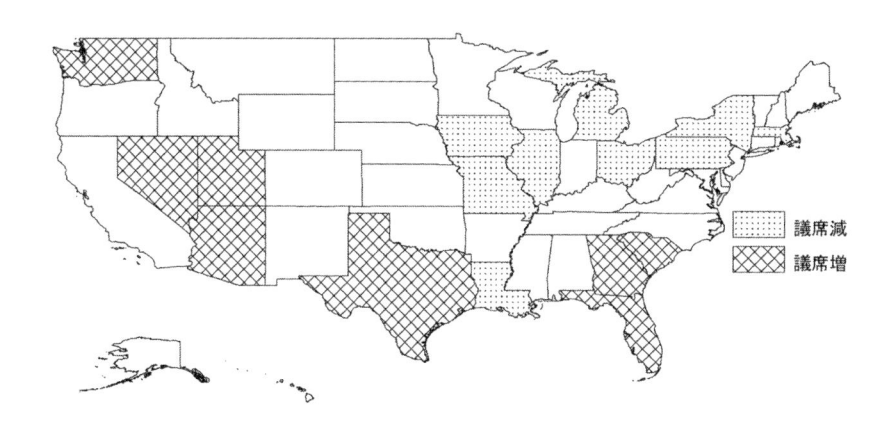

図5-2　2010年の人口センサスによる下院議席配分結果

ノイ，アイオワ，ミシガン，ミズーリは中西部と，議席の減少は北東部と中西部に集中している。人口増加率で見てみると，南部と西部は2000年から2010年の間に人口がそれぞれ14.3％と13.8％増加した一方，北東部と中西部の同時期の人口増加率は3.9％と3.2％にとどまっている。

南部と西部が議席を増やし，北東部と中西部が議席を減らすという傾向は今回に限ったことではない。前回の議席配分でも議席を増やした州は南部（テキサス，ジョージア，フロリダ）と西部（カリフォルニア，ネバダ，コロラド，アリゾナ）に集中し，議席を減らした州は，オクラホマとミシシッピ（ともに南部）を除き，北東部（ニューヨーク，ペンシルベニア，コネチカット）および中西部（ミシガン，ウィスコンシン，イリノイ，インディアナ，オハイオ）に多く見られた。

この傾向は長期的に見ても明らかである。**図5-3**は1900年から2010年までの地域ごとの議席配分の推移を示したものである。単位は％であるが，小数点以下の扱いにより必ずしも合計は100％とならない。地域の分け方はセンサス局の分類法によっている。図5-3によると，1960年

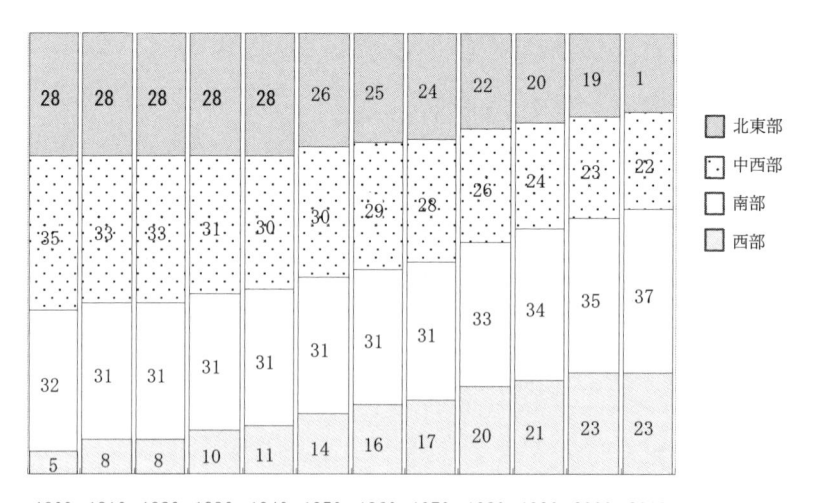

図5-3　下院議席配分の地域的な移り変わり

のセンサス後の議席配分では北東部と中西部を合わせた議席数は全体の54％を占めていたにもかかわらず，今回の議席配分では全体の40％にまで減少している。対照的に，南部と西部を合わせた議席数は，1960年の47％から60％に増加している。

議席の地域的な移動は，当然政治的影響力の地域間でのシフトを意味している。とくに，南部は共和党支持が多く，北東部と中西部の一部では民主党支持が多いことから，政治的影響力の地域間シフトは今後10年間の選挙結果を左右する可能性がある。この点については，次節で検討する。

第4節　2012年以降の選挙への影響

(1) 今後の大統領選挙人と下院選挙への影響

前節で明らかになったのは，2000年から2010年にかけての人口増加率は南部と西部で高く，北東部と中西部では低かったということであった。これに伴う下院議席配分の地域的シフトは，2012年以降2020年までの大統領選および下院の選挙結果に多大な影響を及ぼすと考えられる。連邦下院議席配分が大統領選に影響を与えうるのは，大統領選挙人の数が上院議員の数（各州2人）に下院議員の数を足し合わせたものであるためである。本節では，議席が増えた州は共和党を支持する州が多いこと，そして民主党支持の州が議席を減らした傾向があることを示し，今回の議席配分が共和党に有利に働く可能性が高いことを見ていく。

表5-2の「大統領選結果」の列には，議席を増やした州と議席を減らした州のそれぞれについて，過去2回の大統領選で共和党と民主党候補のどちらが州の票を獲得したかが示されている。網かけがしてあるのが共和党である。議席数を増やした州（つまり大統領選挙人の数が増えた州）は，共和党支持が多いことが明らかである。議席を増やした8州のうち，常に民主党支持といえるのはワシントン州の1州しかなく，他の州は共和党の支持基盤（5州）か，支持政党が過去2回選挙ごとに変化した州（フロ

表5-2 議席の増減があった州における過去の投票パターン

州　名	議席を増やした州		下院議員	区割り変更
	大統領選結果			
	2008年	2004年		
テキサス	共	共	共	共
フロリダ	民	共	共	共
ワシントン	民	民	民	コミ
アリゾナ	共	共	共	コミ
ネバダ	民	共	共	分割
ユタ	共	共	共	共
サウスカロライナ	共	共	共	共
ジョージア	共	共	共	共

州　名	議席を減らした州		下院議員	区割り変更
	大統領選結果			
	2008年	2004年		
ニューヨーク	民	民	民	分割
オハイオ	民	共	共	共
ペンシルベニア	民	民	共	共
マサチューセッツ	民	民	民	民
ニュージャージー	民	民	民	コミ
イリノイ	民	民	共	民
アイオワ	民	共	民	＊
ミシガン	民	民	共	共
ミズーリ	共	共	共	分割
ルイジアナ	共	共	共	共

注) 「下院議員」のコラムは州を代表する下院議員のうち，どちらの党に所属する議員が過半数を占めているかを示す。「共」は共和党，「民」は民主党，「分割」は知事と州議会二院が分割統治されている州，「コミ」は両党が参加する選挙区区割りコミッションによって選挙区が決定される州を示す。アイオワは党派性を排除した方法で区割り変更を行う。

リダ州，ネバダ州）のどちらかである。それに対して，議席を減らした10州は，共和党支持の傾向があるミズーリ州とルイジアナ州を除いて，民主党支持の州が圧倒的に多い。

　同様のことを，下院議員の所属政党で見てみることとする。表5-2の「下院議員」の列には州を代表する下院議員のうち，所属議員が多い方の党名が書かれている。議席を増やした州では，ワシントン州を除き，すべての州で共和党の議員が多数を占めている。そのワシントン州でも，現

在9名いる下院議員のうち、民主党議員が5名、共和党議員が4名であり、支持は割れている。一方、議席を減らした10州においては、共和党の議員が州の下院議員の大半を占めている州と、民主党議員が州の大半を占めている州が半々くらいである。ただ、現在共和党の議員が州の連邦下院議員の大半を占めているオハイオ州、ペンシルベニア州、イリノイ州、ミシガン州、ミズーリ州、およびルイジアナ州のうち、イリノイ州とミズーリ州を除く4州は、選挙区区割り見直し作業において共和党が有利な立場にあるため、州に割り当てられた議席数の減少が党の議席数減少につながらないような区割り案を作成するのではないかと考えられる。この点については次節でさらに詳しく検討する。

(2) 選挙区画定における共和党の優位

　先に見たように、選挙区区割りはきわめて政治的なものになりうる作業である。選挙区の画定が州議会の手によって行われる州では、州議会は自らの党の下院議員候補者が有利になるような選挙区を作成しようとすることが多い。したがって、州議会の両院でどの党が過半数を占めているかが、どちらの党を利する選挙区が作成されるかを決める鍵となる。さらに、州議会が作成した新しい選挙区区割りの案は最終的には知事に送付されるため、州議会の両院の多数派と知事が同じ党に属している場合、その党が一方的に有利な区割りを画定することがより一層容易なこととなる。

　このことは、今後の下院議員選挙を考える上で、州議会の多数派および知事の所属政党が重要な要因となることを意味している。これをまとめたものが図5-4である[11]。図5-4において、「共和党」と示されているのは共和党が州議会の両院の多数派、および知事職の両方を保持している州であり、「民主党」は民主党が州議会の過半数および知事のポストをコントロールしている州である[12]。前者は17州、後者は6州と圧倒的に共和党が有利な状況にある。2010年の州議会選挙および知事選で共和党が圧勝したことがこのような状況を生み出している。共和党が優勢

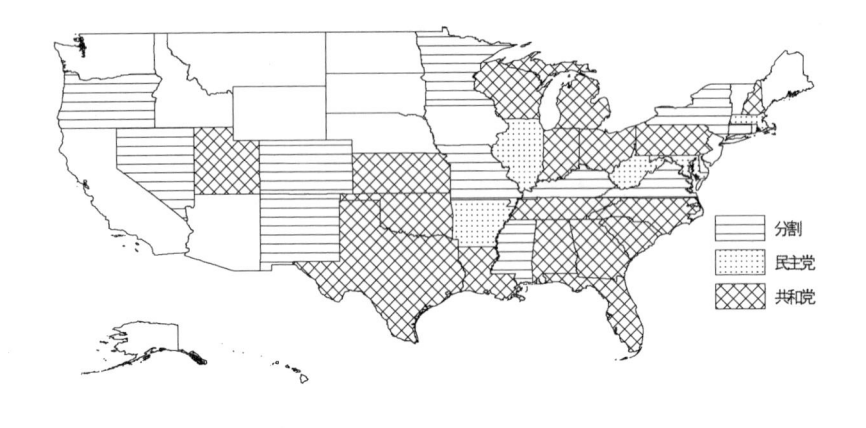

図5-4 2011年の選挙区区割りにおいて主導権を握る政党

な17州のうち、ウィスコンシン、ミシガン、オハイオ、ペンシルベニアは、いずれも2010年の選挙の結果、州議会の多数派と知事のポストの両方が民主党から共和党に移っている。ノースカロライナ州とアラバマ州、インディアナ州でも州議会の多数派が民主党から共和党に移行した。

地域的には、選挙区区割りにおいて共和党が有利な州は南部に属する所が多いことが図5-4からわかるが、中西部の一部も共和党優位となっている。共和党が州議会両院の多数党と知事職を占める17州の下院議員の総数は、199議席である。連邦下院の定数が435であることから、過半数に近い議席の選挙区が共和党に有利に画定される可能性が高いことになる。もちろんこれらの州のすべての議席を共和党が獲得しうるわけではないが、それでもこのことは2012年以降共和党に有利に働くであろう。

さらに、今回の下院議席再配分で議席を獲得した8州のうち、ワシントン州、アリゾナ州、およびネバダ州を除く5州において共和党が州議会の両院の多数派と知事のポストを保持しており、区割り作業を有利に進める立場にある（表5-2の「区割り変更」の列参照）。議席数が増えた州に

おいては，選挙区区割りの主導権を握る党が増加分の議席を自分の党の候補者が獲得できるような区割り案を作成するのが普通であるから，増加分の多くが共和党によって獲得される可能性もある。

　これに対して，民主党が選挙区区割り作業において有利な状況にあるのは，イリノイ州，アーカンソー州，ウエストバージニア州，マサチューセッツ州，ロードアイランド州，メリーランド州であり，これら州の議席総数は44にとどまっている。これは民主党が有利な州の数がもともと少ないことに加え，イリノイ州が連邦下院に18議席もっているものの，それ以外の州は10以下の議席しかもたないことが状況をさらに不利にしている。対照的に，区割り作業において共和党が有利な州では，テキサス州の36議席を筆頭に，フロリダ州（27議席），ペンシルベニア州（18議席），オハイオ州（16議席）など10議席以上をもつ州が7州も存在する。

　図5-4の中で「分割」と示された州は州議会上院の多数派，州議会下院の多数派，そして知事の3つのうちどれかが異なる政党によってコントロールされている州である。このような州は11州ある。この場合，州議会は両党が満足するような（つまり現職を守るような）選挙区を画定するか，あるいは州議会が作成した区割り案を知事が拒否権を発動して却下することが想定される。このように州議会の両院の多数派，そして知事のポストの3つが異なる政党によってコントロールされている場合，どちらか1党に有利な選挙区区割りが画定される可能性は低い。また，州議会と知事が新しい区割りに合意しなかった場合，超党派のコミッションが選挙区区割りを画定する州も多いが，この場合も一つの党だけを利する区割りが画定されるとは考えにくい。

　図5-4の中で白抜きになっている州は，アイオワ州とネブラスカ州を除き，議席が一つしかない州（アラスカ，モンタナ，ワイオミング，ノースダコタ，サウスダコタ，バーモント，デラウェア）あるいは両党が参加するコミッションが選挙区を画定する州である。コミッションが選挙区を画定するのは，カリフォルニア，ワシントン，アイダホ，アリゾナ，メイン，ニュージャージー，ハワイの7州である。コミッションの形態はさ

まざまであるが，たいていの場合，州議会の両党の指導部がコミッションのメンバーを複数選び，その後コミッションのメンバーがどちらの党にも属さない追加メンバーを選ぶという形を取っている。

　このうち，カリフォルニア州は市民が選挙区を画定するというユニークな方法を今回から取ることになった。同州では前回までは選挙区区割りは州議会によって行われ，両党の現職の議席を守る現職ジェリマンダリングが行われていたが，2008年と2010年の住民投票で市民が選挙区（州議会と連邦下院の両方）を画定することが決定された。メンバーは14名の市民からなり，そのうち5名は共和党支持者，5名は民主党支持者，4名はいずれの党も支持していない市民から構成される。画定には9名以上の合意が必要である。

　最後に，ネブラスカ州は州議会が選挙区区割りを行うが，州議会自体が党派性をもたない（議員はどの政党にも属さないし，選挙活動でも政党名を用いない）ため，他の州とは異なっている。アイオワ州は選挙区区割りを州議会でもコミッションでもなく，議会のスタッフが党派性を完全に排除したかたちで行うユニークなケースである。アイオワの場合，州法で選挙区の作成にあたって郡を分割することが禁止されており，また選挙区区割り案作成の際には，一切の政治的要因を考慮に入れてはならないことになっている。たとえば現職の居住地あるいは支持基盤を考慮に入れることもできないため，新しい選挙区に2人の現職の居住地が含まれるということも多々起こる。

第5節　おわりに

　小選挙区を用いる選挙制度では，選挙結果は選挙区の線引きの仕方しだいでいくらでも変わる可能性がある。まさにその理由から，小選挙区制を用いている他の国では，中立的な立場の機関が選挙区を画定するのが普通であるが，政治家が選挙区区割りを行うことの多いアメリカでは，選挙区区割り画定作業は政治的なプロセスとなる。本章は，選挙区区割

り作業が政治家に利用されてきたことで生じた問題を概観し，そしてそれらの問題がしばしば裁判所によって是正されてきたことを見てきた。結果的に，裁判所の介入は，1人1票やマイノリティの保護など，他の国より厳しい基準が導入されることにつながっている。

　しかし，厳格な基準の導入によって区割り作業が政治的なものでなくなったわけではない。州議会議員たちは基準を満たしつつ，自らの党を利するような選挙区を作成するインセンティブをもっており，現在のところ裁判所がそれを取り締まる気配はない。本章の分析によると，2011年の選挙区区割り作業において，この状況を利用できる立場にあるのは圧倒的に多くの州で共和党である。選挙区区割りで共和党が有利な状況にある州では，共和党の候補者が当選しやすいような選挙区案が採用される可能性が高い。さらに，2010年のセンサスの結果を受けた議席の再配分の結果，共和党支持者の多い州に議席が増えたことは，2012年から2020年までの大統領選および連邦下院選挙において共和党に有利に働くと考えられる。

　10年に1度行われる選挙区区割り見直しは，その後10年にわたって選挙結果に影響を及ぼす可能性のある，非常に重要な作業である。2011年に行われる選挙区区割り見直しでは，共和党がどの程度その優位な立場を活用できるかが注目される。同時に，オバマ政権下の司法省がどのような姿勢をもって投票権法の適用を行うかも注目に値する。司法省の区割り案への介入が頻繁になった1990年以来，選挙区区割り見直しは過去2回とも共和党政権下であった。司法省の姿勢は政権党の立場に左右されないと言われるが，今回の区割り変更はそれを検証する良い機会でもある。これ以外にも，今回から市民によって選挙区が作成されるカリフォルニア州の試みがどのように機能するかも，今後の選挙区区割りの改革の行方を考える上で重要である。

注
1　当時の状況については，David and Eisenberg (1962) および Dixon (1968) 参照。

2 テネシー州議会下院の最小の選挙区の人口は3,531人であったが，最大の選挙区の人口は79,301人にまで膨れあがっていた。
3 マイノリティの保護についての文献は多数存在するが，たとえば，Davidson 1984; Grofman and Davidson 1992; Davidson and Grofman 1995 など参照。
4 1957年，1960年，1964年に公民権法が制定されたにもかかわらず，事態は全く改善していなかった。業を煮やしたジョンソン大統領が「とんでもなく最強の投票権法」(the goddamnedest toughest voting rights law you can devise) の作成を当時の司法長官に命じたと伝えられる (Bullock 2010)。
5 もしくは裁判所 (the district court of the District of Columbia) から事前に許可を得ることもできる。
6 投票権法の当初の効果および南部における反発については，U.S. Commission on Civil Rights (1968) および U.S. Commission on Civil Rights (1975) 参照。
7 これ以外に，マイノリティ選挙区の創設によって，結果的にマイノリティ選挙区はマイノリティの利益を守ろうとするような議員の総数を減らしてしまったのではないかという指摘も存在する。これはマイノリティ選挙区をつくった結果，これに隣接する選挙区は白人をより多く含むようになり，共和党議員を選出するようになったこと，そして民主党の白人候補者の支持基盤をマイノリティ選挙区が奪うようなかたちになってしまったことで民主党の白人候補者の落選につながってしまったというのである。たとえば，Swain (1993), Lublin (1997) 参照。
8 マサチューセッツの知事 Elbridge Gerry が自らの党に有利になるように伝説の怪物 (salamander) のような形の選挙区をつくったことが名前の由来である。日本では，ゲリマンダリングと表記されることが多いが，アメリカでは，ジェリマンダリングと発音される。
9 人種的ジェリマンダリングとは主にマイノリティに不利な選挙区を画定することを指すが，マイノリティの当選をめざしてつくられるマイノリティ選挙区も，ときに積極的人種ジェリマンダリング (positive racial gerrymandering) と呼ばれることがある。
10 これらの数字はアメリカの総人口のものである。したがって，議席配分には使用されない50州以外の人口も含む。
11 図5-4および以下の説明は連邦下院の選挙区区割りの作成に関するものである。州議会の区割り作成にあたっては多少異なるルールが適用される州が存在する。
12 ノースカロライナ州は民主党の知事であるが，知事は選挙区区割りに対する拒否権をもたないので，共和党有利の州に分類されている。同様にニューハンプシャー州も知事は民主党であるが，共和党の州議員は拒否権を覆すだけの議員数を確保しているため，共和党に有利な州に分類した。

引用参考文献

Bullock, Charles S., III. 2010. *Redistricting*. Rowman and Littlefield.
David, Paul T., and Ralph Eisenberg. 1962. *State Legislative Redistricting: Major Issues in the Wake of Judicial Decision*. Public Administration Service.
Davidson, Chandler, and Bernard Grofman. eds. 1995. *Quiet Revolution in the South*. Princeton University Press.
Davidson, Chandler. ed. 1984. *Minority Vote Dilution*. Howard University Press.
Dixon, Robert G., Jr. 1968. *Democratic Representation: Reapportionment in Law and Politics*. Oxford University Press.
Grofman, Bernard and Chandler Davidson, eds. 1992. *Controversies in Minority Voting: The Voting Rights Act in Perspective*. Brooking Institution.
Lublin, David. 1997. *The Paradox of Representation: Racial Gerrymandering and Minority Interests in Congress*. Princeton University Press.
O'Rourke, Timothy G. 1998. "The Impact of Reapportionment on Congress and State Legislatures." Mark E. Rush. ed. *Voting Rights and Redistricting in the United States*. Greenwood Press.
Swain, Carol M. 1993. *Black Faces, Black Interests: The Representation of African Americans in Congress*. Harvard University Press.
U.S. Commission on Civil Rights. 1975. *The Voting Rights Act: Ten Years After (A Report of the United States Commission on Civil Rights, January 1975)*. Washington, D.C.
U.S. Commission on Civil Rights. 1968. *Political Participation: A Study of the Participation of Negroes in the Electoral and Political Process in 10 Southern States since the Passage of the Voting Rights Act of 1965*. Washington, D.C.

第6章　選挙制度と大統領選挙人制度：現状と問題点

今村　浩

第1節　はじめに

　来たるべき2012年の大統領選挙は，従来と基本的に変化のない制度上の枠組みにて行われよう。アメリカ大統領選挙は，同一の公職を選ぶ選挙としては，性格は異なるものの，おそらくローマ教皇の選出を除けば，世界で最も古くから続いてきたものの一つであることは間違いない。18世紀末の諸条件に制約されて構想されたそれは，しかし，合衆国憲法の起草者たちの思惑を超えて，著しい変貌を遂げてきた。とりわけ，世界でも最も早期に属する政党の発展と密接不可分の関係を維持してきたのである。本章ではその現状を叙述し，さらに，それに対する批判と擁護の論点を整理する。また合衆国憲法を含む，硬性の制度の改変を迂回する形で生じた政治家と選挙民の反乱とでも言うべき事象にも言及したい。そして，2012年の大統領選挙運動が，どう影響されうるかについても，若干考察する。なお，広義には選挙制度の一部を成す選挙資金規制の行方の検討については，紙幅の制約もあり，他日を期したい。

第2節　大統領選挙人制度の現況

　現行の選挙人制度は，多分に偶然の所産でもある[1]。一種超党派の存在であった初代大統領ジョージ・ワシントンは，事実，2度にわたって選挙人選挙で満票を獲得して選出された。しかし彼が退任した後，以後の選挙では，選挙人の投票は，誰も過半数を得られずに分散するに違いないとみられた。憲法制定者たちは，間接選挙制度である大統領選挙人

制度を制定しながら，事実上は殆ど常に連邦議会下院が選出に関与する制度を構想したつもりであったのであろう[2]。

ところが，誰も予見し得なかった事態，すなわち全国政党の発展が，大統領選挙を制定者の意図しなかった方向に変えていく。そして，当初の制度が対応できずに生じた2度の混乱，1796年と1800年選挙の混乱[3]が，憲法第12修正をもたらした事情は，アメリカ政治の研究者にとって，最早周知に属しよう。かくして，18世紀初頭には，間接選挙の本質部分，すなわち，白紙委任を受けた公正で思慮に富む選挙人の自由裁量による選出は，ほぼ形骸と化し，さらに，州単位での選挙人の一括直接公選と勝者総取り方式が，19世紀半ばには全米に広がるに至って，アメリカ大統領選挙は，実質的直接選挙に変容して今日に至っている。

まず最初に，2012年の大統領選挙にも適用されるはずの現在の大統領選挙人制度を概観したい。大統領選挙制度自体は，合衆国憲法により，その骨格が定められている。直接に規定しているのは，第Ⅱ条第1節，第12修正，第20修正，及び第23修正である。分けても第Ⅱ条は，「各州は，その議会の定める方法により，その州が連邦議会に送ることのできる上下両院議員の合計と等しい数の選挙人（electors）を任命する」と謳う。すなわち，大統領選挙人をどのように選出するかは，ひとえに各州議会の立法裁量に委ねられており，連邦議会の介入する余地はない。

とはいえ無論，連邦憲法に明文で定められた選挙についての規定に違背することができないのは当然である。たとえば，大統領選挙人の公選において，投票権を男性に限ったり，投票権の発生する年齢を18歳より高く設定すること等々は許されない[4]。

歴史を顧みれば，大統領選挙人の選出方法は，州ごとに様々であった。建国初期には，州議会が選出したり，直接公選と州議会による選出を組み合わせた例も見られた。その場合の選挙民による直接公選も，連邦下院議員選挙区を利用し，残余の2名を全州1区で選んだり，州を2区に分区したりして配分しており，また大統領選挙人の選出のためだけの選挙区を設定して，各区より1名を選出した例もあった。しかも州により，

また時期により，選挙権行使者の条件は様々であった。

　しかし，19世紀も半ばを過ぎると，全州を1区として全選挙人を一括して公選するという方法が趨勢となり，南北戦争以後は，2つの例外事例[5]を除いて，これが事実上の規範のごとくに意識されるに至ったのである。そこで，大統領選挙人選出に関する州議会の権能の範囲について訴訟が提起され，合衆国最高裁判所は，その絶対性を認める判決を下した。すなわち，マクファーソン対ブラッカー（*McPherson v. Blacker*）判決において，「要するに，合衆国憲法の下，大統領選挙人の任命とその方法は，各州に全面的に帰属する」[6]と判示した。これによって，大統領選挙人選出，ひいては大統領選挙についての州の権限が確立したのである。

　現在では，50州すべてとワシントンD.C.において[7]，各州の定めた要件を満たした大統領候補者の陣営の選挙人候補者の中から，直接公選により大統領選挙人か選出され，州がそれを認証する。その際注意すべきは，アメリカ大統領選挙の特異な制度と一般にはよく言われる，州単位の「勝者総取り」は，各州が各々定めている方法が，偶々大多数の州に共通であるだけであり，そうでない州もあることである。具体的には，メイン・ネブラスカ両州が該当する。これらの州においては，全州の開票結果から，勝者が2名の選挙人を獲得する。さらに，同じ票を，連邦下院議員選挙区ごとに集計し，それぞれの選挙区の勝者が1名ずつ選挙人を獲得していくのである。故に，州内で票が偏ると，選挙人が分割される可能性を秘めていることになる。現にこの方法は，各州への大統領選挙人の配分数が，当該州に割り当てられた上下両院議員の数であることを考えると，憲法制定者の意図に，より忠実な選出方法であると言えるかもしれない。

　メイン州は1972年以来，この制度を取ってきている。ただ実際には，同州は前世紀中葉までは共和党の堅固な地盤であり，以後最近9回の大統領選挙では民主党寄りの結果を示しており，いずれの時期においても，選挙人票が分割されたことはなかった。

　今一つのネブラスカは共和党の優勢な州であるため，集計法の如何に

かかわらず，大統領選挙人のすべてを共和党が獲得することが常であった。しかし，2008年大統領選挙においては，ネブラスカ州全体では，マケイン56.5％，オバマ41.6％で，共和党のジョン・マケインが勝利したものの，3区ある連邦下院議員選挙区のうち第2選挙区は，49.97％対48.75％の僅差で，バラク・オバマが制した。かくして，ネブラスカ州は，マケイン候補に4票，オバマ候補に1票を投じたのである。同様の集計方法を取ってきたメインでは，1度も起こらなかったことであった。

　大統領選挙人制度の骨格が変わらぬとはいえ，2012年選挙には，選挙という「ゲームのルール」上の変化がまったくないわけではない。大統領選挙人は，各州の選出すべき連邦上下両院議員の合計数と定められている。このうち，上院議員は各州一律に2名であるが，下院議員は各州の人口に比例して配分されるので，変動する。具体的には10年ごと，西暦で末尾がゼロの年に行われる国勢調査の各州人口に応じて，下院議員定数は，州単位で再配分される。つまり，下院議員定数の変動，増減に応じて，各州の選出する大統領選挙人数も変動することになる。

　2010年国勢調査にもとづく州別下院定員再配分は，12議席の州間移動をもたらした。具体的には，アリゾナ，ジョージア，ネバダ，ノースカロライナ，ユタ，ワシントン各州が1議席を，フロリダが2議席，テキサスは4議席を増やした。一方で，アイダホ，アイオワ，ニュージャージー，ルイジアナ，マサチューセッツ，ミシガン，ミズーリ，ペンシルベニア各州が1議席ずつ，ニューヨークとオハイオが2議席ずつを失っている。これは，そのまま大統領選挙人の数に反映されることになる。

　これらの配分は，きわめて機械的に計算されて行われる。人口の重心の移動が，そのまま政治重心の移動に直結するのである。長きにわたって，あたかも不動かと思われた選挙人数全米最多の座を占めてきたのは，ニューヨーク州であった。しかし，カリフォルニアにその座を譲り，続いてテキサスの後塵をも拝することになり，今回の再配分では辛うじて3位の座こそ保ったものの，2名を失ってついにフロリダと並ぶことに

なった。この近年の重心の移動はいうまでもなく，ヒスパニックスまたはラティーノと呼ばれる人々の，南からの大量流入を反映している。

しかし，この単純とも思われる州の人口と政治力すなわち大統領選挙人の数との直接的相関は，2つの点で緩和されていることに留意したい。一つは，いうまでもなく，連邦上院議員が各州に一律に2名配分されていることである。今一つは，連邦下院議員定数の配分に際しても，まず50州に一律に1名を配分し，残余の385議席を，国勢調査人口に比例して配分していることである。すなわち，535名の大統領選挙人を，50の州に人口に比例して配分するのではない。385名が人口に比例して按分され，それに各州一律に3名を加算した数が，各州の選挙人数となる。ワシントンD.C.は，特例として，仮に正規の州であったと仮定して配分される数が割り当てられる。ただし憲法上，正規の州に割り当てられている選挙人の数のうち最小の人数を超えることはできないから，事実上3名に固定されたような状態である。

この一律3名の加算は，結果として，純粋な人口比によるよりも，小規模州へ選挙人を手厚く配分することを意味している。そして，このことが，修正案の批准を州単位で行い，かつ4分の3の州の批准を要するという合衆国憲法修正手続きと相まって，現行選挙人制度を守る堡塁として機能している。

第3節　選挙人制度批判論の検証

現行選挙人制度について，はるか以前から投げかけられてきた批判点，すなわちイ．一般投票と選挙人投票の乖離の危険，ロ．選挙人の背信の可能性，ハ．第三党（候補者）が不相応な影響力を行使する可能性については，他の機会にすでに検討した[8]。以下に要約しよう。

イ．については，一般投票の得票と獲得選挙人数の乖離・逆転は，大統領選挙人を州単位で一括直接公選するという制度がほぼ確立して以降，40回にも及ぶ大統領選挙において，2回しか生じていない。1960年

の選挙は，投票の制度が変則的であったがゆえに異なる解釈を許す余地があり，限りなく黒に近い灰色ではあるものの，一応除外しておく。2012年の大統領選挙で起こる可能性はゼロではないにせよ，喫緊の制度改正が求められているとまでは言い難い。何よりも，過去の事例についても，仮に直接公選にしていたら結果が逆転していたかどうかは不透明である。選挙人制度のもとでの一般投票の得票数を，単純に直接公選の際の得票数に読み替えることはできない。早くから指摘されながら，制度改正が先送りされてきたのも肯ける。

　選挙人の背信の可能性について，これを総合的に見れば，致命的欠陥であるとまでも言えない。無論，選挙人という，個性と意思をもった生身の人間を介在させずに，各州に選挙人数と同じポイントを配分すれば，こうした背信の危険はなくなりはする。しかし，それとても，憲法の修正を要するのであって，その程度の修正に労力を費やすくらいなら，選挙人制度の抜本改正を試みた方が良いということになってしまう。

　ハ．については，イ，ロと異なり，現に生じてもいないことである。アメリカ政治の全国化に伴い，地域性のある候補者がその地域でのみ選挙人票を獲得する可能性が低下している現在，取り越し苦労とまでは言わぬにせよ，危険が切迫しているわけではない。

　ここでは，比較的近年になって浮上した批判点を取り上げたい。それは，投開票が州単位で行われ，かつ大部分の州では得票率は問題とされず，相対多数を制しさえすればよいために，接戦が予想される州にのみ選挙運動が集中し，その他の地域の選挙民は，顧みられることがないという点である。現行制度のもとでは，ある1州で，得票率9割で大勝を博そうとも，または僅かな票差で辛勝しようとも，獲得する選挙人票は変わらない。すなわち，確実に相対多数を得られる見込みの立つ州において，さらに得票を上積みしようとする選挙運動は，まったく無意味であり，資源の浪費とすら言えるのである。

　現実に，俗に言う「赤の州」「青の州」における両党の選挙運動は，大統領選挙に限ってははなはだ不活発であり，「戦場州」(battleground state)

と呼ばれる一群の州に，努力の大半が傾注されることになる。実のところは，州内の両党の勢力は一様ではなく，郡単位で両党の得票を見れば，「赤の州」も「青の州」も，赤と青が入り混じって紫色に見えてしまう。しかし，州単位で集計して選挙人を勝者がすべて獲得する制度のしからしめるところ，たとえば，ある州の中に特段に自党の勢力を伸ばす余地のある地域があったとしても，州全体で劣勢なら，そこに注力することは避けられてしまうのである。

　これは，現行の「ゲームのルール」のもとでは，むしろ自然の成り行きであるとは言える。しかし，本来選挙民が候補者を選ぶべき選挙であるのに，候補者が選挙民を選んで運動するというのは変則，逸脱であると言わざるを得まい。

第4節　選挙人制度への選挙人の反乱

　本来，憲法制定者達が意図したのは，高い識見を備えた一群の人々が大統領選挙人となって，個別利害を超越した立場から，大統領にふさわしい人物を選出することであった。すなわち大統領選挙人とは，本来自らの良心と判断以外の何物にも制約を受けぬ，白紙委任を受けた独立の選挙人であったはずである。しかし，早くも18世紀末には，フェデラリストと反フェデラリストまたは民主共和派との政党対立が生じ，選挙人は両政党に系列化されて，間接選挙の実質は失われていた。

　しかし早くもその当時より現在に至るまで，選挙人達は，自らに課せられた義務とも言うべき指定された投票先を違える，背信投票という反乱を繰り返してきた。背信投票とは，「理由の如何を問わず，選挙人の政党と異なる正副大統領候補者に投票すること」とすることができよう。**表6-1**に一覧を掲げてある。この定義上，誰にも投票しなかった場合も含むべきであろう[9]。

　史上初の背信投票の事例の一つと目されているのは，1796年のペンシルベニア州選出選挙人である。同州の，大統領選挙人サミュエル・マイルズ

表6-1 大統領選挙人の背信投票

1796年	史上初(?)の背信投票 ペンシルベニア州選出のフェデラリスト選挙人,サミュエル・マイルズが,ジョン・アダムズではなく,トマス・ジェファーソンに投票した。他にも同年の選挙では,多くのフェデラリスト選挙人が,同党の大統領候補者ジョン・アダムズにのみ投票して,副大統領候補と想定されたトマス・ピンクニーへの投票を忌避した。また,民主共和派と目されながら,アダムズとの個人的交友関係から,アダムズに投票した者もいた。この当時は,政党の勃興期でもあり,政党線が明瞭ではなかったという点も考慮するべきであろう。
1800年	幻の背信投票 本文参照。
1808年	民主共和党(反フェデラリスト)の大統領選挙人6名が,党の大統領候補者ジェームズ・マディソンではなく,副大統領候補であったジョージ・クリントンに投票。またケンタッキー州選出民主共和党選挙人1名は,投票しなかった。
1812年	フェデラリスト党の大統領選挙人3名が,党の副大統領候補者ジャード・インガソルではなく,民主共和党の副大統領候補者エルブリッジ・ゲリーに投票。また,オハイオ州選出民主共和党選挙人1名は,投票しなかった。
1820年	この選挙では,全員民主共和党の選挙人が当選した。しかし,民主共和党のニューハンプシャー州選出大統領選挙人ウィリアム・プラマーが,党の大統領候補者ジェームズ・モンローではなく,どの党の候補者でもなかったジョン・クインシー・アダムズに投票した。また他に3名が,選挙人に当選後死亡したため投票しなかった。副大統領選挙では,ニュージャージー州選出の8名の選挙人が,リチャード・ストックトンに,デラウェア州選出の4名が,ダニエル・ロドニーに,メリーランド州選出の1名が,ロバート・グッドロー・ハーバーに,ペンシルバニア州選出の1名が,リチャード・ラッシュに投票した。
1828年	民主党のジョージア州選出大統領選挙人9名のうち7名が,党の副大統領候補者であったジョン・カルフーンではなく,ウィリアム・スミスに投票した。
1832年	メリーランド州選出国民共和党大統領選挙人2名が,党の大統領候補者ヘンリー・クレイに投票せず棄権した。また,ペンシルベニア州選出民主党大統領選挙人30名が,党の副大統領候補者マーチン・ヴァン・ビューレンではなく,ウィリアム・ウィルキンスに投票した。
1836年	当時奴隷制が施行されていたバージニア州選出の民主党大統領選挙人23名は,党の副大統領候補者リチャード・ジョンソンが,黒人女性と同棲して子供をもうけていることを理由として忌避し,ウィリアム・スミスを選んだ。この結果として,選挙人投票で過半数を得た副大統領候補者が出ず,上院の投票にもち込まれた。しかし結局上院では,リチャード・ジョンソンが選ばれた。
1896年	人民党の大統領選挙人4名が,党の副大統領候補者トマス・ワトソンではなく,民主党の副大統領候補者アーサー・シウォールに投票した。
1956年	アラバマ州選出民主党大統領選挙人1名が,党の大統領候補者アドレイ・スティーヴンソンではなく,ウォルター・ジョーンズに投票した。
1960年	オクラホマ州選出共和党大統領選挙人1名が,党の大統領候補者リチャード・ニクソンではなく,民主党上院議員ハリー・バードに投票した。
1968年	ノースカロライナ州選出共和党大統領選挙人1名が,党の大統領候補者リチャード・ニクソン,副大統領候補者スピロ・アグニューではなく,アメリカ独立党大統領候補者ジョージ・ウォレスと副大統領候補者カーティス・ルメイに投票した。
1972年	バージニア州選出共和党大統領選挙人1名が,党の大統領候補者リチャード・ニクソンではなく,ジョン・ホスパースに投票した。

1976年　ワシントン州選出共和党大統領選挙人1名が，党の大統領候補者ジェラルド・フォードではなく，ロナルド・レーガンに投票した。
1988年　ウエストバージニア州選出民主党大統領選挙人1名が，党の大統領候補者マイケル・デュカキスではなく，ロイド・ベンツェンに投票し，また副大統領候補者だったベンツェンの代わりに副大統領としてデュカキスを選んだ。
2000年　ワシントンD.C.選出民主党大統領選挙人バーバラ・レットーシモンズが，ワシントンD.C.が，合衆国を形成する正規の州ではない「植民地状態」に置かれていることへの抗議として，白票を投じた。
2004年　ミネソタ州選出の民主党大統領選挙人1名が，党の大統領候補者ジョン・ケリーではなく，副大統領候補者ジョン・エドワーズに投票した。

出典）*Ballot Access News* 他を筆者が補正

　は，独立戦争に戦功のあった政治家であり，フェデラリスト党に属しているとみなされていた。故に，この選挙においては，フェデラリスト党の大統領候補者ジョン・アダムズと副大統領候補者トマス・ピンクニーに投票するものと期待されたのである。ところが彼は，トマス・ジェファーソンとトマス・ピンクニーに投票した。

　この年の大統領選挙では，政党の勃興を予期しなかった連記制度の欠陥が現れたとされている。すなわち，当時の国論を2分していた奴隷制の是非をめぐる対立線が，政党線と交差していたため，両党とも，この問題を前面に出して選挙運動を行うことをためらいがちであった。しかし，政治家達の意識の中では，奴隷制の是非は，争点として意識されており，彼らの行動に一定の影響を及ぼした可能性があるのである。この選挙における背信投票は，多様であった。すなわち，2票制投票という制度においては，完全に2名の正副大統領候補者に投票する以外は，すべて背信投票であり，様々の組み合わせの投票が該当した。

　ただ，正副大統領が対立する2大政党から選出されるという変則状態を産み出したのは，南部のピンクニーを，主にニューイングランド選出のフェデラリスト派選挙人達が忌避したからであるとされている。当時の制度のもとでは，仮にフェデラリスト派選挙人が，全員忠実にジョン・アダムズとピンクニーに投票すれば，2人は，同数の1位となり，大統領の選出は，下院に委ねられることになる。そのような不確実な事態を避けるべく，フェデラリスト派では，投票を調整してアダムズを僅差の

1位にしようとしたらしい。しかし，交通・通信の不便な当時は，こうした微妙な調整は難しく，ピンクニーへの忌避票が予想外に出た結果であるとされる。また一説には，フェデラリストでありながら，アダムズに好意をもたなかったハミルトンが主導して，南部の民主共和党選挙人を動かし，フェデラリストにいわば便乗して，ピンクニーの大統領選出を目論んでいるのではないかという疑念への，過剰な対応であったとも言う。

いずれにせよ，この年に多数出現した背信投票者の中で，マイルズが注視されるのは，他の選挙人が，自らの属する党の意思・利害に沿って，ピンクニーという特定の人物の，1位からの排除を狙っていたのに対して，マイルズは，自ら望ましいと考える2人に敢然票を投じたからでもあろう。と同時に，彼の行動は，地元において不評であったことから，早くも間接選挙制度は崩壊していたということが知れる。すなわち，地元紙への投書に曰く「何と，吾人は，ジョン・アダムズとトマス・ジェファーソンのいずれが大統領になるべきか，吾人に代わって，決めさせんがために，サミュエル・マイルズを選びたるか？ 否！ 彼を選びたるは，行動せしめんがためにして，考慮させんがために非ず」[10]。

また1800年には，トマス・ジェファーソンとアーロン・バーの2人が，同数の大統領選挙人票を獲得し，いずれを大統領とするかで下院の審議が紛糾するという事態を生じた。この紛糾に先立つ各州における選挙人投票において，ニューヨーク州選出の選挙人アンソニー・リスペナードが，州法の定める記名投票ではなく秘密投票を要求したのである。これは，自らの2票をすべて，同州の政治家アーロン・バーに投じようとしていたためと思われている。しかしこの要求は，州の容れるところとならず，背信投票は幻に終わったのである。

いずれにせよ，正副大統領の選挙が完全に分離される以前には，背信投票を特定することは難しい面がある。正副大統領の選挙が分離されて以降は，**表6-1**の如くに，「真正の」背信投票が発生している。これらにせよ，どちらかと言えば散発的であり，また決定的に重要なことは，こ

うした背信投票の結果として，選挙人全員が忠実に投票した場合と，勝者が相違してしまったという事例は一つも見出されないということである。

第5節　選挙人制度への選挙民の反乱

(1) いわゆる「ネーダー・トレーダー」

　この運動は，2000年大統領選挙において現れた。そもそも2000年選挙は，インターネットが一定の影響を現実の政治に与えた最初の事例として，将来記憶されるかもしれない[11]。

　この動きは，インターネットという新しいメディアを通した，またそれなくしては広がり得なかったであろう自発的な政治運動としても注目すべきものである。と同時に，アメリカでは，そもそもいかなる選挙制度のもとでも，抗議の意思表示以上の意味をもちえなかった第三党への投票に新たな意味を与えたと言う点も忘れるべきではあるまい。またこの動きは，2000年選挙においては民主党を利するものであり，またそう意図されて提唱されたものではあったけれども，理論的には，状況次第でどちらの政党にも利益となる可能性を秘めている。

　2000年選挙は，共和党のジョージ・ブッシュテキサス州知事，民主党の現職副大統領アル・ゴア候補の接戦となっていた。当時の景況からして，政権党たる民主党は本来優位に選挙を戦えるはずであった。けれども，ビル・クリントン大統領の個人の品行に関わるスキャンダルから，ゴア候補の選挙運動は，現職副大統領としてクリントン政権の実績とその継承を強調しつつ，クリントン大統領個人とは距離を置くという，甚だ微妙な舵取りを余儀なくされていたのである。

　ここで投票先に悩んだのは，全国に散在する環境問題に敏感なリベラル派有権者であった。もしもゴアとブッシュの二者択一であれば，さほどの躊躇はなかったであろう。基本的には，リベラル派の正統であり，また環境問題にもそれなりに熱心に取り組んでいたゴア副大統領が投票先として選ばれたに相違あるまい。ところが，事情を複雑にしていたの

は，消費者運動の旗手であったラルフ・ネーダーが，緑の党から立候補し，ある程度の得票が見込まれたことである[12]。無論ネーダーに，僅かでも当選の見込みがあったわけではない。ただ当時の法制，具体的には1974年連邦選挙運動法のもと，一般投票で5%の得票率を記録した政党は小政党（minor party）と分類され，一定額の連邦補助金を次回選挙に受け取ることができた。

因みに民主・共和両党は，直近の大統領選挙における一般投票で25%票を得た大政党（major party）として，選挙戦当初より補助金を受け取れた。かかる特権的地位には比肩すべくもないにせよ，資金面で大きなハンディキャップを負っている第三党にとっては，選挙戦の後からとはいえ，連邦補助金は魅力的であったのである。事実として，一般投票得票率5%は，第三党・無所属候補者にとって，かなり高いハードルであった。歴史を振り返れば，**表6-2**に示すように，5%を達成した場合，一応は成功した第三党とみなされ得よう。ただし，アメリカにおける第三党は，時折相当の成功を収めて，既存大政党を脅かしはするものの，概ね決定的に持続性を欠いている。この点で1996年の改革党は，特筆すべき事例であろう。

表6-2　大統領選挙一般投票で5%以上得票した第3党・独立候補者のその後

	大統領選挙年	一般投票得票率	次回選挙の得票率
反メイソン党	1832	7.8%	ホイッグ党支持を表明
自由土地党	1848	10.1	4.9%
ホイッグ・アメリカ党	1856	21.5	消滅
南部民主党	1860	18.1	消滅
立憲連邦党	1860	12.6	消滅
人民党	1892	8.5	民主党支持を表明
革新党	1912	27.4	0.2
社会党	1912	6.0	3.2
革新党	1924	16.6	消滅
アメリカ独立党	1968	13.5	1.4
ジョン・アンダーソン	1980	6.6	民主党支持を表明
ロス・ペロー	1992	18.9	8.5
改革党	1996	8.5	0.4

出典）*Congressional Quarterly's Guide to U.S. Elections,* 3rd ed., 1994, p.26 を一部補正

表には示していないものの，当時その地位を確立された2大政党以外に5％を超える票を得た「第三党」としては，実は共和党を挙げなければならない。第三党が，ホワイトハウスの住人を送り込みえた唯一の事例こそが，実にこの1860年の共和党なのである。2大政党の一角を崩した同党は，以来民主党と2大政党の地位を分け合っている。現行の民主・共和2党制に飽き足りない多くのリベラル派の有権者にとって，財政基盤を徐々に堅固にしつつ，持続的な第三党が発展することは，一種の宿願とも言い得た。

と同時に，堅固な2党制のもと，「よりまし」な党である民主党を助けるために，自らの信念に沿った投票を断念させられてきたという欲求不満も，彼ら無党派志向リベラル派の間には当然存在したことと思われる。2000年選挙においても，安んじてネーダーに投票できたのは，ブッシュかゴアのいずれかが圧倒的に優勢な州の選挙民だけであった。すなわち，第三党に投票しても民主党か共和党のいずれが勝つかにはなんら影響せず，自らの1票を無駄にしてしまうことがないと思われたのである。しかし，接戦州に選挙権をもつリベラル派にとっては，悩ましい選択肢が提示されていた。ブッシュにその州の選挙人をすべて取られてしまう危険を冒しても，ネーダーに投票して，全米で5％の得票を可能にしてやるべきかどうかという問題である。

このディレンマに対する一つの解として提出されたのが，異なる州に住む有権者間で，相互の契約により「票を交換する」ことであった。この票を交換する相手を探す仲立ちとして，新しいメディアであるインターネットが大きな力を発揮したのである。こうした票の交換相手を募るサイトは，異なる発案者によって複数が開設されていた[13]。

こうした試みの影響がどの程度であったかは，評価が難しい。全体で何件の交換契約が成立したのかも，正確には分からない上に，そもそもネット上で契約が成立したとして，それが両者によって誠実に履行されたかどうかは，検証のしようがないからである。ただ潜在的には，選挙の結果を覆すに足る影響力を有していたとは言えよう。よく知られてい

るように，2000年大統領選挙の帰趨を決めたフロリダ州における，ブッシュ候補とゴア候補の得票差は，公式には僅か537票であった。一方，同州では約9万7,000票もがネーダー候補に投じられたのである。ネーダーに投票した者が，すべて次善の候補者としてゴアを選んだとは限らないにせよ，最も単純素朴に考えれば，538人のネーダー投票者が，たとえばテキサス在住のゴア支持者と票を交換してさえいれば，結果は逆転していた。

　一般に，民主・共和両党が接戦であるとき，一定の勢力を示す第三党候補者は，選挙の攪乱者と扱われる。とりわけ，2000年選挙におけるネーダーは，ゴアが勝つべき選挙をかき乱してブッシュに勝利を掠め取らせたと，分けても民主党支持者から非難されてきたのである。なるほど，仮にネーダーが立候補して，全米で2.7％の票を得ていなかったなら，ゴアが勝利していた可能性は高いであろう。ネーダーを「大局を見ない頑迷固陋の」特定争点に特化した政治家とみなし，攪乱要因としてのネーダーに対する処方箋として投票交換サイトを評価することは，確かにできる。しかし，ネーダーに投票した280万人を超える有権者を，あたかも政治情勢の総合的判断ができない馬鹿者の如くに言うのは，いささか傲慢に過ぎよう。

　たとえば，ネーダーを支持したすべてのリベラル派選挙民にとって，必ずしもゴアが次善の候補者であったわけではない可能性にも留意しておかなければならない。2000年のラルフ・ネーダーは，緑の党の候補者であったとはいえ，決して環境問題しか言わない単一争点政治家ではなかった。幅広い様々の争点を取り上げており，外交政策では，レバノン系アメリカ市民として，イスラエル一辺倒とも言うべき従来の中東政策の転換を示唆していたのである。たとえ国際社会で孤立しようと，イスラエルの支持を貫くという姿勢は，民主・共和両党に共通したものであり，この点を重視する選挙民にとっては，ブッシュもゴアも選ぶところがないも同然であった。実に，ネーダーこそが真のまた唯一の選択肢であった選挙民も，いたことはいたのである。つまり，最善の候補者を次

善の候補者と取り替えることはできる。しかし，唯一支持する候補者への票は，誰とも交換の対象になどならない。

　いずれにせよ，この試みは，確かに大統領選挙人制度に対する有権者の反乱であったとは言い得よう。ただし厳密には，州単位の選挙人勝者総取り制度に対する反乱なのであって，たとえば，選挙人が各州の一般投票の結果に応じて按分されていれば，こうした交換の意味は薄れる[14]。そして，政治的にはともかく，倫理的道徳的に正当化され得る手段であるかどうかについては，議論が分かれるであろう。

(2) 州議会横断ネットワーク

　合衆国憲法の修正による正面からの改革のハードルの高さに鑑み，現行憲法制度の枠内で，一種の迂回的手法により，選挙人制度の弊害を免れようとする運動が行われている。この運動は，働きかけの対象は現職州議会議員であるけれども，運動体自体は市民団体であるから，選挙民の反乱に含めた。

　現行大統領選挙人制度に対する改革案は，様々なものが考えられる。そうした中で，この運動が目指すのは，現行の制度の枠内で，複数の州議会が相互に契約を結んで，一般投票の最多得票者が確実に勝てるようにすることである。具体的には，選挙人の選出につき憲法上絶対的権限をもつ各州議会が，全米の一般投票で最多得票者に投票すると誓約した選挙人を選出するように定める。そのことを，各州議会が相互に契約するというものである。この契約は，締約州の割り当て選挙人数が，過半の270に達した時点で発効するものとされている。

　この運動が究極にまで拡大すれば，確かに選挙の様相は一変する。選挙民にとっては，自身がどの州に住んでいようと，結局は，全米で最多の得票者が当選することになるのであるから，直接選挙のもとにおけるのと同様の投票をすることになる。候補者にとっても，どの州で勝つか負けるかは，最早問題ではない。いかに得票を積み上げるかが問題となる。つまりは，大統領選挙は事実上の直接公選となる。

この運動は，全米国民投票 (National Popular Vote) と自称し，個別に州議会議員の賛同を募っている。本章執筆時点で，7州（ニュージャージー，バーモント，メリーランド，マサチューセッツ，ワシントン，イリノイ，ハワイ）とワシントン D.C. で，この契約が法制化されている。すなわち，州議会両院が可決し，知事が署名している。2012年選挙において，これらの地区が選出する選挙人は，78人である。
　この運動は，基本的には選挙人制度を維持しているから，選挙人制度擁護の根拠とされる，2党制の維持，候補者乱立の抑制に対応できている。それ故にこそ，民主・共和両党に支配されている州議会から支持を得ることができるのである。
　しかしながら，やはり道のりは長いというべきであろう。他に3州で議会が可決して知事の署名を待っている上，全米の99の州議会とワシントン D.C. 議会の計100の議会のうち，31の議会で可決されており，州議会議員2,110名の賛同を得てはいる[15]。とはいえ，単純にあとは時間の問題だとは言えまい。この契約を法制化する州が選出する選挙人が，選挙人総数の過半数270人に近づくにつれて，メディアの注目を浴びると同時に，批判の嵐も巻き起こる可能性がある。すなわち，本来憲法を修正して対応すべき大問題を，選挙人270人を出している州の州議会の意向のみで決めてしまっていいものかという批判である。また，憲法に定められた手続きを経ない憲法修正に等しいとして，その合憲性を問う訴訟が提起されることもあり得よう。

第6節　2012年選挙への影響

　来るべき2012年の大統領選挙運動は，現行の選挙人制度に如何に影響されるであろうか。まず，現行の選挙人制度が基本的に改正されることはあり得ない。憲法の修正は，将来はともかくとして，最早2012年には間に合わない。
　ただし，州単位の相対多数得票者がその州の選挙人を独占するという

制度自体は，憲法に基礎を置くものではなく，州がいかようにでも制定し得る。この点を衝こうとする全米国民投票運動も，しかし，一定の推進力を維持はしているものの，その進捗のペースからして，今後も順調を維持し得るとしても，2020年選挙にすら間に合いそうにない。

　この点に関連した新たな動きが，ロードアイランド州で見られる[16]。民間の政治改革団体，「投票と民主政治センター」(Center for Voting and Democracy) の後援のもと，同州では，優先順位つき移譲投票制度の導入についての調査勧告権をもつ委員会が設立された。2012年1月までに報告書が提出されることになっており，同年11月の大統領選挙には，優先順位つき移譲投票制度が導入される可能性がある。実現すれば，1位でも得票が投票総数の過半に達しなければ，選挙人を獲得できない。最下位の候補者の第2順位票が加算されて，過半数を得た候補者が選挙人を獲得することになる。たとえば2000年のフロリダで，この制度が施行されていれば，9万7,000票のネーダー票の第2順位は，相対的にゴアが多かった可能性が高いから，結果は一変していたであろう。しかしながら，導入されるとしても，堅固な民主党州であり，かつ僅か4名の選挙人を選出するのみのロードアイランドでは，その影響は最小限にとどまるであろう。

　ところが，20名の選挙人を選出する大州であるペンシルベニアにおいて，2011年6月17日，同州議会上院に大統領選挙人の選出を，メイン方式で行おうとする選挙法案が提出された。同州は，知事，議会両院の多数派は，ともに共和党である。激戦州に分類されはするものの，同州は，1992年以来5回連続して民主党が制している。2008年のオバマの選挙人票を最大で二桁奪いかねない提案であり，当然全国的な反響と批判を招いた。2011年末時点では，この法案の審議は停滞しており，おそらくは，見送られるものとみられる[17]。

　すなわち，2012年選挙は，従来と同じく，州単位で獲得する選挙人数を積み上げて，いかにして270人を獲得するかを競う選挙戦となる。そうは公言せずとも，勝ち目のない州は切り捨てられる。大統領選挙に

関する限りは，民主党がユタ州で何票を得るか，共和党がワシントンD.C.で何票獲得するかなど，両党にとってはどうでもよいのである。

　そして安定した自党の地盤州を固めると共に，戦場となる州に注力することになろう。具体的には，2008年選挙で生じた一種の「取りこぼし」を再現しないような対策が取られる。たとえば，共和党はインディアナ州やノースカロライナ州を奪回すべく特別の努力をするであろう。その上で，激戦州と目される19州（アリゾナ，アーカンソー，コロラド，フロリダ，アイオワ，ミシガン，ミネソタ，ミズーリ，ネバダ，ニューハンプシャー，ニューメキシコ，オハイオ，オレゴン，ペンシルベニア，テネシー，バージニア，ワシントン，ウエストバージニア，ウィスコンシン）のどこに注力するか，安泰と思われる州の選挙人数を勘案しつつ決めていくことになると思われる[18]。

　また，現時点では予想し難い共和党の大統領候補者が誰になるかによって，安泰州や激戦州に波乱が生じるかもしれない。たとえば，マサチューセッツ州知事をつとめたミット・ロムニーや，ペンシルベニア州選出連邦上院議員を二期務めたリック・サントラームが候補者になれば，それぞれの州の選挙情勢に影響を及ぼすであろう。

　ただし，ネブラスカで生じたような事態には対応して，州を分かつ下院議員選挙区ごとの選挙戦を展開しなければならない。ところが，当のネブラスカ州では，全州での得票数1位の候補者がすべての選挙人を獲得するようにする法案が州議会に提出されており，本章執筆時点では，成立の可能性が高い。また，メイン州に共和党が食い込む余地は乏しい点を考慮すれば，2012年選挙では，民主・共和両党が一つの州の選挙人を分け合うという事態は，生じにくいものと思われる。

第7節　おわりに

　以上の簡単な検討を整理すると，現行大統領選挙人制度は，なるほど難点を抱えてはいるものの，2012年に，それが直ちに顕在するかとい

えば，そうとも言い切れないというあたりに着地するであろう。つまりは，現行制度の難点・矛盾は，なんら是正されることなく，継続するということでもある。2000年選挙のような混乱が，いま一度生じないという保証はない。ただ，歴史や国民の構成に統合機能を期待しにくいアメリカにあっては，選挙自体が統合機能を果たすのであり，事前の「ゲームのルール」に合意している以上，それに従って出た結果を受け入れるべきであるという規範は確立していると言えよう。

その限りにおいては，来たるべき2012年選挙において，2000年選挙におけるような大混乱が生じる可能性は高くはない。というのは，2000年選挙の大混乱は，一般投票と選挙人投票の乖離という現象に，フロリダという特定の州における投開票の混乱，マス・メディアの予測報道の過誤等々の要因が重なって生じたものであって，必ずしも選挙人制度だけがもたらしたものではなかったからである[19]。一般投票と選挙人投票の乖離のみが生じるならば，選挙の結果は受け入れつつも，冷静に制度の改革が議論されよう。

注
1 大統領選挙人制度の起源については，以下の拙稿で，先行研究に依拠して要約し，かつ若干の問題点を検討した。「アメリカ大統領選挙人制度 ── その期限と現象，問題点」『早稲田社会科学総合研究』第10巻2号，2009年12月。
2 制定者の一人ジョージ・メイスンの発言，「20回中19回までは，上院が大統領を選出することになろう」は，あまりにも有名である。なお，憲法草案審議途上では，選挙人票の過半数を得た大統領候補者がいない場合，下院ではなく上院が大統領の選出にあたることになっていた。この時点での発言である。現実には，上院の権限があまりに強大となることが懸念され，下院で，ただし州単位の投票による選出に落ち着いた。
3 1800年選挙については，Edward J. Larson, *A Magnificent Catastrophe: The Tumultuous Election of 1800, America's First Presidential Campaign,* (Free Press 2007).
4 ただし，18歳より低く設定することは，州の権限でできる。
5 南北戦争からの再建時代のフロリダ（1868年）と，州への昇格直後で準備の間に合わなかったコロラド（1876年）では，州議会が選出した。

6 *McPherson v. Blacke,* 146U.S.1, at 35.
7 厳密にはこのように表現すべきではあるが，煩瑣であるので，以下「全州」でワシントン D.C. をも含めて表現することがある。
8 前掲拙稿。
9 ただし，政党から選出された選挙人であっても，選出時に党の正式の正副大統領候補者を支持しない旨宣言していた場合は，含めていない。また，選挙人が一種の「2重党籍」となっていたと解される事例もある。一方で，1872年には，選挙人選出後に大統領候補者が死亡するという事態を生じた。そこで，結果として多くの選挙人は，選出時に投票する旨誓約した候補者以外の人物に投票したけれども，この事例は背信投票に含めていない。詳細は，前掲拙稿。また，選挙人が意図して投票先を違えたかどうかについては，必ずしも明らかでない場合もある。例えば2004年のミネソタの場合，選挙人は秘密投票のため，誰がケリーに投票すべきところ，エドワーズに票を投じたかは明らかではない。誰も名乗り出てはおらず，かつ副大統領には全員がエドワーズに投票していることから考えると，この背信投票は，何らかの手違いによるものであった可能性もある。
10 Stephen J. Wayne, *The Road to the White House 2012*, (Wadworth 2011), p.6.
11 この間の事情については，拙稿「結局は本命対決　米大統領選候補者指名レースの舞台裏」『国会画報』麹町出版，2000年6月号。
12 ラルフ・ネーダーについては以下を参照。Justin Martin, *NADER: Crusader, Spoiler, Icon,* (Basic Books 2002).
13 Liane Giese, "Vote–Swapping" —eine Möglichkeite, talctisch zuwahlen?, (Nordeiseede, 2004), p.5. また以下を参照。Marc Randazza, "Breaking Duverder's Law is not Illegal: Strategic Voting, the Internet and the 2000 Presidential Election," in *UCLA Journal of Law & Technology*, No.6, 2001.
14 ただし，2000年選挙においては，選挙人票を小数点以下に按分しても，ブッシュが辛勝していた。
15 http://www.nationalpopularvote.com/（2012年1月25日にアクセス）
16 "Electoral College vote bill 'dead'?" http://earlyreturns,sites.post-gazette.com/index.pdf（2012年1月4日にアクセス）
17 http://www.fairvote.org/（2012年1月4日にアクセス）
18 激戦州と安泰州の区分は，過去の選挙結果から，筆者が総合的に判断した。人によって分類には幅がありうる。
19 拙稿「大激戦の帰趨分けた六つのもし？」『国会画報』麹町出版，2001年1月号。

第7章　オバマ外交の今後：「開発力」から見た対話・協調路線

小川　裕子

第1節　はじめに

　オバマ政権の発足は，G. W. ブッシュ（以下，ブッシュ）政権の単独主義外交に大きく反発していた国際社会に大きな期待をもたらした。変化を掲げるオバマ政権なら，もしかしたらブッシュ政権が敷いた強硬な外交路線を修正できるかもしれないという期待である。ブッシュ政権は自らの「正義」を貫くためには，アメリカ独自の軍事力の行使をも辞さないという過剰なまでの単独主義外交を展開した。その結果，アメリカに対する各国世論の反感を強め，冷戦後の国際社会の混迷を深めることになった。その後発足したオバマ政権は，ブッシュ政権の外交政策を批判し，地球規模の問題への積極的な取り組み，軍事力への依存からの脱却，対話・協調路線の採択を宣言し，新たなアメリカ外交を予感させた。しかしながら，オバマ政権が発足して2年半を迎えた現在においても，軍事力に頼らず，対話によって外交目的を達成するという対話・協調路線は十分な外交的成果を上げているとは言えない。アフガン戦略は出口が見えず，イラン・北朝鮮の核に対する強硬な姿勢を変えることはできず，NATOをはじめとする各国から，これらの問題解決のための協力を取りつけることもままならない。このまま対話・協調路線が成果を上げられないのなら，軍事力に訴えてでも外交目的を達成しようというブッシュ政権の外交政策に回帰するのではないかという懸念が高まる可能性がある。

　先行研究はいずれも，オバマ政権の掲げる対話・協調路線が挫折するのではないかという悲観的な予測をする。オバマ政権は，外交力と軍事

力が相互補完性の関係にあることを十分理解せず，軍事力を抑制し外交力を偏重するため，その外交政策は早晩行き詰まりを見せるのではないか。それゆえ，事態を打開するために，軍事力に過度に依存するような反動を起こすのではないか。オバマ政権は，ブッシュ政権のように軍事力を頻繁に活用するようになり，結果的に，ブッシュ政権と大差ない外交政策を展開することになるのではないかというのである（Mead 2010: 64; Nau 2010）。行き詰まりを見せはじめたオバマ政権の外交政策は，この予測の信憑性をますます高めることになっている（久保 2010：32-34）[1]。

　しかし先行研究は，オバマ政権が対話・協調路線を可能にするために打った重要な布石を包括的に検討していない。オバマ政権は，国家安全保障の柱として，3つのD，すなわち国防（Defense）・外交（Diplomacy）・開発（Development）を挙げ，これら3つが相互に補完・強化し合うことが不可欠であると主張した（Clinton 2010a）。それはすなわち，これまで軽視されてきた外交力と開発力を大幅に向上させ，軍事力を補完・代替させようということであった。にもかかわらず，先行研究は軍事力を補完・代替するものとして外交力にのみ注目し，開発力の向上の取り組みには注意を払ってこなかった。当然のことながら，開発力の方が外交力や軍事力よりも重要であるわけではないし，開発力の向上が軍事力や外交力のすべてを補完・代替するわけではない。しかし長期的な観点から国際平和・繁栄および国家安全保障を構想するにあたり，開発力の向上は地道ながら堅実な役割を果たす。深刻な貧困問題や極端な経済格差を放置したままで，国際秩序の安定や発展は望めないからだ。

　そこで，本章は，オバマ外交の試金石として，その対外援助政策に焦点を当てる。国家安全保障の柱の一つに掲げられながら，これまで注目されてこなかった開発力の向上を期待しうるのかを検討する。その検討を通じて，新たな視点から，オバマ政権が軍事力に頼らず，対話・協調路線を実現する可能性を推察し，その上で今後のアメリカ外交を展望したい。

　以下，第2節では，なぜオバマ政権が開発力の向上に力を注ぐように

なったのかを理解するために，ブッシュ政権が直面したジレンマについて述べる。第3節では，オバマ政権がどのようなアプローチで開発力の向上に取り組もうとしたかを論じる。第4節では，開発力の向上をめざすオバマ政権の足を引っ張るかに思われていた国防省が，実質的には開発力の向上に貢献していることを主張する。第5節では，開発力の向上の鍵を握る議会の対外援助改革に向けた積極的な動きとその停滞を概観する。そして第6節では，対外援助改革および開発力の向上の実現可能性を論じ，今後のオバマ外交およびアメリカ外交についての展望を述べることにしたい。

第2節　ブッシュ政権の直面したジレンマ

　アメリカ歴代政権の多くは，前政権の外交政策を批判し，それと正反対の外交政策を展開しようとしてきた。クリントン政権がG. H. W. ブッシュ政権の外交政策を批判して，自らの外交政策の独自性を打ち出そうとしたように，ブッシュ政権はクリントン政権の外交政策を批判し，自らの外交政策に対する支持者を結集し，その意義を強調しようとした。オバマ政権もまたその例外ではなく，ブッシュ政権の外交政策を批判的に検討する中で，自らの外交方針を形づくった。オバマ政権が当初より開発力の向上に力を注いだのは，ブッシュ政権の直面したジレンマを目にしたからであった。

　ブッシュ政権は，テロリストと戦うにあたり，軍事力を重視した。2002年9月に公表された「国家安全保障戦略」(*The National Security Strategy of the United States of America*) において，アメリカは国家安全保障を脅かす敵には先制攻撃をも辞さず，また抑止が失敗した場合には，いかなる敵をも徹底的に打ち負かすと，テロリストとの戦いに軍事力を行使することを示唆している (White House 2002: 15, 29)。さらに2001年9月に公表された「4年ごとの国防政策見直し」(*Quadrennial Defense Review Report*) では，テロリストと戦うための軍事力の強化計画を論じている (Defense 2001)。

しかし，見逃してはならないのが，ブッシュ政権がテロリストと戦うにあたり，少なくとも当初は開発力も同様に活用しようとしていた点である。2002年3月，ブッシュ大統領は，「……永続的な貧困と抑圧は，絶望をもたらしうる。そして政府が国民の最も基本的なニーズを満たすことができないとき，これらの破綻国家はテロの温床となりうるのだ」と述べ，貧困がテロの温床であるという認識を示した (Bush 2002a)。またその直後には，「我々は貧困と戦う。なぜなら希望はテロに対する答えだからだ。……我々はテロリストが利用しようとする貧困と絶望と教育の欠如と破綻国家に挑戦する」と述べ，テロと戦うために貧困削減に尽力することを明示的に宣言した (Bush 2002b)。さらに，「我々は今後3年かけて50億ドルまで開発援助を増大する。既存の援助要求を超えるこの新たな資金は，私が今期の議会にすでに提出した予算要求を超えるものである。これらの資金は新たなミレニアム挑戦会計 (Millennium Challenge Account: MCA) に向かうことになる」と，貧困削減を目的とした特別予算枠となる MCA の創設を宣言した (Bush 2002a)。これは，テロリストと戦うために開発力の向上をめざすことを意味するものであった。

そして2006年，ブッシュ政権は「国家安全保障戦略書」(*The National Security Strategy of the United States of America*) において，「開発は外交と国防を強化する。安定し繁栄した平和的な社会の構築を支援することによって，我々の国家安全保障に対する長期的な脅威を減らすことになる」と論じ，開発と外交を国防と同等の地位に高めることの重要性を明示的に訴えるに至った (White House 2006: 33)。これらのことからわかるように，ブッシュ政権は，いわばハード・パワーとソフト・パワーの両方を用い，テロリストの活動を阻止し封じ込めようとしていたのである。

しかしながら，ブッシュ政権は，テロリストに対してアメリカの圧倒的な軍事力を用いて徹底抗戦を始めると，ブッシュ政権の外交政策における軍事力と開発力の均衡は次第に崩れていった。

アメリカはその圧倒的な軍事力によって，瞬く間にアフガニスタンのタリバン政権およびイラクのフセイン政権を打倒することに成功したも

のの，テロとの戦いは長期化し，アフガニスタン・イラク情勢の混迷は，ブッシュ政権の軍事力への依存を深めることになったのである。イラクでは，フセイン政権崩壊後，着々と国家建設が進められていたが，その水面下で，テロリストは活動を続け，2006年2月にサマーワにあるシーア派のモスクを爆破した。それを契機に内乱状態に陥ったイラクに，ブッシュ大統領はアメリカ軍を追加的に投入した。同年秋，アンバー地区のスンニ派指導者がアルカイダに対抗して人民蜂起を喚起すると，ブッシュ政権は4,000人ものアメリカ海兵隊員を同地区に派遣した。その後，アメリカ軍は，イラク軍とスンニ派部族とともに，同地区からアルカイダを追放するために戦うことになった (White House n.d.: 12-15)。アフガニスタンでは，タリバン政権崩壊後，民主主義政権が順調に始動したかにみえたが，アルカイダは再び勢力を拡大し，2006年になると，暴動や統治妨害が増加し，アフガニスタンの秩序は大幅に悪化した。そこでブッシュ政権は，2007年初めから2009年1月の間に，海軍・陸軍の増派に次ぐ増派を行った。その結果，アフガニスタンに駐留していたアメリカ軍は，2万人 (2006年末) から3万1,000人 (2008年末) に，有志連合軍 (NATO軍を含む) は，2万3,000人から3万3,000人に，アフガン軍・警察隊は，8万1,000人から15万4,000人にまで増加した (White House n.d.: 15-16)。

　軍事力への依存が深まるのと相反するように，開発力の向上は道半ばで頓挫した。MCAは貧困削減を目的とする開発援助プログラムのための特別予算枠であり，MCAの創設およびそれに刺激された他のプログラムの拡大によって，貧困削減をめざす援助は増大した。図7-1は，貧困削減を優先する支援に相当する技術援助額の変遷を示したものであるが，開発援助会議 (Development Assistance Committee: DAC) 諸国の平均値が低水準で推移するのに対し，アメリカは2006年まで激増していることを示している[2]。しかし2007年以降は，アメリカの値がDAC諸国平均値と同水準にまで急激に落ち込んでしまった。これは，2006年1月に，ライス前国務長官 (Condoleezza Rice) が，対外援助局 (Bureau of Foreign Assistance: F) と対外援助局長 (Director of Foreign Assistance: DFA) のポストを

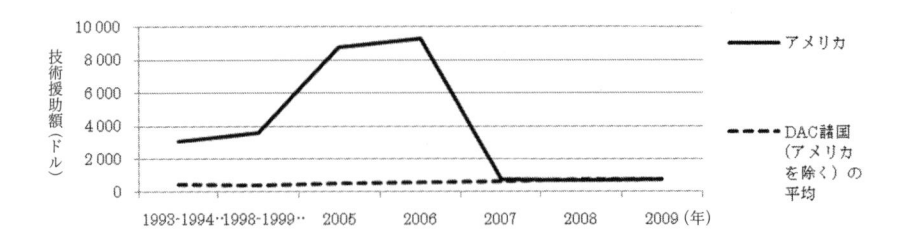

図7-1　アメリカと DAC 諸国の技術援助支出の比較

出典）以下より筆者作成。DAC, *Development Co-operation*, Statistical Annex, Table 10.

国務省内に設置したためであると考えられる。F と DFA は，国務省の外交政策目的に国際開発庁 (U.S. Agency for International Development: USAID) の予算と活動をより緊密に関連づけることを目的として，対外援助プログラムを調整する権限を与えられていた (Epstein 2011: 3-4; Lancaster: 30-34; Veillette 2007: 14)。その結果, USAID は国務省に統合される形になり，いったんは貧困削減の重点化が功を奏したかに見えたが，その後の改革を機に，USAID の開発援助において安全保障的考慮が貧困削減よりも優越することになったと考えられる。

テロリストの活動を封じ込めるにあたり，軍事力には限界がある。テロリストの活動を可能にする環境基盤そのものを根絶していくことが求められる。ガバナンスの改善や貧困問題の解決などである。そのためにも開発力の向上は不可欠であるが，軍事力への依存が進んだ結果，開発力の向上という課題は途中から置き去りにされることになったのである。

第3節　スマート・パワー

オバマ政権は，ブッシュ政権の直面したジレンマを目にし，政権発足当初より，いかに軍事力と開発力をバランスよく組み合わせるかについての検討を重ねていた。

その試みに一役買うことになったのが，シンクタンクである。その代

表的なものの中には、アーミテージ前国務副長官 (Richard L. Armitage) とナイ (Joseph S. Nye) が共同議長をつとめる戦略国際問題研究所のスマート・パワー委員会 (Center for Strategic & International Studies (CSIS), Commission on Smart Power) や、超党派の議員や NGOs などが参加する国家安全保障改革プロジェクト (Project on National Security Reform: PNSR) がある。これらシンクタンクは、ブッシュ政権が過度にハード・パワーに依存したことの反省に立ち、いかに巧みにハード・パワーとソフト・パワーを組み合わせるかを検討課題とする。ナイによれば、ハード・パワーとソフト・パワーを組み合わせて賢くパワーを発揮する、すなわち「スマート・パワー」(smart power) を発揮することがアメリカ外交の今後の課題であるという。というのも、ハード・パワーに相当する軍事力のみでは、国家安全保障を実現することはできないからである。そこで外交,経済援助,コミュニケーションなどのソフト・パワーを効果的に組み合わせることによって、賢くパワーを行使する必要が生じるのである。もちろんスマート・パワーとは、決して新しい戦略ではない。長い歴史の中で各国が連綿と行ってきた戦略であり、冷戦時にはアメリカもまた民主主義や人権などのアメリカ的諸価値を普及するというソフト・パワーを、ハード・パワーと組み合わせてきた。しかし9.11後、アメリカ外交政策は過度にハード・パワーに依存するようになった。外交や対外援助は、短期的な成果を示すことの難しさから、資金不足に陥り、無視されることが多くなった。しかし今こそアメリカ政府は、外交や対外援助を重視し、対テロ戦争に代わり、国際貢献をすべきであると提唱する (Parmar and Cox 2010: 1; Nye 2010: 9-10; CSIS 2007)。

　オバマ政権はこれらシンクタンクのメンバーを政権に参加させ (Parmar 2010: 1)、その発足当初から、ハード・パワーとソフト・パワーの適切なバランスを実現しようと活動を展開した (Epstein 2011: 4)。2009年8月、オバマ大統領は、グローバルな開発政策を政府規模で見直すために、アメリカのグローバル開発政策に関する大統領調査令 (Presidential Study Directive on U.S. Global Development Policy; 通称、PSD-7) を認可した (Epstein

2011: 7-8)。PSD-7 は，2010年5月，「グローバル開発に向けての新たな方法」(A New Way Forward on Global Development) と題する報告書の草案の中で，国家安全保障会議 (National Security Council) の会合に，適宜 USAID を参加させることによって，国家安全保障戦略の中心的な柱の一つにまで開発の地位を高めることなどを提唱した (Epstein 2011: 8)[3]。そして9月, PSD-7 を前身とするグローバル開発に関する大統領政策令 (*Presidential Policy Directive on Global Development*) は，開発の地位を国家安全保障政策の柱にまで高めるという前機関の基本方針を踏襲し，アメリカを国際開発のグローバルなリーダーとして再確立する必要性を語った。その上で，開発・外交・国防を相互強化・相互補完させることをめざし，USAID を開発主導機関と位置づけ，グローバル開発諮問委員会を設立することを表明した (Epstein 2011: 8-9)。このように，大統領府を中心とする開発研究組織は，いかに開発の地位を高め，国家安全保障戦略の主要な柱にするかを検討し，その具体的な方法を模索してきたのである。

　クリントン国務長官 (Hillary R. Clinton) は，いかに国防・外交・開発を巧みに組み合わせるかに関して，具体的な検討作業を進めた。2009年7月，クリントン国務長官は，国務省として初めて，「4年ごとの外交・開発見直し」(*Quadrennial Diplomacy and Development Review*: QDDR) の作成に取りかかった。そして2010年12月，「文民力を通じての主導」(Leading Through Civilian Power) と題した QDDR が公表された。QDDR は，軍事力を補完しうる文民力 (civilian power) を構築するための青写真を提示するものとなっている。ここでいう文民力とは，アメリカ政府諸機関が一丸となって取り組む姿勢，すなわち「全政府的アプローチ」(a whole-of-government approach) によって，外交・開発・危機予防に取り組むことで生み出される力であるという。そして文民力の構築のためには，関係諸機関の活動の統一化・集中化・効率化をめざす必要があり，その具体的な方策として，開発援助活動の統合・調整を進めるとともに，USAID が開発において主導的な役割を果たせるよう USAID 改革を提言している (Clinton 2010b)。

そしてクリントン国務長官は，QDDRへの支援を訴えるべく，『フォーリン・アフェアーズ』に論文を寄稿している。同論文において，クリントン国務長官は，これまで紛争の予防と秩序の安定に際し，いかに文民力が軍事力を効果的に補完してきたかを説き，「スマート・パワー」の効用を論じた。その上で，「アメリカ国民は税金を外交や開発に投入することが，自らの利益に適うことを理解すべき」であり，「いまこそ，国家安全保障にとって外交と開発が最優先事項であり，外交や開発に投資することは，今後の国家安全保障のための堅実な投資であると認識すべき時だ」と主張している (Clinton 2010c: 23-24; Nye 2010: 9)。

つまり，オバマ政権は，ブッシュ政権が打ち出した開発重点化の方針を継承した。そして開発と外交を中心とする文民力を構築し，文民力を軍事力と巧みに組み合わせることによって，アメリカの国家安全保障を実現しようと考えたのであった。

第4節　国防省の貢献

ブッシュ政権の軍事力への依存が進むにつれ，国防省はその役割を増大させたが，さらなる軍事力の増大をめざしてオバマ政権の足を引っ張るというよりもむしろ，オバマ政権がめざす開発力の向上に曲がりなりにも貢献しているということがいえる。

確かに，ブッシュ政権期，拡大する軍事的パフォーマンスを支えるために，国防費は増加の一途をたどった。2000会計年度に2,944億ドルであった国防費は，イラク戦争が開始された2004会計年度には4,048億ドル，ブッシュ政権の最終年となる2009会計年度には6,610億ドルにまで膨らみ続けた (U.S. Census Bureau 2011)。

さらに同時期，シンクタンクなどのさまざまな懸念をよそに (OECD 2006: 12; SCFR 2006: 12; Patrick and Kaysie 2007: 14-15)[4]，国防省の役割は対外援助においても大幅に増大した。図7-2によると，国防省による軍事援助は，2001会計年度にはアメリカ対外援助全体の22％を占めるに過ぎ

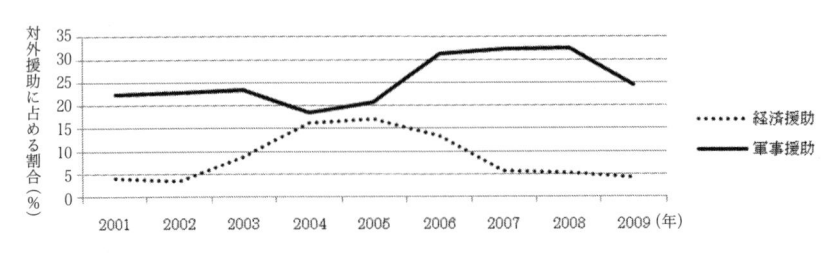

図7-2　国防省による対外援助の動向（2001～2009会計年度）

出典）以下より筆者作成。USAID, *U.S. Overseas Loans and Grants: Obligations and Loan Authorizations*, various years.

なかったが，2007会計年度になると32％にまで増加している。国防省による経済援助もまた，2001会計年度には4％に過ぎなかったが，2005会計年度には17％にまで増加している。国防省は，軍事訓練や軍事力の提供などのいわゆる軍事援助のみならず，復興・安定化活動や緊急人道援助などの開発援助にも積極的に関与するようになったのである。

しかしブッシュ政権期の国防省による開発援助の増大は一時的なものであると考えられる。同じく図7-2によると，国防省の開発援助を含む経済援助も2005年をピークに減少していることがわかる。また国防省の経済援助・軍事援助の増大が，イラク・アフガニスタン戦争によってもたらされたことも，国防省の対外援助における役割の増加が一時的なものであることを裏づける。国防省による対外援助動向を主要プログラムごとにまとめた**表7-1**によると，国防省は，2004～2007会計年度まで，経済援助の約5～7割をイラク救済復興基金に充当していた。また2006～2008会計年度には，軍事援助の3～4割がイラク治安部隊基金に，2009会計年度には，軍事援助の5割以上がアフガニスタン治安部隊基金に割り当てられていた。いずれもイラク・アフガニスタン戦争関係の予算割り当てであり，両国の治安回復とともに減少が見込まれる。

また9.11後，国防省が積極的に開発援助を供与するようになった背景には，国防省の安全保障観にも変化が生じていた事実があった。2008年の「国家防衛戦略」（*National Defense Strategy*）には，アメリカ軍が長期的な復興・開発・統治という課題に力を注ぐようになったこと，その課題

表7-1 国防省による対外援助動向（プログラム別・比率）

単位：％

会計年度		2004	2005	2006	2007	2008	2009
経済援助	イラク救済復興基金	65.5	69.1	65.2	46.9	3.5	4.2
	麻薬禁止・対策活動	7.2	8.5	7.6	23.4	21.4	30.6
	旧ソ連脅威削減	14.8	5.3	8.7	8.4	7.7	14.9
	国防緊急対策基金	---	14.0	14.6	---	---	---
	テロからのイスラエル防衛	0.6	0.0	---	---	---	---
	海外人道・災害・市民援助	4.4	2.9	3.2	3.2	3.8	4.3
	国防保健プログラム	---	---	0.1	0.0	0.1	0.4
	天然資源回復基金	6.3	0.0	---	---	---	---
	運営維持費	1.1	0.2	0.6	---	56.5	45.6
軍事援助	アフガニスタン治安部隊基金	---	---	15.0	28.0	38.9	51.9
	イラク治安部隊基金	---	---	43.9	31.8	28.3	0.0
	イラク救済・復興基金	27.1	17.8	1.2	---	0.0	---
	パキスタン暴動対策基金	---	---	---	---	---	1.2
	海外軍事融資贈与	67.5	69.4	37.0	34.7	29.2	41.7
	PKO	2.1	7.0	2.0	3.6	2.5	3.3
	国際軍事教育・訓練	1.3	1.2	0.7	0.8	0.5	0.8
	旧ソ連脅威削減	---	---	---	1.0	0.2	1.0
	軍事援助プログラム	2.0	4.1	報告なし	報告なし	---	---
	防衛超過条項	---	0.3	0.0	0.1	0.4	0.0
	運営維持費	---	0.2	0.2	---	---	---

出典）以下より，筆者作成。USAID, *U.S. Overseas and Loans and Grants*, various years.
注1）2002, 2003会計年度は，プログラムのカテゴリーが異なり，国防省による経済援助については内訳が示されていない。また2001会計年度は，そもそも詳しい内訳についての記述がない。そのため2004会計年度より作図した。
注2）--- は該当項目なしを意味する。

に効果的に取り組むためにも今後より一層多くの文民の参加が不可欠であることが述べられている（Defense 2008: 17）。つまり，多発するテロや紛争やその後の国家建設などには，軍事力のみでも開発援助のみでも効果を上げられず，軍事力と外交力や開発力といった文民力を組み合わせることによって安全保障を実現しようという認識が形成されてきたのである（Serafino 2008: 3-4）。

さらに長年，アメリカ政府が外交力や開発力などの文民力の育成を怠ってきたため，そのニーズを満たす必要性から，国防省の開発活動が展開されるようになったという事情もある。イラクやアフガニスタ

ンなどの紛争地域では，人道的な支援が必要にもかかわらず，国務省やUSAID職員が支援活動を展開するのは困難である。また国務省やUSAIDには，国防省とは比較にならないほど僅少な予算しか割り当てられない。そのため，国家建設活動に従事する十分な能力をもつ人材を育成できず，また十分な資金も供与できないのである (CSIS 2008: 33; Patrick and Kaysie 2007: 3-4)。国防省はその間隙を埋める形で開発活動に乗り出しているのである。

　これらのことから，国防省の開発への積極的な参入は，近年の安全保障観の変化や現実のニーズへの対応であり，文民力の不足がアメリカ軍の高い機動力によって補われていることがわかる。長期的には，国防省が開発援助に積極的に関与することのデメリットが生じる恐れも否定できないものの，現在までのところ，国防省は実質的に開発力の向上に貢献しているという構図が見て取れるのである。

第5節　対外援助改革への動き

　このように開発力の向上に力を注ぐオバマ大統領は，国務省・国防省とも，国家安全保障に関する認識を共有し，政府内外の有力者および上下両院の指導者と組んで，対外援助改革に乗り出した。そのかいあって，第111議会は半世紀ぶりに対外援助改革への機運は盛り上がりを見せることになった (*CQ Weekly* 2010b: 1728)。

　下院外交委員会は，オバマ大統領の基本方針に忠実に従い，対外援助改革を実現しようとした。2009年4月，下院外交委員会は，クリントン国務長官を迎え公聴会を開催した。クリントン国務長官は，国家安全保障のためのインフラ整備が重要であること，そしてそのためにはいかに外交力と開発力の向上が不可欠であるかを論じた (House 2009a)。翌5月，バーマン下院外交委員長(Howard Berman, 民主党, カリフォルニア州選出)は，クリントン国務長官の発言を踏まえ，2010・2011会計年度対外関係授権法 (Foreign Relations Authorization Act, Fiscal Years 2010 and 2011; HR2410) を

上程した。この下院法案は，国務省と海外報道と平和部隊に対する活動資金の授権を主な目的とするものであった。バーマン下院外交委員長は，国務省がアフガニスタン・イラク戦争とその地域復興活動にその人員・予算の大部分を割り当てたため，国務省の外交能力を早急に増強する必要が生じた事情を重視し，外交力の強化をめざして，この下院法案を書き上げた (House 2009b: 91-92)。それゆえ，国防・外交・開発を同様に強化するというオバマ大統領の基本方針にもとづく対応でありながら，外交にのみ焦点があてられ，開発は置き去りにされてしまった。この下院法案は，6月，下院本会議を235対187で通過した (*CQ Weekly* 2010a: 44)。

　上院外交委員会は，開発力の向上に関する規定を含まない下院法案を審議することはなかった。上院外交委員会はかねてより開発力の向上をめざし，政府官僚・NGOs・民間セクター・学者・シンクタンクなどの関係者とともに，アメリカ対外援助および開発事業に関して検討を重ねてきた (Senate 2010: 2)。そして2009年4月，上院外交委員会は，開発援助関係者である，ナチオス前USAID長官 (Andrew Natsios)，グローバル開発センターのラデレット上級研究員 (Steven Radelet)，ジョージタウン大学のランカスター教授 (Carol Lancaster) を証言者に迎え，公聴会を開催した。3者はみな，USAIDの弱体化に危機感を覚えていた。というのも，1960年代後半をピークにUSAIDの職員数や予算額は削減の一途をたどり，1980年代半ばには，「開発プロジェクトを直接実施する機関」から「開発援助を実施する外部のコントラクターと契約し，管理運営する調整機関」へと役割を低下させていたからである (小川 2011：172；佐藤 2005：128-129)。また1980年代末以降になると，対外援助改革の動きが沸き起こるたびに，USAIDの非効率さや運営上の問題点がマスメディアなどで指摘され，連邦議会でUSAIDの廃止や改編が論じられてきた。USAIDをめぐる厳しい政治環境は，USAIDの開発援助活動を制約するのみならず，アメリカ政府が外交政策として開発援助活動を展開するための組織的基盤を損なうことをも意味した。それゆえ，3者は，国家安全保障の柱に開発を据えるためには，開発援助主体であるUSAIDの強

化が不可欠であるとの認識を共有するに至ったのである。そして，3者はそれぞれ，国務省からの USAID の自律性を確保すべき，USAID 長官が政権内で閣僚レベルの地位を確保すべき，USAID の人員増加・人材育成を進めるべき，などの見解を表明した (Senate 2009)。これら開発関係者の見解を踏まえ，7月，ケリー上院外交委員長 (John Kerry, 民主党，マサチューセッツ州選出) は，ルーガー議員 (Richard Lugar, 共和党，インディアナ州選出) らとともに，2009年対外援助再活性化・アカウンタビリティ法 (Foreign Assistance Revitalization and Accountability Act of 2009; S1524) を上程した。この上院法案は，アメリカ対外援助プログラムの能力・透明性・アカウンタビリティを強化することを目的に掲げていた。そしてUSAID 内に政策・戦略計画局および人的資源諮問委員会を新設すること，USAID の職員教育・訓練プログラムを拡充することなどの規定を盛り込み，USAID 職員の増加・能力育成を通じた USAID の強化を図ろうとした (Senate 2010)。上院外交委員会はこの上院法案を15–3で承認したが，審議すべき法案を多数抱えていた上院本会議では審議されるに至らなかった (*CQ Weekly* 2010a: 44)。

このように，上下両外交委員会とも，オバマ大統領の主導する対外援助改革に速やかに反応し，対外援助改革に対する超党派合意を形成していた。しかし，両委員会とも，国家安全保障のために国防・外交・開発という3つの柱を強化するというオバマ大統領の基本方針に賛同しながらも，その解釈には大きな隔たりがあったのである。

しかしこの隔たりを埋め，なんとか対外援助改革を成功させようとする動きが，上下両院で生じた。2010年1月，ケリー上院外交委員長は，2010，2011会計年度対外関係授権法 (Foreign Relations Authorization Act, Fiscal Years 2010 and 2011; S2971) を上程した。同法案は，下院法案を下敷きに，先の上院法案における USAID の能力強化規定をも付加しただけの法案で，両法案の折衷法案となっている。上院外交委員会は同法案を発声投票により承認するが，審議法案が山積みとなっていた上院本会議は同法案を審議することはなかった (*CQ Weekly* 2010c: 2099)。

その一方，バーマン下院外交委員長は，上院の動向を横目に，対外援助改革の実現に向けた検討を重ねた。その成果として，2009年7月には，「対外援助改革に関する概略書」(*Concept Paper for Foreign Aid Reform*) (HCFA 2009a)，10月には，「開発援助改革に関する討議資料」(*Discussion Paper #1: Development Assistance Reforms*) (HCFA 2009b)，2010年4月には，上院外交委員会多数派と合同で，「平和構築に関する討議資料」(*Discussion Paper on Peacebuilding*) (HCFA and SFRCM 2010) を公表した。そして6月には，これら検討結果にもとづいて，「2010年グローバル・パートナーシップ法」(Global Partnerships Act of 2010) と題する討議草案を公表した。同草案は，これまで半世紀にわたりアメリカ対外援助政策の法的根拠となってきた1961年対外援助法を撤廃し，完全に新しい対外援助枠組みを確立することをめざすものであった。同草案は，7つの対外援助目的を掲げ，その目的のトップに世界の貧困削減と人類の苦難の除去を置いた。また長期の持続可能な開発活動を促進するために，開発支援基金 (Development Support Fund) を新設することを規定した (HCFA 2010:11)。このように，同草案は，当初の下院法案よりもその力点を外交力から開発力に大きくシフトさせていることがわかる。しかし同草案は，USAID の能力強化や権限拡大に関する規定を含まず，バーマン下院外交委員長の上院外交委員会への歩み寄りは十分とは言えなかった。また開発関連の政府予算・政策・プログラム間の調整をするために創設が計画される開発政策委員会において，国務長官を他省庁の長官と対等な参加者としてのみ扱い，国務長官の主導権を認めていない。そのため，国務省はすでに同草案に不快感を示しており，新たな権限争いの火種を生むことになった (HCFA 2010: 50-53; *CQ Weekly* 2010b: 1729)。そして結局，第111議会は，下院と上院が対外援助改革の具体的な内容について合意するに至らず，対外援助改革法案を可決できなかった。

　対外援助改革法案の成立という課題を引き継いだはずの第112議会においても，現在までのところ，対外援助改革に向けた目立った動きは見られない。というのも，2010年11月の中間選挙において，下院では

共和党が多数派を占めるに至ったためである。ティーパーティに代表される保守派を中核とする共和党は，対外援助を含むあらゆる法案に予算削減圧力をかけ，重要法案の審議を軒並み遅らせることになった (Herszenhorn 2011; Budget Battles 2011)。それゆえ，オバマ政権は下院対策として連邦政府支出をめぐり共和党への譲歩を余儀なくされ，そのことが2008年の大統領選挙においてオバマ大統領の選出を助けたとされる民主党リベラル派の離反を招くことになった (Goldfarb and Wallsten 2011)。その結果，2011会計年度対外関係予算の承認は2011年4月までもつれ込み，昨年度予算から385億ドルの減額となった (Veillette 2011: 1)。そして2012会計年度に関しては，オバマ政権は早くからより現実的な議会対策に踏み切ったようだ。対外援助政策の骨格を決める授権法の審議は，さまざまな関係者の利害対立が表面化し，例外なく紛糾する。厳しい展開が予想される第112議会の動向から，これまでの政権と同様，授権法の審議を回避し，予算だけを割り当てる歳出法を成立させることをめざし，2011年2月の時点ですでに，オバマ政権は2012会計年度の対外関係予算要求をしている (Epstein et. al. 2011)。これは，オバマ政権が対外援助政策の骨格を決定づける授権法案の成立を早々に諦めたとみることもできる[5]。しかし，ブッシュ政権が歳出法としてMCAを成立させ，アメリカ対外援助政策に変化をもたらしたように，オバマ政権も歳出法によって対外援助政策に変化をもたらすことは不可能ではない。またUSAIDは大統領令およびQDDRに沿う形ですでに一連の包括的な改革を進めている (USAID n.d.; Shah 2011a: 14; Shah 2011b: 5-7)。ただし，オバマ政権が授権法に依拠せず，どこまで開発力を向上させられるかは不明であり，今後の議会の動向を，期待を込めて見守ることにしたい。

第6節　おわりに

　オバマ政権下での対外援助改革に向けた活発な動きは，2010年秋の中間選挙における民主党の敗北によって，突如足踏みを迫られることに

なった。しかしながら、それ以前にみられた対外援助改革をめざす活発な動きは、1961年に今日の対外援助政策の法的基盤が整備されて以来、実に半世紀ぶりのことである。これまでにも対外援助法にはたびたび修正が加えられてきたが、もしオバマ政権の試みが成功するのなら、冷戦後の対外援助政策を新たに定義するという意味で、それは抜本的な改革になることが予想される。当然のことながら、オバマ政権下で新たな対外援助政策の法的基盤が整備されたとしても、そのことが即座に開発を国防と同等の地位に引き上げ、開発力を向上させることにはならない。開発力の向上は、法的基盤の整備のみならず、実績の積み重ねが欠かせないからである。しかしここで開発力の向上に貢献する何らかの法規定や制度が成立するのなら、将来的にそれを足がかりとした開発力の向上が期待できる。

　逆に、もしオバマ政権下で新たな対外援助政策の法的基盤が整備されなかったならば、開発力の向上は、歳出法による対外援助改革の実現の程度やUSAIDの自主改革の進展度に依存することになろう。しかし、やはり法的な基盤を欠いたままでの対外援助改革は部分的なものにならざるをえず、開発力向上への見通しは明るくない。オバマ政権の対話・協調路線もまた修正を迫られることになろう。

　しかし、たとえ第112議会においてオバマ政権が開発力を十分向上させられなかったとしても、必ずしも今後のアメリカの開発力の向上について悲観するべきではない。確かに、下院の主導権を共和党に譲渡したことで対外援助改革の好機を逸してしまう恐れは否定できない。しかし今回の対外援助改革をめぐる政権内外の動きをみると、冷戦後の国際社会の変化に適した対外援助政策の必要性に関しては、すでに超党派合意が形成されつつある。また貧困問題、環境問題、移民・難民問題などの地球規模の問題への対応を迫られる国際社会は、アメリカをはじめとする先進諸国の開発力の向上を待ち望んでいる。さらに開発力向上のための法的基盤の整備を待たずして、USAIDおよび国防省はすでに独自に開発力向上という現実的要請に応えてきた。アメリカによる開発力向上

のための法的基盤はやがて整備されていくと考えられる。そして長期的には，開発力の向上は軍事力を補完・代替し，アメリカ外交において対話・協調路線が採択される可能性を高める布石を打つことになるのではないだろうか。

注
1 　久保をはじめ，多くの研究者は，2009年後半からオバマ政権のアプローチが硬化しはじめたと指摘する。
2 　DAC 諸国とは，OECD 諸国の中で，良質な援助を積極的に供与することに合意した諸国である。
3 　ただし，Rogin (2010) を引用している。
4 　国防省が開発援助を供与することに関するさまざまな懸念には，開発専門機関ではない国防省が開発援助を供与しても，効果的な開発援助はできない，国防省のアメリカ軍事戦略を担う機関としてのイメージが，人道的支援のイメージをも悪化し，支援が十分な効果をもたらさない，アメリカ外交政策および開発目的を分かりにくくしてしまう，などが挙げられる。
5 　1985年を最後に，対外援助授権法は成立していない。これまで，対外援助に関しては，審議に時間のかかる授権法の成立を回避し，歳出法により予算のみ割り当てるということが行われてきた。これは，高まる対外援助批判を背景に，レーガン政権のとった議会対策が踏襲されるようになったためである。レーガン政権は安全保障政策に最大限の時間と労力を投入すべく，議論の紛糾が予想される対外援助授権法の審議を回避し，歳出法により予算のみ割り当てることによって，対外援助を継続させた。そしてその後の政権にとっても，この手法は対外援助の継続のための常套手段になったのである。(杉浦1995：202)

引用参考文献
"The Budget Battles, the Sequel: The Price of Ill-Conceived Cuts, (Budget Battles)." 2011. T*he New York Times*, April 13.
Bush, G. W. 2002a. "President Proposes $5 Billion Plan to Help Developing Nations." *Remarks on Global Development*, Inter-American Development Bank, Washington, D.C., March 14. http://georgewbush-whitehouse.archives.gov/news/releases/2002/03/20020314-7.html, Accessed on April 15, 2011.
Bush, G. W. 2002b. "President Outlines U.S. Plan to Help World's Poor." *Remarks at United Nations Financing for Development Conference*, Cintermex Convention Center, March 22. http://www.whitehouse.gov/news/

releases/2002/03/20020322-1.html#, Accessed on April 15, 2011.
Clinton, Hillary R. 2010a. "Development in the 21st Century." *Remarks to the Center for Global Development,* Washington, D.C., January 6, 2010. http://www.state.gov/secretary/rm/2010/01/ 134838.htm, Accessed on March 17, 2011.
Clinton, Hillary R. 2010b. "Introductory Speech." in Department of State and USAID, *Quadrennial Diplomacy and Development Review: Leading Through Civilian Power.*
Clinton, Hillary R. 2010c. "Leading Through Civilian Power Redefining American Diplomacy and Development." *Foreign Affairs*. Vol. 89, No.6, November/December. pp.13-24.
CQ Weekly. 2010a. January 4.
CQ Weekly. 2010b. July 19.
CQ Weekly. 2010c. September 13.
Center for Strategic and International Studies (CSIS). 2007. *CSIS Commission on Smart Power: A Smarter, More Secure America.* The CSIS Press.
CSIS. 2008. "Integrating 21st Century Development and Security Assistance, Final Report of the Task Force on Non-Traditional Security Assistance," CSIS Report, January.
Defense, Department of. 2001. Quadrennial Defense Review Report. September 30.
Defense, Department of. 2008. *National Defense Strategy.* June.
Epstein, Susan B. 2011. "Foreign Aid Reform, National Strategy, and the Quadrennial Review." *CRS Report for Congress.* February 15.
Epstein, Susan B., et al. 2011. "Fact Sheet: The FY2012 State and Foreign Operations Budget Request." *CRS Report.* March 9.
Goldfarb, Zachary A., and Peter Wallsten, 2011. "Obama Risks Losing Liberals," *The Washington Post.* April 13.
Herszenhorn, David M. 2011. "G.O.P. Bloc Presses Leaders to Slash Even More." *The New York Times*. January 21.
House of Representatives. 2009a. "New Beginnings: Foreign Policy Priorities in the Obama Administration." *Hearing before the Committee on Foreign Affairs.* 111th Congress, 1st Session. April 22.
House of Representatives. 2009b. "Foreign Relations Authorization Act, Fiscal Years 2010 and 2011." *Report,* No. 111-136, 111th Congress, 1st Session, June 4.
House Committee on Foreign Affairs (HCFA). 2009a. *Concept Paper for Foreign Aid Reform,* July 23. http://aidemocracy.org/files/hfac_concept_paper_far.pdf, Accessed on April 3, 2011.
HCFA. 2009b. *Discussion Paper #1: Development Assistance Reforms*. October 6. http:// www.hcfa.house.gov/111/dis02.pdf, Accessed on April 3, 2011.

HCFA. 2010. "Global Partnerships Act of 2010." *Discussion Draft.* June 29. http://www.cgdev.org/doc/PREAMBLES_xml.pdf, Accessed on April 3, 2011.

HCFA. and Senate Foreign Relations Committee Majority (SFRCM). 2010. *Discussion Paper on Peacebuilding.* April 8. http://www.hcfa.house.gov/111/dis03.pdf, Accessed on April 3, 2011.

Lancaster, Carol. 2008. *George Bush's Foreign Aid: Transformation or Chaos?* Center for Global Development.

Mead, Walter Russell. 2010. "The Carter Syndrome." *Foreign Policy.* January/February. pp.58-64.

Nau, Henry R. 2010. "Obama's Foreign Policy." *Policy Review.* April & May. pp. 27-47.

Nye, Joseph S., Jr. 2010. "The Future of Soft Power in US Foreign Policy." in Parmar, Inderjeet, and Michael Cox, eds., *Soft Power and US Foreign Policy: Theoretical, Historical and Contemporary Perspectives.* Routledge.

Organization for Economic Co-Operation and Development (OECD). 2006. *The United States: Development Assistance Committee (DAC) Peer Review.*

Parmar, Inderjeet, and Michael Cox. 2010. "Introduction." in Parmar, Inderjeet, and Michael Cox, eds., *Soft Power and US Foreign Policy: Theoretical, Historical and Contemporary Perspectives.* Routledge.

Patrick, Stewart, and Kaysie Brown. 2007. "The Pentagon and Global Development: Making Sense of the DOD's Expanding Role." Center for Global Development. Working Paper no. 131, November.

Rogin, Josh. 2010. "White House Proposed Taking Development Role Away From State." *The Cable: Foreign Policy.* May 3. http://thecable.foreignpolicy.com/posts/2010/05/03/white_house_proposed_taking_development_role_away_from_state, Accessed on July 3, 2011.

Senate. 2009. "USAID in the 21st Century." *Hearing before the Subcommittee on International Development and Foreign Assistance, Economic Affairs and International Environmental Protection.* 111th Congress 1st Session. April 1.

Senate. 2010. "Foreign Assistance Revitalization and Accountability Act of 2009." *Report,* No. 111-122. 111th Congress, 2nd Session. February 2.

Senate Committee on Foreign Relations (SCFR). 2006. "Embassies as Command Posts in the Anti-Terror Campaign." *Committee Print.* 109th Congress 2nd Session. 109-52, December.

Serafino, Nina M. 2008. "The Department of Defense Role in Foreign Assistance: Background, Major Issues, and Options for Congress." *CRS Report.* December 9.

Shah, Rajiv, (Administrator of USAID). 2011a. Statement, in "The Agency for International Development and The Millennium Challenge Corporation: Fiscal

Year 2012 Budget Requests and Future Directions in Foreign Assistance." *Hearing before The Committee on Foreign Affairs House of Representatives.* 112nd Congress 1st Session. March 16.

Shah, Rajiv. 2011b. Statement, in "International Development Policy Priorities in the FY 2012 Budget." *Hearing before the Senate Foreign Relations Committee.* 112th Congress 1st Session. April 13.

USAID, n.d. 2011. "USAID Forward." http://forward.usaid.gov/about/overview, Accessed on June 18.

U.S. Census Bureau. 2011. *Statistical Abstract of the United States.* Table 502. http://www.census.gov/compendia/statab/cats/national_security_veterans_affairs/defense_outlays.html, Accessed on March 22, 2011.

Veillette, Connie. 2007. "Foreign Aid Reform: Issues for Congress and Policy Options." *CRS Report.* November 7.

Veillette, Connie. 2011. "The FY2011 Budget Agreement for Foreign Operations Sets the Stage for Future Funding," *USAID Monitor.* Center for Global Development. April 22.

White House. 2006. *The National Security Strategy of the United States of America.* March.

White House. 2002. *The National Security Strategy of the United States of America.* September.

White House. n.d. *A Charge Kept: The Record of the Bush Presidency 2001-2009.* http:// Georgewbush-whitehouse.archives.gov/infocus/bushrecord/documents/charge-kept.pdf, Accessed on March 22, 2011.

久保文明, 2010「オバマ外交の分析——その1年4カ月の軌跡」*REITI Discussion Paper Series,* 10-J-044, 7月。

小川裕子, 2011『国際開発協力の政治過程——国際規範の制度化とアメリカ対外援助政策の変容——』東信堂。

佐藤眞理子, 2005『アメリカの教育開発援助——理念と現実——』明石書店。

杉浦光, 1995「米国における最近の援助政策改革論議の歴史的位置づけ」『開発援助研究』第2巻第2号, 188-235頁。

第8章　評価と展望：中間選挙後の政治動向と2012年の連邦公職選挙に向けて

吉野　孝

第1節　中間選挙後のアメリカ政治の動向

(1) 債務上限引き上げの合意をめぐる政治過程

　中間選挙後のアメリカ政治は，財政赤字の削減とコントロールをめぐる民主・共和2大政党の長期にわたる対立と交渉によって特徴づけられる。

　まず前提として，医療保険改革法の成立によりティーパーティ運動が勢いづき，オバマ政権の大きな政府路線の是非，財政赤字の削減とコントロールの方法が中間選挙の主要な争点となった。そして，白人，男性，共和党支持者，福音派の間で，財政赤字，移民問題，モラルの低下などに関心をもつ投票者が動員された（本書第1章）結果，共和党が議席を伸ばし，とくに連邦下院では同党が4年ぶりに多数党の地位に復帰した。

　第112議会が始まると連邦下院では，ベイナー議長のリーダーシップのもと，共和党指導部は公約の実現に着手した。まず同党指導部は1月19日には医療保険改革法を廃止する法案を下院で可決した。次に，粘り強い交渉と駆け引きの末，暫定予算の期限切れの1時間前に，同党指導部は，連邦上院の民主党指導部と2011会計年度予算の額と内容で合意した。交渉過程で両党は，連邦資金の支出先と環境保護局の規制権限に関して相互に譲歩をしたものの，共和党は予算削減額をさらに引き上げることに成功した（本書第2章）。

　これまで事態はある程度まで共和党に優位に推移してきたとはいえ，両党の対立姿勢は一向に変わらず，7月に入っても連邦政府の債務上限引き上げ問題の処理をめぐり膠着状態が続いた。

7月6日に交渉が再開され，オバマ大統領と両院の政党指導部は「壮大な取引」(grand bargain) という名のもとに財政赤字の削減と歳入の増加を組み合わせたプランを検討したものの，合意に達することはなかった[1]。15日になると，連邦議会の強い反対がない限り大統領に債務残高の上限を引き上げることを認めるという上院主導の妥協案が注目を集めた。オバマ大統領はこれに期待したものの，やはり合意には至らなかった[2]。行き詰まりを打破するために，上院では6名の議員により別の超党派案も提示された。

　オバマ大統領は20日になっても歳出削減と歳入増加の組み合わせた「壮大な取引」の合意をめざして議会関係者と協議を続けたものの，両党が歩み寄ることはなかった。大統領は25日の演説で「アメリカの国民は分割政府を支持したとしても，機能しない政府を支持しなかった」と述べ，共和党がバランスのとれたアプローチを採用するよう訴えた。そして，両院では，多数党指導部がそれぞれの法案 (**表8-1**) を大差で可決するよう準備を始めた。

　まず連邦下院では，共和党の2段階法案を28日に採決することが予定されていたものの，党内の保守派議員から多数の反対が出ることが予想され，投票は延期された。一部修正の上，同案は29日に218票対210票で可決された。次に連邦上院では，債務残高の上限を3段階に分けて引き上げる独自の法案が59票対41票で可決された。しかし，下院案の可決は小差であり，また上院案の投票では差が広がらず，いずれの院の多数党指導部も協議を開始しようとしなかった。

表8-1　両院の債務上限引き上げ法案

	歳出削減額	債務上限引き上げ額
下院案	・今後10年間で9,170億ドル。 ・超党派委員会で，1兆8,000億ドルを追加。	・2012年初めまでの分として9,000億ドル。 ・超党派委員会で2012年2月に検討し，1兆6,000億ドル追加。
上院案	・今後10年間で2兆7,000億ドル。	・2012年の終わりまでに債務上限を3回引き上げることを認める。

膠着状態を打破したのは，30日夜に行われたバイデン副大統領と連邦上院のマコーネル少数党院内総務の協議であった。31日に関係者の間で，今後10年間に2兆4,000億ドルの財政赤字を削減し，債務の上限を2兆1,000億ドル引き上げるという合意が成立した。ベイナー下院議長もこれに合意し，直後から両院の両党指導部は，この合意を支持するよう所属議員を説得する作業に入った (Hulse 2011)。

8月1日，連邦下院では，債務上限引き上げと財政赤字削減額を盛り込んだ法案が269票対161票で可決され，8月2日に，上院で同法案が74票対26票で可決された。同日，オバマ大統領が署名し，予算管理法 (Budget Control Act) が成立した[3]。こうしてアメリカ史上初の国債の債務不履行の差し迫った危機は，辛うじて回避されたのであった。

(2) 合意の内容と評価

合意の骨子は，連邦政府が今後10年間で2兆4,000億ドルにのぼる財政赤字削減と同規模の債務上限引き上げを2段階で実施することにあった。第1段階では，すでに合意している今後10年間で9,170億ドルの歳出削減をただちに実行し，債務上限を現行の14兆2,940億ドルから9,000億ドル引き上げる。第2段階では，連邦議会に12人の委員からなる超党派の財政赤字削減に関する合同特別委員会を設置し，2011年11月23日までに，社会保障制度や税制の改革などを通じて少なくとも1兆5,000億ドルの追加的財政再建策をまとめる。

オバマ大統領がこの妥協案を受け入れた理由は，彼が債務上限を最大2兆4,000億ドル引き上げることができ，これにより2012年の大統領選挙運動期間中に債務上限引き上げ問題が争点化するのを回避することができるからである。他方，共和党がこの妥協案を受け入れた理由は，同党がより多額の歳出を削減することができ，また超党派委員会の財政赤字削減策が1兆2,000億ドルに届かなければトリガー条項が発動され，自動的に歳出削減がなされることになるからである (Montgomery and Kane 2011)。

全体としてみると，①オバマ大統領が一貫して主張していた富裕層への増税が受け入れられず，②民主党，とくにリベラル派議員が一貫して反対した社会福祉支出の削減が盛り込まれた，ことを考えると，共和党の勝利と言えるであろう。また，「壮大な取引」や下院の指導部案に共和党保守派議員の支持を動員できなかった点から，ベイナー下院議長の影響力が低下したという評価が多かった。しかし，彼がそれ以前に重要法案の採決に際して下院の中道連合（「75-40連合」）に依存していた（本書第2章）ことを考えると，実利主義的で妥協志向のベイナー下院議長であっても保守派議員を動員することはやはり難しかったと再確認されたというのが公正な評価であろう。

　ところで，このような努力にもかかわらず，国民一般の間でオバマ大統領と連邦議会の両院指導部への評価はかなり低かった。たとえば，『ワシントンポスト』とABCが7月14～17日に行った世論調査によると，「誰が財政赤字に関して非妥協的か」という質問に対して，回答者の77％が共和党リーダーと答え，58％がオバマ大統領と答えた。「債務上限引き上げに関する合意に達しなかった場合，主として誰に責任があると思うか」という質問に対して，42％が共和党と答え，36％がオバマと答えた[4]。また，予算管理法成立後の8月9日に『ワシントンポスト』が行った世論調査によると，「今回の予算合意に賛成しますか反対しますか」という質問に対して，過半数の54％が反対すると答え，賛成すると答えたのは37％に過ぎなかった[5]。

　今回の合意により財政赤字問題が解決するか否かは疑わしい。今回の合意は，目前に迫った債務不履行を回避するための妥協であり，問題の根本的解決を先送りしたに過ぎない。問題の根本的解決には医療保険を含む社会福祉支出の見直しが必要であり，早急に歳出見直しを行わない限り，今後10年間で債務総額が増加の一途をたどることは目に見えている。共和党保守派議員が今回の合意に反対する理由もここにある。ティーパーティ運動の代表者の1人である上院議員ランド・ポールは，「今回のように債務上限を引き上げても，われわれは財政赤字の断崖を

飛び越えなければならない。飛び越える速度が，時速80マイルから時速60マイルになっただけである」という反対意見を表明した（Appelbaum 2011）。

また，今回の合意が目前に迫った債務不履行を回避するための妥協であったため，不本意にも合意と予算管理法を支持した議員が多かった。とくに一層の歳出削減を求める共和党保守派議員，福祉関連予算の削減に反対する民主党リベラル派議員にとって，財政赤字をどのように考えどのように処理するべきかという問題は全く解決されていない。しかも，合同特別委員会がどのような財政再建策を提示するかにより，再び財政赤字をめぐる論争は激化する恐れがある。したがって，財政赤字とその処理方法は，2012年の連邦公職選挙運動の主要な争点にならざるをえないであろう。

第2節　2012年の連邦公職選挙の社会的・制度的コンテキスト

2012年の連邦公職選挙を展望する際に考察する必要があるのは，選挙運動手法や選挙運動におけるメディアの役割の変化である。すでにみたように，2008年の大統領選挙におけるオバマ陣営の集票戦略の原型はアイオワ州で形成され，オンライン組織化と草の根運動（コミュニティ・オーガナイザーによるリーダー育成，戸別訪問による宣伝DVDの配布）が組み合わされていた。2010年にティーパーティ運動は，アリンスキー理論に従ってオバマ型のコミュニティ・オーガナイジング手法による組織化を開始した（本書第3章）。

また，これまでメディアにはリベラル・バイアスがあると指摘されてきたものの，最近，ニュース専門局と政治報道のイデオロギー的2分化が進み，メディア間の連携が進んでいる。また，ソーシャルメディアを用いた選挙運動が一般化し，2008年大統領選挙ではこれを活用したオバマが勝利し，2010年にはティーパーティ運動がこれを活用した。メディアの分極化とソーシャルメディアの普及により，選挙運動はかつて

の相手を説得するものから支持者同士を接触させるものに変貌しつつある（本書第4章）。

　アメリカではこれまでも選挙運動手法が大きく変わってきた。伝統的に政党組織が弱体であり，候補者指名に予備選挙が採用された結果，そもそも候補者は自己の選挙運動組織を形成する必要があった。1960年代に都市の政党マシーンが衰退した後，世論調査，メディア広告，ダイレクトメール，さらにはインターネットやソーシャルメディアなどの技術発展があり，候補者は1970年代には世論調査，メディア広告，ダイレクトメールを，2000年以降はインターネットやソーシャルメディアを積極的に選挙運動に応用してきたのである。

　最近注目されるのは，政党の間で選挙運動手法に差がなくなってきたことである。かつては民主党候補者が政党マシーンと労働組合に依存し，共和党候補者が豊かな資金で対抗するという時期が続いた。しかし1980年代に共和党全国機関が多額の選挙運動資金を調達して調整選挙運動を実施すると，1990年代には民主党がそれを模倣した（吉野 2010：22-23）。そして，2008年の大統領選挙でオバマ陣営が選挙運動にコミュニティ組織化とソーシャルメディアを採用すると，2010年の中間選挙ではティーパーティ運動がそれらを模倣した。

　したがって2012年の大統領選挙運動では，両党の候補者間では，これまでと同様にテレビの選挙スポットを重視した「空中戦」が行われるのと同時に，資金集めを含めソーシャルメディアを使った多様な「地上戦」戦術が試みられるであろう（本書第4章）。その一方で，草の根レベルでは，リベラルと保守が牽制と模倣を繰り返し，伝統的地上戦と新技術との融合が押し進められるであろう（本書第3章）。

　次に，選挙制度には大きな変更はない。小選挙区制のもとでの連邦下院議員の選出，10年ごとの国勢調査結果にもとづく連邦下院議員議席の50州への配分および各州での選挙区区割りの変更は，歴史的に定着した手続きであり，2010年の国勢調査の結果，人口数が増加した南部州から選出される議員数が増加すると予測される（本書第5章）。選挙

人制度は，採用以来変質し，大きな問題を抱えているものの，それは2012年の大統領選挙においても「ゲームのルール」として受け入れられる可能性が高い（本書第6章）。

これらの制度的側面のうち注目されるのは，人口数が増加した南部州から選出される議員数が増加し，これが共和党に有利に作用すると予想されていることである。確かに，近年の連邦下院における共和党の強さは，人口増加（自然増と人口移動）に伴い南部諸州から選出される議員数が増加したことと無関係ではない。しかし，南部州から選出される議員数が増えることだけを理由に，2012年の連邦下院議員選挙で共和党議席が伸びると予測することは困難である。

第1に，たとえある政党が州知事，州上院，州下院をおさえ，区割り変更過程をコントロールできるとしても，増加分議席をすべて自党の意のままにできるわけではない。たとえば，テキサス州では共和党が区割り変更過程をコントロールできる立場にいるものの，増加分4議席は共和党2議席，民主党2議席と予想されている[6]。第2に，大統領選挙年には，中間選挙に投票しない有権者が大挙して投票所に向かう傾向があり，いずれの党の候補者がどの程度当選するかは，各選挙区でどの程度有力な候補者が立候補するかによって決まるのである（吉野・前嶋 2010:218-221）。

第3節　新しい政策理念，メッセージ，選挙戦略を求めて

(1) オバマ政権および民主党

債務上限引き上げ問題の処理交渉が行き詰まる中で，国民一般の間でのオバマ大統領の評価は下がり，リーダーとしての能力も疑問視されるようになった。2011年8月25日に発表されたピュー・リサーチセンターの調査によると，オバマ大統領の仕事ぶりを評価する者の比率は2月に49％であったものが，8月には43％に低下した。また，オバマ大統領に実行力があると考える者の比率は5月には55％であったものが8月には44％に，また，彼を強いリーダーであると考える者の比率は5月には

58％であったものが，8月には49％に低下した[7]。このような事態の中で，オバマ陣営が再選戦略の立て直しを迫られたのは当然であろう。

　2008年の大統領選挙においては，イラク戦争批判，ブッシュ政権の政治運営に対する不満，ワシントン批判機運，「クリントン疲れ」など多様な要因を背景に，オバマは「変革」を主張し，自身を黒人の代表とみなすアイデンティティ政治を放棄し「1つのアメリカ」を強調した。選挙運動では，インターネットとコミュニティ組織化を通じて多くの票を動員した。そして，2012年の大統領選挙を見据えて，オバマ陣営は2011年8月24日に，プロジェクト・ヴォート（Project Vote）という投票者登録と草の根組織化プログラムを開始した。これは，青年，高齢者，黒人，ヒスパニックなど，2008年にオバマが大統領に当選するのを助けた投票者を再結集させることを意図していた（Thomas 2011）。

　しかし，「変革」と「1つのアメリカ」というメッセージが，2012年の大統領選挙でも効果を発揮するとは限らない。というのは，「変革」は進まず，「1つのアメリカ」は未達成であり，「われわれにはできる」は空虚なレトリックになってしまった，からである。しかも，不況と失業の波は，オバマ支持連合の中核を構成する黒人層を直撃した。オバマ大統領の就任時に11.5％であった黒人の失業率は，現在15.9％に上昇し，黒人の間でのオバマ大統領の仕事ぶりを評価する者の比率は，77％から約50％に低下した（Wallsten and Thompson 2011）。

　それでは，オバマ陣営にはどのような選挙戦略の見直しが可能であろうか。

　第1は，オバマ支持連合を維持するために，黒人の支持を固めることである。これは一部のホワイトハウス関係者や黒人団体が機会あるごとに繰り返してきた主張である。最近，連邦議会のブラックコーカスがより具体的な失業対策を要求し，ホワイトハウスも特定地域に補助金を支出する計画があることを明らかにした（Wallsten and Thompson 2011）。しかし，黒人層への便益提供は，アイデンティティ政治を放棄して「1つのアメリカ」を強調してきたこれまでの政治姿勢を否定することになり，

オバマはやはり黒人の代表であったという批判を呼び起こす。したがって，このような戦略見直しはオバマ大統領の再選を危うくする可能性がある。

　第2は，共和党との対決姿勢を明確にし，選挙運動では「過激で何もしない共和党議会」を批判することである。これは民主党系シンクタンクによくみられる主張であり，オバマ政権のリベラル政策の実施が共和党議会によってことごとく阻止されてきたという認識にもとづいている (Nakamura 2011)。しかし，リベラル政策の実現は必ずしも国民一般が望むものではなく，また，共和党との対決姿勢を明確にすることは，「1つのアメリカ」「超党派」を主張するオバマ大統領の政治姿勢に反することになる。

　第3は，景気対策と財政再建を最優先課題に位置づけ，これらを解決するために政策を積極的に実施することである。このような姿勢をとると，オバマ大統領は金融・証券界からも大きな支持を受け，共和党の主張を自身の選挙運動に取り込むこともできる。さらに，もし成功すれば，オバマ大統領は「財政再建を実行した大統領」として名を残すことができる。しかし他方において，このような姿勢をとると，オバマ大統領と共和党との政策の差はほとんどなくなり，また，たとえ再選されたとしても，オバマ大統領は多くの民主党議員を敵に回すことになる。

　ところで，9月中頃より経済格差の是正を求める若者の運動が台頭し，全米各地に広がった。とくにニューヨーク市では「ウォールストリートを占拠せよ」を合言葉に若者が近くの公園にテントをもち込み抗議運動を開始した。この運動の主張は民主党のそれに近く，小さな政府を主張するティーパーティ運動に対抗するものとみなされている。しかし，オバマ大統領がこの運動をそのまま再選運動に利用することはできない。なぜなら，この運動を支持することは金融・証券界を敵に回すことを意味するからである。

　オバマ大統領が再選戦略を見直す際に障害となるのは，景気回復と財政再建という2問題を同時に解決しなければならないことである。8月

初頭に連邦準備制度の予測によれば，今後2年間は本格的な景気回復を望むことはできず，しかも経済危機の再発の懸念が全くないわけではない。他方で，財政赤字とその処理方法をめぐる議論は続く。このような状況の中で，オバマ大統領は新しい政策理念を示し，「変革」と「1つのアメリカ」に代わるメッセージを見つけ，新しい選挙戦略を考案することを迫られているのである。

(2) 共和党

ところで，新しい政策理念，メッセージ，選挙戦略を必要としているという点では，共和党も同じである。

まず，共和党は連邦議会議員の間にある意見対立を修復し，2012年の連邦公職選挙に臨む必要がある。周知のごとく，共和党内には中道派議員と保守派議員の意見対立が存在する。また，歳出削減問題で共和党議員は必ずしも一致しているわけではない。たとえば予算管理法では合同特別委員会が追加的財政再建策をまとめることを明記しているものの，すでにマケオン軍事委員長と歳出委員会のヤング (Bill Young) 軍事小委員長は，長期的な軍事支出の削減に反対する意向を表明している (Montgomery and Kane, 2011)。

次に，共和党大統領候補者にとって，財政再建以外に国民一般にアピールするビジョンを示すことが必要である。2010年は中間選挙であったので，共和党連邦議会議員候補者はオバマ政権を批判するだけで十分であった。しかし大統領選挙においては，それだけでは不足である。財政再建が経済成長に繋がるというのが共和党の主張であるとしても，多くの有権者は「節約を唱える」だけの候補者に票を投じる誘因をもたない。歴史的にみると，レーガン以降，選挙で当選した共和党大統領はみな，「強いアメリカ」「伝統的価値」「テロ対策」などの別の政策メッセージをもっていたのである。

共和党にとって困ったことは，かつて同党の得意政策分野であったテロ対策や安全保障政策が，現在，オバマ政権によって担われている点で

ある。イラク戦争が終結し，アフガニスタンからの段階的撤兵が始まり，ビンラディン追討作戦が終わり，差し迫った大きなテロの危機は過ぎ去ってしまった。その結果，かつての共和党の政策上の主要な存在意義が失われつつあるのである。

　2012年の大統領選挙と連邦議会議員選挙までには，まだ1年以上の期間が残されている。今後，景気回復，財政再建だけではなく，外交，移民などのさまざまな争点が浮上するかもしれない。また，共和党では大統領候補者の指名を求める正式の競争が始まり，民主党ではオバマ大統領に対する挑戦者が現れるかもしれない。しかし，どのような争点が浮上し，誰が候補者になろうと，現在両党に求められているのは，言い古されたスローガンを繰り返すことではあるまい。債務上限引き上げ問題をめぐる対立と交渉の中で大統領と共和党に対して低い評価を下した有権者の多くを引きつけ，わくわくさせるような新しいメッセージが求められているのである。

〔付記〕
　　なお，筆者は本章を2011年9月に脱稿した。その後の注目すべき展開として，財政赤字削減に関する合同特別委員会は，2011年11月23日までに追加的財政再建策をまとめることができなかった。

注
1　7月6日より下院共和党，上院民主党，オバマ大統領の間で，歳出の削減，社会保障・メディケア・メディケイドの改革により今後10年間で4兆ドルの連邦政府の財政赤字を削減し，課税控除の廃止，政府手数料の値上げ，連邦政府財産の売却によって1兆ドルの歳入を増やす案が検討された。しかし，民主党は増税が妥協の一部であると主張し，共和党はいかなる増税にも同意せず，ベイナー下院議長は9日に同プランの検討を打ち切ることを明らかにした。Napp Nazworth. "Boehner, Obama 'Grand Bargain' on Debt Ceiling Unlikely," Christian Post, July 10, 2011. http://www.christianpost.com/news/boehner-obama- bargain-on-debt-ceiling-unlikely-52100/（2011年8月20日にアクセス）
2　上院案はリード多数党院内総務（民主党）とマコーネル少数党院内総務（共和党）によって作成され，その骨子は，①連邦議会の両院がそれぞれ3分の2の多数で反対しない限り，法律の成立から2012年の終わりまでにオバマ

大統領は債務残高の上限を3回引き上げることができる，②新しく超党派委員会を設置して，そこで税法と社会福祉やメディケアなどの支出プログラムの改革を行う，ことにあった。上院やホワイトハウスの関係者は，ここに1兆5,000億ドルの歳出削減を追加すれば，下院共和党も同法案で妥協することができると考えた。しかし連邦下院では，共和党保守派議員が立法によらない債務上限の引き上げに反対し，7月19日に連邦憲法修正なしに債務上限の引き上げを認めない法案(Cut, Cap, Balance Act)が234票対190票で可決された。Paul Kane. "Obama presses for debt deal as clock runs out." http://www.washingtonpost.com/business/economy/obama-still-pushing- for-big-deal-on-debt/2011/07/15/gIQArjbFGI_story.html（2011年8月15日にアクセス）

3 この法案(S365)は，下院では「2002年の教育科学改革法への技術的修正」(to make a technical amendment to the Education Sciences Act of 2002）として可決され，上院では「S365への下院修正に同意する動議」として可決された。下院での反対票161票の内訳は，共和党66票，民主党95票であった。また，上院での反対票26票の内訳は，共和党19票，民主党6票，その他1票であった。

4 この調査には，「支出削減，増税，両者の組み合わせのうち財政赤字を削減する方法としてどれが最良と思うか」という質問も含まれていた。全回答者の間で，支出削減と答えた者が32％，増税と答えた者が4％，両者の組み合わせと答えた者が62％であった。政党支持で分けると，民主党支持者の間では，支出削減17％，増税7％，両者の組み合わせ74％，共和党支持者の間では，支出削減50％，増税2％，両者の組み合わせ46％であった。http://www.washingtonpost.com/politics/public-sees-big-consequences-from-debt-default/2011/07/19/gIQAmLnk0I_graphic.html（2011年8月15日にアクセス）

5 http://www.washingtonpost.com/wp-srv/politics/polls/postpoll_080911.html（2011年8月15日にアクセス）

6 The Cook Political Report http://www.cookpolitical.com/node/10516（2011年8月20日にアクセス）。インターネット上の選挙予測(2011年8月9日現在)では，連邦下院の政党別議席数に変化はない。Election Projection:2012 Elections？Reapportionment and Redistricting. http://electionprojection.com/2012elections/redistricting12.php（2011年8月20日にアクセス）

7 "Obama Leadership Image Takes a Hit,GOP Ratings Decline." http://people-press.org/2012/8/25/obama-leadership-image-takes-a-hit,gop-ratings-decline（2011年8月26日にアクセス）

引用参考文献

Appelbaum,Binyamin. 2011. "Spending Cuts Seen as Step, Not as Cure." http://www.nytimes.com/2011/08/03/us/politics/03spend.html（2011年8月10日にアクセス）
"Budget Control Act of 2011" Wikipedia http://en.wikipedia.org/wiki/Budget_

Control_Act_of_2011（2011年8月15日にアクセス）
Hulse, Carl. 2011. "Long Battle on Debt Ending as Senate Set for Final Vote." http://www.nytimes.com/2011/08/02/us/politics/02fiscal.html （2011年8月10日にアクセス）
Montgomery, Lori, and Rosalind S. Helderman. 2011. "New debt plan gains support in Senate; House passes balanced-budget measure." http://www.washingtonpost.com/business/economy/house-pursues-balanced-budget-bill-need-for-backup-plan-acknowledged/2011/07/19/gIQArz0vNI_story.html （2011年8月15日にアクセス）
Montgomery, Lori, and Paul Kane. 2011. "White House, congressional leaders reach debt-limit deal." http://www.washingtonpost.com/National-Economy/reid-signs-off-on-debt-deal-hopes-for-vote/2011/07/31/gIQALCW41I_story.html （2011年8月15日にアクセス）
Nakamura, David. 2011. "Obama offers 2012 election supporters change they can believe in–next term." http://www.washingtonpost.com/politics/obama-offers-2012-election-supporters-change-they-can-believe-in--next-term/2011/ 08/25/gIQAJz9AhJ_print.html （2011年8月15日にアクセス）
Obama Debt Ceiling Talks: President Addresses Nation About Debt Limit Negotiations, Economy. http:// www.huffingtonpost.com/2011/07/25/obama-debt-ceiling-address-nation_n_909212.html （2011年8月10日にアクセス）．
Summary of the Revised Budget Control Act of 2011, Speaker of the House John Boehner. http://www.speaker.gov/News/DocumentSingle.aspx?DocumentID= 254628 （2011年8月10日にアクセス）
Thomas, Ken. 2011. "Obama campaign opening new voter registration and organizing drive aimed at base voters." http://www.washingtonpost.com/politics/campaigns/obama-campaign-opening-new-voter-registration-drive- aimed-at-base-voters/2011/08/25/gIQAGK0ZdJ_prin.html （2011年8月30日にアクセス）
Wallsten, Peter, and Krissah Thompson. 2011. "Obama faces uncomfortable questions from black community, lawmakers." http://www.washingtonpost.com/politics/obama-faces-uncomfortable-questions-from-black-community- lawmakers /2011/08/25/gIQAxV6meJ_print.html （2011年8月30日にアクセス）
吉野孝, 2010「アメリカの連邦公職選挙における選挙運動手段の変化と政党の対応」『日本選挙学会年報 選挙研究』26-1, 14-25頁。
吉野孝・前嶋和弘, 2010『オバマ政権はアメリカをどのように変えたのか：支持連合・政策成果・中間選挙』東信堂。

エピローグ

吉野　孝

　本書は,『2008年アメリカ大統領選挙：オバマの当選は何を意味するのか』(東信堂, 2009年8月),『オバマ政権はアメリカをどのように変えたのか：支持連合・政策成果・中間選挙』(東信堂, 2010年7月)に続く, 3冊目の研究成果である。筆者は昨年度に引き続き, 早稲田大学の日米研究機構――「早稲田大学の各学術院に分散する個々の研究者と, アメリカ側の研究パートナーに共同研究の場を提供する」という新しいタイプの研究所――で研究グループのまとめ役をつとめた。2010年度は「オバマ政権と過渡期のアメリカ社会」というテーマのもとに, 7回の研究会を開催した。それらの報告に加筆訂正し, 連邦下院共和党指導部に関する章と, 動向と展望に関する結論を加えたのが本書である。

　今日の政治経済社会の動きは速く, アメリカもその例外ではない。オバマ大統領が誕生してからすでに約2年半が経ち, 政治の動きは目まぐるしかった。2010年3月以降に限っても, 医療保険改革, ティーパーティ運動, 中間選挙, 連邦下院における共和党指導部の誕生, 連邦政府の閉鎖問題, 連邦政府の債務上限問題など次々と新しい出来事が起こり, すでに政治家とメディアの関心は2012年の連邦公職選挙に移っている。本書の目的は, 中間選挙, 連邦下院共和党指導部, 選挙運動の長期的変貌, 選挙制度, 対外援助政策に焦点を合わせ, 2012年の連邦公職選挙がどのような環境と条件のもとで戦われるのかを多面的に分析することにある。対外政策にかかわる第7章はこの目的と直接的には関係しないものの, オバマ政権の特徴と共和党連邦下院の効果を理解するために加えることにした。

本書は上記のような目的で書かれているものの，各章は内容において独立し完結している。したがって，執筆者のオリジナリティーを重視して，調整は専門用語，カタカナと数字の表記などの統一にとどめた。また，各章の原稿を読んでから，吉野が結論をまとめた。

　ところで，本書は東日本大震災の小さな「被害者」である。もともと本書は3月末に原稿を集めて7月過ぎに刊行する予定であった。しかし，3月11日に東日本大震災が起こった。東信堂社長の下田勝司氏と相談し，印刷や流通の事情を考慮して出版作業を数ヵ月遅らせることにした。その結果，大学が始まり，「まだ時間がある」という安心感もあり，私も含め一部の執筆者は原稿の完成までに予想以上の時間を必要とした。しかしその分，情報はより新しく分析はより完成度の高いものになったと自負している。読者の方々から，分析や解釈についてご意見やコメントをいただければ幸いである。

　本書の刊行にあたり，多くの方々の暖かいご支援をいただいた。まず，早稲田大学の日米研究機構から，研究報告をまとめて出版する許可と出版助成をいただいた。同機構の柴田健治事務長に心からの謝意を表したい。また，定例研究会の報告者との連絡や会場の準備などで，事務局の鈴木恭子さん，波多野篤子さん，岩崎藍子さん，市瀬秋水さんにお世話になった。ここであらためてお礼を申しあげたい。

　最後に，この出版企画を引き受け，いろいろ相談にのっていただき，執筆者の原稿が完成するまで辛抱強く待っていただいた東信堂社長の下田勝司氏には，心よりお礼を申しあげたい。

　　2011年9月

　　　　　　　　　　　　　　　　編著者を代表して　吉野　孝

事項索引

〔あ行〕

アイオワ州　　　　iii, 59-62, 67-68, 76-79, 138, 146, 189
　——党員集会　　　59, 61-62, 65
愛国者法　　　　　　　　　　66
アイダホ（州）　　　　　　　146
アイデンティティ政治　　　　192
アウトリーチ　60-61, 63-64, 69, 72, 76
　——戦略　　　　　　　iii, 59, 76
アキュラシー・イン・メディア
　（Accuracy in Media）　92, 111
アフガニスタン（アフガン）　ii, 163, 166-167, 172-173, 195
　——戦争　　　15, 49, 172, 175
アメリカ再生再投資法　　i, 31, 40
『アメリカとの契約』　　　38, 54
アメリカの将来のためのロードマップ
　　　　　　　　　　　　40, 42
『アメリカへの誓約』　32, 34, 42, 44, 52
アメリカン・クロスローズ　95, 109
アメリカンズ・フォー・プロスペリティ　68
アラバマ（州）　　　　　　　122
アリゾナ（州）　　　　　　　146
アルカイダ　　　　　　　　　167
アワー・カントリー・ディザーブス・ベター　　　　　　　　　　　　67
安全保障　　　　　　　32, 173, 180
安全保障的考慮　　　　　　　168
安全保障政策　　　　　　　　194
意見広告（issue ads）　　95, 109
1票の格差　　　　　119-122, 129
イラク　　　　　　166, 171-173, 175
イラク（・アフガニスタン）　166-167, 173
　——戦争　　49, 64-66, 171-172, 175, 192, 195
イラン　　　　　　　　　　33, 163
医療保険改革　　　　　　　41, 66
　——法　　　　　i, 31-33, 44, 52, 55, 185
インターネット　iv, 43, 78, 90, 92-93, 97-99, 103, 106-108, 153, 155, 185, 190, 192
「ウェブオンリー」の選挙スポット　107
ウォール街占拠運動　　　　87, 110
ウォール・ストリート・ジャーナル　　　　　　　　　　　　85, 90
ウォールストリートを占拠せよ　193
大型景気刺激策　　　　　　43, 66
大きな政府　　　　　　　　31, 69
オハイオ（州）　　　　　　　146
オバマケア　　　　　　　　　34
オバマ・リパブリカン　　　　72
オンライン組織　　　　　62-63, 78
　——組織化　　　　　　iii-iv, 189

〔か行〕

外交　　　　164-166, 169-171, 175-176
　——力　　　163-164, 173-175, 177
開発　　164, 166, 170-172, 175-176, 179
開発援助　　　166-168, 170-175, 180
　——会議（Development Assistance Committee: DAC）　　　　167
開発力　　164-168, 171, 173-175, 177-179
下院外交委員会　　　　　　174, 177
ガバナンス　　　　　　　　　168
カレント TV（Current TV）　91, 96
患者保護および医療費負担適正法

(PPACA)	14	――戦略	165, 170
議事妨害（フィリバスター）	32	――戦略書	166
技術援助	167	国家防衛戦略	172
議席再配分（reapportionment）	ii, 117-118, 131, 136	コミュニティ・オーガナイザー	63, 71, 74, 92
――革命	121	コミュニティ・オーガナイジング（オーガナイズ）	iv, 70, 73-76, 189
北朝鮮	ii, 163	コミュニティ組織化	ii, 190, 192
キャップ＆トレード法案	66	雇用をなくす医療保険法を廃止する法案	44
キャンバシング（戸別訪問，canvassing）	60, 107		
キャンプ・オバマ	63, 71	**〔さ行〕**	
共和党指導部	ii-iii, 32, 37-38, 41, 43-48, 51-54, 185	歳出削減	iii, 32-34, 40, 43, 45-51, 69, 194
緊急経済安定化法	66	歳出法	178-180
空中戦（airwar）	62-64, 105, 107-108, 190	財政赤字	iii, 3, 15-16, 24, 41, 43, 49-50, 52, 66, 186-189, 194
グラスルーツ	59-60, 62-66, 71, 73-74, 76	財政赤字削減に関する合同特別委員会	187, 189, 194-195
――・ポリティクス	59, 75, 78-79		
軍事援助	ii, 171-173	財政責任と改革に関する全国委員会	49
軍事力	163-171, 173	債務上限引き上げ（問題）	iii, iv, 49-51, 87, 185-188, 195
軍隊においてゲイであることを公言したり尋ねたりすることを禁ずる（DADT）規則	14, 37	債務不履行	50-52, 187-189
		サウスカロライナ（州）	61, 122
経済援助	169, 172-173	ザ・デーリーショー・ウィズ・ジョー・スチュワート，The Daily Show with Joe Stewart	96
憲法上の根拠	33, 43, 54		
憲法条文の朗読	44		
憲法への執着	69	暫定予算	iii, 44-45, 47-48, 185
コーベア・レポート（Corbert Report）	96	――案	45-46
国際開発庁（U.S. Agency for International Development: USAID）	168	シーア派	167
		ジェリマンダリング（gerrymandering）	iv, 128, 138, 140
国防	164, 166, 170, 175-176, 179	シティズン・ユナイテッド対FCC判決	95, 109
国防省	165, 171-174, 179-180		
国務省	168, 170, 174-177	司法省	122, 124, 139
国務長官	167, 170-171, 174, 177	宗教右派	35, 75, 77
国家安全保障	164-166, 169, 171, 174-176	宗教左派	74
		集合知	104
――改革プロジェクト	169		
――会議（Ntional Security Council）	170		

事項索引　203

授権法	176-178, 180	ソーシャルメディア	ii, iv, 62, 64,
上院外交委員会	175-176		78-79, 83-84, 86, 91,
上下両外交委員会	176		97-108, 110, 189, 190,
ジョージア（州）	122, 146	ソフト・パワー	166, 169
『正念場』	49		

〔た行〕

シンクタンク	42, 89-90, 92, 168-169, 171, 175, 193
シングルイシュー（単一争点）	69, 71
新戦略兵器削減条約（START）	37
スーパー PAC（Super PAC）	95, 109
スピン	84, 106
スマート・パワー	168-169, 171
——委員会	169
スンニ派	167
政治トークラジオ番組	87-89, 91-92, 94, 111
政治報道の分極化	83-84, 106
政党マシーン	190
政府閉鎖	44-48, 55
説得モデル	105-106
選挙アウトリーチ	ii
選挙区区割り画定	137-138
選挙区区割りの変更	ii, iv, 117-118, 120-121, 123, 128, 190
——の見直し	119, 122-124, 126, 135, 139
選挙デモクラシー	59-60
戦場州	148
全政府的アプローチ	170
センター・フォー・アメリカン・プログレス（Center for American Progress）	90
全米家族計画	46-47
全米国民投票（National Popular Vote）	158-159
全米ライフル協会（NRA）	71
壮大な取引	186, 188
ソーシャル・ネットワーク・サービス（SNS）	79, 83
対外援助	168-169, 171-173, 175, 180
——改革	165, 174-179
——局（Bureau of Foreign Assistance: F）	167
——局長（Director of Foreign Assistance: DFA）	167
——政策	ii, iii, v, 164-165, 177, 179
——プログラム	176
第三党	iv, 77, 147, 153-156
大統領選挙人	133, 144-147, 149, 153, 159
——制度	ii, iv, 143, 146, 157-158, 160
第111議会	174, 177
第112議会	ii, v, 40, 45, 52, 177-179
対話・協調路線	v, 163-164, 179-180
タリバン政権	166-167
単独主義外交	163
地上戦（groundwar）	63-64, 71, 79, 190
中間選挙	i-iii, v, 3, 19, 31, 35, 37, 45, 47, 52-53, 59, 71, 83, 100, 107-108, 117, 177-178, 194
調整選挙運動	190
追加条項	46-47
ツイッター	79, 83, 91, 97, 100-103, 106-107, 110, 112
ティーパーティ	8, 16, 22, 64-70, 74, 76-77, 80, 86, 177
——運動	i-v, 3-20, 22, 24-28, 31, 34-35, 41, 47-48, 53-54, 59, 64-66, 68-73, 75-80, 83, 86, 88, 100, 102, 104, 110, 185, 188-190, 193
——・エクスプレス	4
——系	3-7, 25, 72

────支持者	8-9, 12-24, 96
────・ネーション	67-68
────・パトリオッツ	54, 68
ディーン旋風	69
デイリーコス (Daily Kos)	90
テキサス (州)	146
テレビスポット (テレビ CM)	84
テロ	166-167, 169, 173, 195
────対策	ii, 66, 86, 194
────の温床	166
────リスト	33, 165-168
討議的民主主義	104
投票権法 (Voting Rights Act)	122-124
トークラジオ (番組)	86, 88, 90, 96, 101
独立支出	95
トリガー条項	187

〔な行〕

ニュージャージー (州)	146
ニューヨーク (州)	146
ネーダー・トレーダー	153
ネオコン	77
ネットルーツ	100
ネバダ (州)	146
ネブラスカ (州)	145-146, 160
納税者ワシントン行進 (Taxpayer March in Washington)	86, 100, 112
ノースカロライナ (州)	122, 125, 146

〔は行〕

バージニア (州)	122
バーチャル戦	108
ハード・パワー	166, 169
背信投票	149, 151-153
パキスタン	173
破綻国家	166
『繁栄への道：アメリカの約束の再建』	
	41
バンドラー	109
ヒスパニック	76, 147, 192
────系	64, 76, 124, 126, 129
「ビックガバメント」(Big Government)	92
1つのアメリカ	192-194
1人1票 ("one person, one vote")	119, 121, 129, 139
ピュー・リサーチセンター	35, 96, 104, 191
表現の自由	95, 99
貧困	15, 74, 164, 166, 168, 179
────削減	ii, 166-168, 177
────対策	74
ファクトチェック・ドット・オーグ (Factcheck.org)	91
フェースブック	64, 83, 91, 97, 100-102, 106-107, 110
フォーンバンク	63
福音派	iii, 13-15, 24
フセイン政権	166-167
2つのアメリカ	97, 104, 112
ブッシュ減税	37, 43, 54
プライオリティーズ USA	109
ブライバート・ドット・コム (Breitbart.com)	92
フリーダムワークス (Freedom Works)	4, 34, 54, 67, 71, 110
フリッカー	97, 102
不良債権買い取り構想 (Troubled Asset Relief Program: TARP)	28, 33
プロチョイス	77
プロパブリカ (Pro Publica)	92
プロライフ	77
フロリダ (州)	146, 156
文民力	170-171, 173-174
ベーカー対カー (Baker v. Carr)	120
ヘリテージ財団 (Heritage Foundation)	41, 90

事項索引　205

ペロー現象　68
変革　192, 194
ペンシルベニア（州）　146
保守派　34-35, 42, 53, 73, 83, 85, 87-90, 93-94, 96-97, 100, 178, 188-189, 194
ポピュリスト　26
ポピュリズム　67-69
ボーンアゲイン　9, 12

〔ま行〕

マイクロターゲティング　76
マイスペース　97, 101
マイノリティ　60-61, 76, 119, 122-124, 126, 128-129, 139-140
──選挙区　124-126, 140
マクファーソン対ブラッカー（McPherson v. Blacker）判決　145
マサチューセッツ（州）　146
──州選出連邦上院議員補欠選挙　32, 101
ミシガン（州）　146
ミシシッピ（州）　122
ミズーリ（州）　146
ミレニアム挑戦会計（Millennium Challenge Account: MCA）　166
民主党指導部　39, 45-46, 48, 51-53, 185
民主党リベラル派　178, 189
ムーブ・オン　68
メイラー　63
メイン（州）　145-146, 160
メディア監視団体（media watch groups）　91-92
メディアの分極化　83, 85, 94-95, 97, 105-106, 111
メディア・マターズ・フォー・アメリカ（Media Matters for America）　91
メディケア（高齢者用公的医療保険）　33, 40-41, 49, 195

メディケア（低所得者用公的医療保険）　33, 40, 50, 195

〔や行〕

ユーチューブ　97-98, 102
ユタ（州）　146
予算管理法　187, 189, 194
4年ごとの外交・開発見直し（QDDR）　170
4年ごとの国防政策見直し（QDRR）　165

〔ら行〕

ラティーノ　147
リーマンショック　49, 66
リテール・ポリティクス　62
リバタリアニズム　66
リバタリアン　9, 14-15, 17, 25-26, 28, 67-68, 77
リベラル派　69, 77-78, 83, 85-86, 89-94, 96-97, 100, 153, 155-156, 188-189
──議員　188
ルイジアナ（州）　122, 146
連邦住宅貸付抵当公社（Freddie Mac）　33
連邦住宅抵当金庫（Fannie Mae）　33
連邦通信委員会（Federal Communications Commission）　94-95

〔わ行〕

ワシントン（州）　146
ワシントンポスト　68, 188

〔欧字・数字〕

ABC　86, 93, 188
ACORN　73, 92
ANES（American National Election Studies）　8-9, 19
DAC　167, 180
DADT　14-15, 26
FOXNEWS　86-91, 93, 96, 101

FOXNEWS Channel	5, 66, 85-91, 93-94, 96, 101	OFA (Organizing for America)	78
		PPACA	14-15
GOTV 活動	71	QDDR	170-171
MCA	167, 178	SNS	97-98, 108
MSNBC	85-91, 93-94, 96	USAID	170, 174-179
NATO	163, 167	70-40 連合	53, 188
NDN	70	9.11	169, 172
OECD	171, 180		

人名索引

〔あ行〕

アイレス, R.（Roger Ailes） 88-89, 111
アダムズ, J.（John Adams） 151-152
アーミー, D.（Dick Armey） 4
アーミテージ, R.（Richard Armitage） 169
アリンスキー, S.D.（Saul D. Alinsky）
　　　　iv, 70-75, 189
アレン, G.（George Allen） 98
エデン, D.（Dawn Eden） 73
エドワーズ, J.（John Edwards） 60, 112
オキーフ, J.（James O'Keefe） 73, 92
オドネル, C.（Christine O'Donnell）
　　　　35, 102
オバマ, B.（Barack Obama） i-v, 17-19,
　　31, 36-37, 41-49, 51-52, 55,
　　59-66, 71-79, 86-87, 98, 100,
　　102-104, 108-109, 112, 139,
　　146, 159, 163-165, 168-169, 171,
　　174-176, 178-180, 186-189, 191-195
オライリー, B.（Bill O'Reilly） 88-89
オルバーマン, K.（Keith Olbermann）
　　　　91, 94, 96

〔か行〕

ガイトナー, T.（Timothy Geithner） 50
カンター, E.（Eric Cantor） 38-39,
　　　　44, 50-51
カンプ, D.（Dave Camp） 40, 50, 55
ギングリッチ, N.（Newt Gingrich）
　　　　38, 42, 87
キンドラー, D.（David Kindler） 75
グラント, T.（Tobin Grant） 34
クリントン, B.（Bill Clinton） 45, 55,
　　60-61, 66, 153, 165, 170-171, 174
クリントン, H.（Hillary Clinton） 60-61
　　　　170-171, 174
ケリー, J.（John Kerry） 176
ゴア, A.（Al Gore） 91, 153, 155-156, 159
コークリー, M.（Martha Coakley） 102

〔さ行〕

サンダース, B.（Barney Sanders） 87
サンテリ, R.（Rick Santelli） 67
サントーラム, R.（Rick Santorum）
　　　　87, 160
シャープトン, A.（Al Sharpton） 73, 87
ジャングレコ, P.（Peter Giangreco）
　　　　60, 78-79
シュルツ, E.（Ed Shultz） 89, 94
ジェファーソン, T.（Thomas Jefferson）
　　　　68, 151-152
ショーン, D.（Doug Schoen） 68-69
ジョンソン, L.B.（Lindon B. Johnson）
　　　　66, 140
シンプソン, A.（Alan Simpson） 49

〔た行〕

ターナー, T.（Ted Turner） 85
ダニエルズ, M.（Mitch Daniels） 77
チェイニー, D.（Dick Cheney） 54
ディオンヌ, E.J.（E. J. Dionne, Jr.） 76
デイリー, W.（William Daley） 45
ディレイ, T.（Tom DeLay） 39
ディーン, H.（Howard Dean） 76, 98
デミント, J.（Jim DeMint） 35
トリッピ, J.（Joe Trippi） 69

〔な行〕

ナイ, J. (Joseph S. Nye)　169
ナチオス, A. (Andrew Natsios)　175
ニクソン, R. (Richard Nixon)　42, 88, 111
ネーダー, R. (Ralph Nader)　154–156, 159

〔は行〕

バー, A. (Aaron Burr)　152
バイデン, J. (Joe Biden)　45, 51, 187
ハーキン, T. (Tom Harkin)　61
ハスタート, J.D. (J. Dennis Hastert)　42
ハッカビー, M. (Mike Huckabee)　87
バックマン, M. (Michele Backmann)　35, 68, 102
ハニティ, S. (Sean Hannity)　88–89, 94
バーマン, H. (Howard Berman)　174, 177
ハミルトン, A. (Alexander Hamilton)　152
ピンクニー, T. (Thomas Pinckney)　151–152
ビンラディン, U. (bin Lādin, Usāma)　77, 86, 195
フィーハリー, J. (John Feehery)　73
ブッシュ, G. W. (子 George Walker Bush)　v, 26, 34, 49, 65–66, 69–70, 72, 76–77, 85–86, 94–95, 104, 109, 153, 155–156, 163–169, 171, 178, 192
ブッシュ, G.H.W. (父 George Herbert Walker Bush)　88, 111, 165
ブライトバート, A. (Andrew Breitbart)　92
ブラウン, S. (Scott Brown)　101–102
フランク, B. (Barney Frank)　87
フランク, T. (Thomas Frank)　69
ブルックス, D. (David Brooks)　73
プルーフ, D. (David Plouffe)　60
ヘイズ, C. (Chris Hayes)　89
ベイナー, J. (John Boehner)　iii, 38–39, 41–42, 45–46, 48, 51, 53, 55, 185, 187–188, 195
ペイリン, S. (Sarah Palin)　4, 17–19, 28, 35, 42, 68, 72, 77, 87
ヘーゲル, T. (Timothy Hagle)　69
ベック, G. (Glenn Beck)　28, 71, 88–89
ペロシ, N. (Nancy Pelosi)　34, 39
ペンス, M. (Mike Pence)　35
ホイヤー, S. (Steny Hoyer)　39
ホーウィット, S. D. (Stanford D. Horwitt)　73
ポール, R. (子 Rand Paul)　26, 65–66, 77, 80, 102, 188
ポール, R. (父 Ron Paul)　26, 28, 65
ボールズ, E. (Erskine Bowles)　49

〔ま行〕

マイルズ, S. (Samuel Miles)　149, 152
マケイン, J. (John McCain)　35, 72, 76, 98, 146
マケオン, B. (Buck McKeon)　40, 194
マコーネル, M. (Mitch McConnell)　41, 187, 195
マッカーシー, K. (Kevin McCarthy)　32, 38, 55
マックナイト, J. (John McKnight)　75, 80
マドウ, R. (Rachel Maddow)　89, 94
マルキン, M. (Michelle Malkin)　71, 90
ミード, W. R. (Walter Russell Mead)　77
ミラー, J. (Joe Miller)　102
メルマン, K. (Ken Mehlman)　76

〔や行〕

ヤング, B. (Bill Young)　194

〔ら行〕

ライアン, P. (Paul Ryan)　40, 42, 49–50
ライス, C. (Condoleezza Rice)　167

ラスムッセン, S.（Scott Rasmussen）
　　　　　　　　　　　　68-69
ラデレット, S.（Steven Radelet）　175
ランカスター, C.（Carol Lancaster）　175
リスペナード, A.（Anthony Lispenard）
　　　　　　　　　　　　152
リード, H.（Harry Reid）　45-46, 48, 195
リンボウ, R.（Rush Limbaugh）
　　　　　　　　　　　88, 94, 112
ルー, J.（Jacob Lew）　　　45
ルーガー, R.（Richard Lugar）　176
ルビオ, M.（Marc Rubio）　102
レヴィン, M.（Mark Levin）　71
レーガン, R.（Ronald Reagan）
　　　　　　　　68, 88, 180, 194
レドロスク, D.（David Redlawsk）　61
ローヴ, K.（Karl Rove）　34, 70, 95
ロシュター, D.（Don Racheter）　68
ローゼンバーグ, S.（Simon Rosenberg）
　　　　　　　　　　　　70, 77
ロビンソン, E.（Eugene Robinson）　89
ロムニー, M.（Mitt Romney）　160
ロングワース, C.（Charles Longworth）
　　　　　　　　　　　　42

〔わ行〕

ワシントン, G.（George Washington）143

執筆者紹介（○印 編者）

飯田　健（いいだ たけし）　第1章
1976年生まれ。同志社大学法学部政治学科卒業。同大学院アメリカ研究科博士課程前期修了を経て，2007年テキサス大学（オースティン）政治学博士課程修了（Ph.D. in Government）。早稲田大学アジア太平洋研究科・助教などを経て，現在，神戸大学大学院法学研究科特命講師。主要著作は，『投票行動研究のフロンティア』（共編著，おうふう，2009年），『2009年 なぜ政権交代だったのか』（共著，勁草書房，2009年）など。専攻は，政治行動論，政治学方法論，アメリカ政治。

今村　浩（いまむら ひろし）　第6章
1954年生まれ。早稲田大学政治経済学部卒業。同大学院政治学研究科博士後期　課程修了。早稲田大学社会科学部助手，専任講師，助教授を経て現在教授 1995年から1997年までバージニア大学ウッドロー・ウィルソン政治国際関係学部滞在研究員。専門は，アメリカ政党論，アメリカ政治論，選挙制度論。主要業績は，『巨大国家権力の分散と統合』（共編著，東信堂，1997年），『誰が政治家になるのか』（共著，早稲田大学出版部，2001年）など。

上田　路子（うえだ みちこ）　第5章
1973年生まれ。国際基督教大学教養学部卒業，東京大学大学院総合文化研究科（1999年）及びスタンフォード大学経済学部（2001年）にて修士号を取得後，マサチューセッツ工科大学（MIT）政治学部にて博士号取得（2006年）。カリフォルニア工科大学講師，助教授（政治学）を経て，2009年より1年間安倍フェローとして早稲田大学政治経済学部訪問学者，2008年より早稲田大学日米研究機構招聘（客員）研究員。2010年より内閣府経済社会総合研究所客員研究員。専門はアメリカ政治，議会研究，選挙制度，自殺対策政策。主要論文に "Do Multi-Member Districts Lead to Free-Riding? "（共著，2007，Legislative Studies Quarterly，同年の最優秀論文賞を受賞），"Political Knowledge and the Use of Candidate Race as a Voting Cue."（共著，2011, American Politics Research），"The Effect of National Suicide Prevention Programs on Suicide Rates in 21 OECD Nations"（共著，Social Science and Medicine，掲載予定）など。

小川　裕子（おがわ ひろこ）　第7章
1972年生まれ。津田塾大学学芸学部国際関係学科卒業。2002年から2003年までイェール大学国際関係・地域研究センター客員研究員。2007年東京大学大学院総合文化研究科国際社会科学専攻国際関係論コース博士号（学術）取得。2009年から2011年まで早稲田大学政治経済学術院助教。2011年より東京大学大学院総合文化研究科学術研究員。専門は，国際政治学，アメリカ外交政策，開発援助。主要著書・論文は，『国際開発協力の政治過程―国際規範の制度化とアメリカ対外援助政策の変容』（東信堂，2011年），「国際

開発協力進展における国際規範の役割―ニクソン政権期におけるアメリカ対外援助政策を事例として」『規範と国際政治』『国際政治』第143号，2005年，「開発分野におけるレジームの動態―レジーム競合・調整の動因としてのアメリカ」「グローバル経済と国際政治」『国際政治』第153号，2008年。

○前嶋和弘（まえしま　かずひろ）　第4章
　1965年生まれ。文教大学人間科学部人間科学科准教授。上智大学外国語学部英語科卒業後，新聞記者生活を経て1994年渡米，ジョージタウン大学大学院政治修士課程修了（MA），メリーランド大学大学院政治学博士課程修了（Ph.D.）。敬和学園大学を経て，2008年から現職。専攻はアメリカ政治（とくにメディア，議会）。主要著作は『アメリカ政治とメディア：政治のインフラから政治の主役になるマスメディア』（単著，北樹出版，2011年），『2008年アメリカ大統領選挙：オバマ大統領の当選は何を意味するのか』（共編著，東信堂，2009年），『オバマ政権はアメリカをどのように変えたのか：支持連合・政策成果・中間選挙』（共編著，東信堂，2010年），『インターネットが変える選挙：米韓比較と日本の展望』（共編著，慶応義塾大学出版会，2011年），『アメリカ政治を支えるもの：政治的インフラストラクチャーの研究』（共著，日本国際問題研究所，2011年）他。

○吉野　孝（よしの　たかし）　プロローグ，第2章，第8章，エピローグ
　1954年生まれ。早稲田大学政治経済学部卒業。同大学院政治学研究科博士後期課程修了。1984年から1986年までウィスコンシン大学（マディソン）政治学大学院留学。1991年から1993年までジョンズ・ホプキンス大学高等国際問題研究大学院（SAIS）客員研究員。1995年より早稲田大学政治経済学術院教授。専門は，英米政治学，政党論，アメリカ政治。主要著書は，『誰が政治家になるのか』（共著，早稲田大学出版部，2001年），『2008年アメリカ大統領選挙：オバマ大統領の当選は何を意味するのか』（共編著，東信堂，2009年），『オバマ政権はアメリカをどのように変えたのか：支持連合・政策成果・中間選挙』（共編著，東信堂，2010年），『現代の政党と選挙　新版』（共著，有斐閣，2011年）など。

　渡辺　将人（わたなべ　まさひと）　第3章
　1975年生まれ。北海道大学大学院メディア・コミュニケーション研究院准教授。シカゴ大学大学院国際関係論修士課程修了。米下院議員事務所，上院選対本部を経て，2001年テレビ東京入社。報道局政治部記者として総理官邸，外務省などを担当。同社退社後，2008年コロンビア大学，ジョージワシントン大学客員研究員を経て，2010年から現職。専攻はアメリカ政治。2009年第5回中曽根康弘賞優秀賞受賞。主要著作は『現代アメリカ政治の集票過程：アウトリーチ戦略と政治意識の変容』（日本評論社，2008年），『評伝バラク・オバマ：「越境」する大統領』（集英社，2009年），『オバマ政権はアメリカをどのように変えたのか』（共著，東信堂，2010年）など。

オバマ政権と過渡期のアメリカ社会：選挙，政党，制度，メディア，対外援助	
2012年3月21日　初　版第1刷発行	〔検印省略〕
	定価はカバーに表示してあります。

編著者Ⓒ吉野 孝・前嶋和弘／発行者 下田勝司　　印刷・製本／中央精版印刷

東京都文京区向丘1-20-6　　郵便振替00110-6-37828　　　発 行 所
〒113-0023　TEL(03)3818-5521　FAX(03)3818-5514　　株式会社 東 信 堂
Published by TOSHINDO PUBLISHING CO., LTD.
1-20-6, Mukougaoka, Bunkyo-ku, Tokyo, 113-0023 Japan
E-mail : tk203444@fsinet.or.jp　http://www.toshindo-pub.com

ISBN978-4-7989-0095-7　C3031　ⒸYOSHINO, Takashi,
　　　　　　　　　　　　　　　　　MAESHIMA, Kazuhiro

東信堂

日本よ、浮上せよ！——21世紀を生き抜くための具体的戦略	村上誠一郎＋21世紀戦略研究室	二〇〇〇円
このままではいけない。原子炉を「冷温密封」する——あるジェノサイドをめぐる考察	村上誠一郎＋原発対策国民会議	近刊
スレブレニツァ	長有紀枝	三八〇〇円
2008年アメリカ大統領選挙——オバマの勝利は何を意味するのか	吉野孝・前嶋和弘編著	二〇〇〇円
オバマ政権はアメリカをどのように変えたのか——支持連合・政策成果・中間選挙	吉野孝・前嶋和弘編著	二六〇〇円
オバマ政権と過渡期のアメリカ社会——選挙、政党、制度メディア、対外援助	吉野孝・前嶋和弘編著	二四〇〇円
政治学入門	内田満	一八〇〇円
政治の品位——日本政治の新しい夜明けはいつ来るか	内田満	二〇〇〇円
日本ガバナンス——「改革」と「先送り」の政治と経済	曽根泰教	二八〇〇円
「帝国」の国際政治学——冷戦後の国際システムとアメリカ	山本吉宣	四七〇〇円
国際開発協力の政治過程——国際規範の制度化とアメリカ対外援助政策の変容	小川裕子	四一〇〇円
入門政治学——政治の思想・理論・実態	仲島陽一	二三〇〇円
アメリカ介入政策と米州秩序——複雑システムとしての国際政治	草野大希	五四〇〇円
ドラッカーの警鐘を超えて	坂本和一	二五〇〇円
最高責任論——最高責任者の仕事の仕方	樋尾一寛	一八〇〇円
実践 ザ・ローカル・マニフェスト	松沢成文	一二三八円
実践 マニフェスト改革	松沢成文	二三〇〇円
受動喫煙防止条例	松沢成文	一八〇〇円
〔現代臨床政治学シリーズ〕		
リーダーシップの政治学	石井貫太郎	一六〇〇円
アジアと日本の未来秩序	伊藤重行	一八〇〇円
象徴君主制憲法の20世紀的展開	下條芳明	二〇〇〇円
ネブラスカ州における一院制議会	藤本一美	一六〇〇円
ルソーの政治思想	根本俊雄	二〇〇〇円
海外直接投資の誘致政策——インディアナ州の地域経済開発	邊牟木廣海	一八〇〇円
ティーパーティー運動——現代米国政治分析	末次俊之	二〇〇〇円

〒113-0023 東京都文京区向丘1-20-6　TEL 03-3818-5521　FAX 03-3818-5514　振替 00110-6-37828
Email tk203444@fsinet.or.jp　URL:http://www.toshindo-pub.com/

※定価：表示価格（本体）＋税

東信堂

国際法新講〔上〕〔下〕	田畑茂二郎	〔上〕二九〇〇円 〔下〕二七〇〇円
ベーシック条約集（二〇一二年版）	田中・薬師寺・坂元 代表編集	二六〇〇円
ハンディク条約集〔第3版〕	松井・薬師寺・坂元 代表編集	一六〇〇円
国際人権条約・宣言集〔第3版〕	松井芳郎編集代表	三八〇〇円
国際経済条約・法令集〔第2版〕	小原喜雄・小畑・徳川 代表編集	三九〇〇円
国際機構条約・資料集〔第2版〕	香西茂・安藤仁介 編集	三二〇〇円
判例国際法〔第2版〕	松井芳郎代表編集	三八〇〇円
国際環境法の基本原則	松井芳郎	三八〇〇円
国際民事訴訟法・国際私法論集	高桑昭	六五〇〇円
国際機構法の研究	中村道	八六〇〇円
条約法の理論と実際	坂元茂樹	四二〇〇円
国際立法—国際法の法源論	村瀬信也	六八〇〇円
21世紀の国際法秩序—ポスト・ウェストファリアの展望	N・R・フォーク／川崎孝子・レルナー百合子訳	三八〇〇円
宗教と人権—国際法の視点から	W・ベネディック編／坂元・徳川編訳	三〇〇〇円
ワークアウト国際人権法—人権を理解するために	中坂恵美子	二八〇〇円
難民問題と『連帯』—EUのダブリン・システムと地域保護プログラム	中坂恵美子	二八〇〇円
国際法から世界を見る—市民のための国際法入門〔第3版〕	松井芳郎	二九〇〇円
国際法	浅田正彦編著	三六〇〇円
国際法学／はじめて学ぶ人のための〔新訂版〕	大沼保昭	三六〇〇円
国際法の地平—歴史、理論、実証	中川淳司・寺谷広司編著	一二〇〇〇円
国際法と共に歩んだ六〇年—学者として裁判官として	小田滋	六八〇〇円
国際法研究余滴	石本泰雄	四七〇〇円
21世紀の国際機構：課題と展望	中安藤仁介・田村道介編位田隆一	七一四〇円
グローバル化する世界と法の課題	松井・木棚・薬師寺・山形 編	八二〇〇円
現代国際社会の法構造—その歴史と現状〔21世紀国際社会における人権と平和〕〔上・下巻〕	山手治之 代表編集	五七〇〇円
現代国際社会における人権と平和の保障	山手治之・西谷茂之 代表編集	六三〇〇円

〒113-0023 東京都文京区向丘1-20-6　TEL 03-3818-5521　FAX 03-3818-5514　振替 00110-6-37828
Email: tk203444@fsinet.or.jp　URL: http://www.toshindo-pub.com/

※定価：表示価格（本体）＋税

東信堂

グローバル化と知的様式——社会科学方法論についての七つのエッセー	J・ガルトゥング 大矢 光修 重澤 次郎 訳	二八〇〇円
社会的自我論の現代的展開	船津 衛	二四〇〇円
組織の存立構造論と両義性論——社会学理論の重層的探究	舩橋 晴俊	二五〇〇円
社会学の射程——ポストコロニアルな地球社会学へ	庄司 興吉	三二〇〇円
地球市民学を創る——変革のなかで 地球社会の危機と	庄司興吉編著	三二〇〇円
市民力による知の創造と発展——身近な環境に関する市民研究の持続的展開	萩原なつ子	三二〇〇円
社会階層と集団形成の変容——集合行為と「物象化」のメカニズム	丹辺宣彦	六五〇〇円
階級・ジェンダー・再生産——現代資本主義社会の存続メカニズム	橋本健二	三二〇〇円
現代日本の階級構造——計量・方法・分析	橋本健二	四五〇〇円
人間諸科学の形成と制度化——社会諸科学との比較研究	長谷川幸一	三八〇〇円
現代社会と権威主義——フランクフルト学派権威論の再構成	保坂 稔	三六〇〇円
権威の社会現象学——人はなぜ、権威を求めるのか	藤田哲司	四九〇〇円
現代社会学における歴史と批判（上巻）	山田信行編	二八〇〇円
現代社会学における歴史と批判（下巻）——グローバル化の社会学	武田信行編	二八〇〇円
現代社会学における歴史と批判——近代資本制と主体性	片桐新自編	二八〇〇円
インターネットの銀河系——ネット時代のビジネスと社会	M・カステル 矢澤・小山 訳	三六〇〇円
自立支援の実践知——阪神・淡路大震災と共同・市民社会	似田貝香門編	三八〇〇円
(改訂版) ボランティア活動の論理——ボランタリズムとサブシステンス	西山志保	三六〇〇円
自立と支援の社会学——阪神大震災とボランティア	佐藤 恵	三二〇〇円
NPO実践マネジメント入門（第2版）	パブリックリソースセンター編	二三八一円
個人化する社会と行政の変容——情報、コミュニケーションによるガバナンスの展開	藤谷忠昭	三八〇〇円

〒113-0023 東京都文京区向丘1-20-6
TEL 03-3818-5521　FAX03-3818-5514　振替 00110-6-37828
Email tk203444@fsinet.or.jp　URL:http://www.toshindo-pub.com/

※定価：表示価格（本体）＋税

― 東信堂 ―

子ども・若者の自己形成空間――教育人間学の視線から	高橋勝編著	二七〇〇円
教育文化人間論――知の逍遥/論の越境	小西正雄	二四〇〇円
グローバルな学びへ――協同と刷新の教育	田中智志編著	二〇〇〇円
教育の共生体へ――ボディ・エデュケーショナルの思想圏	田中智志編	三五〇〇円
人格形成概念の誕生――近代アメリカの教育概念史	田中智志	三六〇〇円
社会性概念の構築――アメリカ進歩主義教育概念史	田中智志	三八〇〇円
教育の自治・分権と学校法制	結城忠	四六〇〇円
教育による社会的正義の実現――20世紀アメリカ教育史(1945-1980)	D.ラヴィッチ著 末藤美津子訳	五六〇〇円
学校改革抗争の100年――アメリカの挑戦	D.ラヴィッチ著 末藤・宮本・佐藤訳	六四〇〇円
国際社会への日本教育の新次元――今、知らねばならないこと	関根秀和編	一二〇〇円
ヨーロッパ近代教育の葛藤――地球社会の求める教育システムへ	関田美啓子編	三二〇〇円
多元的宗教教育の成立過程――立教学院のディレンマ	太田幸夫	五八〇〇円
ミッション・スクールと戦争――アメリカ教育と成瀬仁蔵の「帰一」の教育	前田一男編	三二〇〇円
未曾有の国難に教育は応えられるか	大森秀子	三六〇〇円
「じひょう」と教育研究60年	新堀通也	三二〇〇円
演劇教育の理論と実践の研究――自由ヴァルドルフ学校の演劇教育	広瀬綾子	三八〇〇円
教育の平等と正義――オフィシャル・ノレッジ批判	K.ハゥ著 後藤武俊訳	三八〇〇円
教育の平等と正義 オフィシャル・ノレッジ批判	大桃敏行・中村雅子・M・W・アップル著 野崎・井口・小暮・池田監訳	三二〇〇円
拡大する社会格差に挑む教育	西村和雄・大森不二雄・倉元直樹・木村拓也編	二四〇〇円
混迷する評価の時代――教育評価を根底から問う	西村和雄・大森不二雄・倉元直樹・木村拓也編	二四〇〇円
教育における評価とモラル	西村和雄編	二四〇〇円
〈シリーズ 日本の教育を問いなおす〉保守復権の時代における民主主義教育		
地上の迷宮と心の楽園〔コメニウス セレクション〕	J.コメニウス 藤田輝夫訳	三六〇〇円
〈現代日本の教育社会構造〉(全4巻)〈第1巻〉教育社会史――日本とイタリアと	小林甫	七八〇〇円

〒113-0023　東京都文京区向丘1-20-6
TEL 03-3818-5521　FAX03-3818-5514　振替 00110-6-37828
Email tk203444@fsinet.or.jp　URL:http://www.toshindo-pub.com/
※定価：表示価格（本体）＋税

《未来を拓く人文・社会科学シリーズ》〈全17冊・別巻2〉

━━━━━━ 東信堂 ━━━━━━

科学技術ガバナンス	城山英明編	一八〇〇円
ボトムアップな人間関係——心理・教育・福祉・環境・社会の12の現場から	サトウタツヤ編	一六〇〇円
高齢社会を生きる——老いる人／看取るシステム	清水哲郎編	一八〇〇円
家族のデザイン	小長谷有紀編	一八〇〇円
水をめぐるガバナンス——日本、アジア、中東、ヨーロッパの現場から	蔵治光一郎編	一八〇〇円
生活者がつくる市場社会	久米郁夫編	一八〇〇円
グローバル・ガバナンスの最前線——現在と過去のあいだ	遠藤乾編	二三〇〇円
資源を見る眼——現場からの分配論	佐藤仁編	二〇〇〇円
これからの教養教育——「カタ」の効用	葛西康徳・鈴木佳秀編	二〇〇〇円
「対テロ戦争」の時代の平和構築——過去からの視点、未来への展望	黒木英充編	一八〇〇円
芸術の生まれる場	木下直之編	二〇〇〇円
芸術は何を超えていくのか？	沼野充義編	一八〇〇円
多元的共生を求めて——〈市民の社会〉をつくる	宇田川妙子編	一八〇〇円
千年持続学の構築	木村武史編	一八〇〇円
日本文化の空間学	桑子敏雄編	二三〇〇円
企業の錯誤／教育の迷走——人材育成の「失われた一〇年」	青島矢一編	一八〇〇円
文学・芸術は何のためにあるのか？	岡田暁生・吉田純編	二〇〇〇円
紛争現場からの平和構築——国際刑事司法の役割と課題	石田勇治・遠藤乾編	二八〇〇円
〈境界〉の今を生きる	城山英明・鈴木達治郎・柴田晃芳・荒川歩・川喜田敦子・谷川竜一・内藤順子編	一八〇〇円
日本の未来社会——エネルギー・環境と技術・政策	角和昌浩編	二三〇〇円

〒113-0023 東京都文京区向丘1-20-6
TEL 03-3818-5521 FAX03-3818-5514 振替 00110-6-37828
Email tk203444@fsinet.or.jp URL:http://www.toshindo-pub.com/

※定価：表示価格（本体）＋税